时代青年与社会责任

郭 晗 苗淑娟 班 超◎著

吉林出版集团股份有限公司

图书在版编目（CIP）数据

时代青年与社会责任 / 郭晗，苗淑娟，班超著 . —
长春 : 吉林出版集团股份有限公司，2020.5
ISBN 978-7-5581-8326-3

Ⅰ . ①时… Ⅱ . ①郭… ②苗… ③班… Ⅲ . ①青年－
社会责任－研究－中国 Ⅳ . ① C91

中国版本图书馆 CIP 数据核字 (2020) 第 055017 号

时代青年与社会责任

著　　者	郭　晗　苗淑娟　班　超
责任编辑	王　平　白聪响
封面设计	李宁宁
开　　本	787mm×1092mm　1/16
字　　数	258 千
印　　张	14
版　　次	2021 年 3 月第 1 版
印　　次	2023 年 4 月第 2 次印刷

出　　版	吉林出版集团股份有限公司
电　　话	010–63109269
印　　刷	炫彩（天津）印刷有限责任公司

ISBN 978-7-5581-8326-3　　　　　定价：68.00 元

前　言

　　青年是国家的未来和民族的希望，承载着党和人民所赋予的深厚期望，肩负着实现中华民族伟大复兴的重任。青年是否具有高度的社会责任感和责任担当意识关系着新时代中国特色社会主义事业的发展与进步。十八大以来，习近平总书记就青年社会责任提出了一系列新思想、新观点、新论断，内蕴着丰富的青年社会责任思想，特别是对青年社会责任方面提出了一系列重要论述，充分阐述了青年对自己、他人、国家和世界的责任，并提出了时代要求，指明了青年践行社会责任的具体方向。

　　大学生是我国未来的建设者，其思想政治教育的成功与否将直接影响我国未来的发展。近年来，高校思想政治教育工作取得了积极进展，大学生思想政治面貌也发生了可喜变化，但随着经济社会的快速发展，大学生成长环境不断变化，生活理念不断更新，传统的思想政治教育理念、制度和方法的弊端日益凸显。对此，需要理顺思想政治教育工作体制，拓宽教育途径，改进教育方法；提高队伍素质，使思想政治教育更具有实效性、科学性。如何通过思想政治教育把科学理论和崇高品德传递给广大学生，使其形成正确的世界观、人生观、价值观，这个问题极为重要。

　　为此，本书强调时代青年的责任意识、担当意识，注重青年社会责任感的培养，具有现实意义；而加强大学生思想政治教育是培养我国未来合格建设者的重要途径。本文共分十章对自身论点进行了论述，第一章介绍了时代青年社会责任的概述及理论基础；第二章从五个方面介绍了时代青年社会责任的时代内涵；第三章分析了时代青年社会责任的培育路径；第四章分析了时代青年社会责任的理论价值和实践价值；第五章分析了时代青年大学生社会责任的现状及问题，并对未来发展提出了建议；第六章从教育的必要性、内涵及教育方法三个方面分析了时代青年社会责任的教育的发展；第七章分析了大学生思想政治教育的内涵；第八章分析了大学生思想政治教育的理论与实践课建设；第九章分析了网络环境下的大学生思想政治教育的建设；第十章分析了培养大学生社会责任感的意义和途径。

目　录

第一章 绪 论

第一节 时代青年社会责任的概述

一、责任与社会责任

（一）责任

责任是人类个体生存与发展无法回避问题的现实问题，同时其也是推动人类社会进步和发展的精神动力。不同民族文化背景和历史传统导致中西方对责任的认知有差异，以至于影响中西方人责任观念的发展。

西方进行人文社会科学研究时通常用"responsibility"来作为专用学术名词，但在社会生活中西方人还会采用其他英文单词在不同语义环境下表示责任如 duty。Responsibility 在韦氏高阶英语词典表现出两层的英语含义：一是 the quality or state of being responsibility. A：moral、legal、or mental accountability. B：reliability、trustworthiness. 二 是 something for responsibility、burden。这根据上查询的解释从语义上讲，一是尽责的品质和状态就是一种责任的表现。在道德上、法律上以及心理上有责任；二是可靠的、可信赖的。

责任作为学术名词很早就出现于西方社会的研究视野之中，有不少的西方学者论述关于责任的内容。苏格拉底认为，从作为"善良公民"的角度来说，为国家和人民服务时应该具备责任这一能力和本领。柏拉图认为每个人天赋各异，所从事社会角色不一样，为实现城邦正义要各尽其责。斯多葛学派则认为为公众尽到自己的一份责任是来源于人们对"自然"的旨意遵循。对于责任的理解，基于德性论的角度来看，亚里士多德认为责任基础的是德性构成的。"德性既然是关于情感和行为的，那么，对于那些自愿行为就应该称赞或责备，对于那些非自愿的就应该宽恕，有时候甚至应该怜悯。……

这对立法者进行嘉奖和处罚时也有用处。在汲取斯多葛学派观点的基础上，西塞罗则认为："对责任的高度重视体现为高尚，对责任的疏忽体现为耻辱。"他更多是从道德角度来谈责任。朱塞佩·马志尼认为责任来源上帝赋予。培根提出"力守对公家的职责，比维持生存和存在，更要珍惜的得多。"公共责任和个人自由责任构成其对责任的理解，而维护公共整体利益被视为善。作为义务伦理学派的代表人物康德认为责任是先天的理性存在，责任是一切道德的价值泉源，责任是人的一种必要性，或者它就是一种义务。行为的发生不仅仅应是符合或者合乎责任、与责任戒律相符合的，而是行为发生的动机必须以责任为动机。人不以感性为基础来判断责任标准，而是应该尊重事情发展的客观规律，从理性出发，给责任限定必要的强制性和约束性。英国的塞缪尔·斯迈尔斯言简意赅地指出："责任是每个人都必须履行的义务"伯格森认为："职责，我们把它看作是人们之间的约束，首先是我们自己对自己的约束。"德国古典哲学家黑格尔认为，人之所以为人，是因为有责任这一人的本质特征。蒙塔达认为责任是包括两方面：一、对他人的责任；二、人们对自己行为以及对自己的行为后果的责任。施瓦兹（Schwartz）认为责任本质上是个体对于社会关系的主观意识或心理反应。古代中国语言文字的使用时不用"责任"，通常使用单个"责"或者"任"来表示其意思。责通常有以下几种意思：（1）责任，职责。如《蔡沈传》"王子，元子也，姜武王为天元子；三王当任其保护之责于天。"（2）责问，责备。《论语·卫灵公》："躬自厚而薄责于人，则远怨矣。"（3）责罚。《论衡·问孔篇》："责小过以大恶，安能服人。"（4）索取，责求。《左传·桓公十三年》："宋多责赂于郑。""任"作为动词表示一种行为，如任用、信用，作为名词，它表示职位、职责、责任。如诸葛亮《前出师表》"至放斟酌损益，进尽忠言，则枚之、讳、允之任也。"古代中国的责任含义包含两个层面的意思：一是为来维护封建统治的秩序个体因为其所处社会角色的主动担当；二是个体对于自己所做出选择必须承担不利的后果，这就与现代汉语中责任的基本含义相同，《汉语大词典》表示的含义有三：其一，使人担当起某种职务和职责；其二，分内应做之事；其三，做不好分内应做的事，因而应承担的过失。

（二）社会责任

到目前为止，学界对社会责任有多种解释，归纳起来有两种。其一，从人的本质属性理解社会责任。如任伟认为："社会责任是在社会中，有能力胜任的人必须对社会承担一定的任务以及对自己的选择或过失应承受的后果。"梁笑莹认为："社会责任是人们在日常生活和劳动实践过程中，根据他或她所处时代或阶级的利益和意愿引申出来的行为原则和规范，处理与他人复杂的社会关系的保障，能调整特定的社会关系，对个人的行为加以适当约束，保证生产劳动的正常进行。"刘智峰认为："社会责任指个人或者社会群体在一定的社会历史条件下所形成的为了维护自己的社会属性，为了使自己生活的共同体能够更加的美好而去自觉承担相应责任、履行相应义务。"其二，从人与社会的关系理解社会责任。段思聪认为社会责任是"作为社会的成员对社会应当承担的职责、义务，也可以说是为保证自己能在社会持续生存和发展而必须对社会的付出。"马克思曾说："作为确定的人，现实的人，你就有规定，就有使命，就有任务，至于你是否意识到这一点，那都是无所谓的。这个任务是由于你的需要及其与现实世界的联系而产生的。"由此可见，社会责任充分体现了人的社会属性，每个社会成员都负有一定的社会担当。社会为个人的生存和发展提供了必不可少的物质资源，人类才能得以延续下去。而社会的进步同样需要人类有所作为、有所贡献，为社会的发展创造更多有利条件。可以说，脱离社会的个人很难生存下去，脱离个人的社会也很难发展下去。个人与社会是相辅相成的共同体，而社会责任则是确证二者关系的联结。

综上所述，责任不仅仅是一种外在的社会规定性，更是一种内在的自我规定性。责任是他人和社会对于自身行为和思维方式的一种自然的规定性。按照人类生活领域可以分为政治、经济、文化、生态责任；按照社会规范角度，责任则可以分为法律责任和道德责任；按照责任层次范围不同，责任划分为人类责任、国家责任、家庭以及自身责任。按照责任客体对象的不同分为自我责任与社会责任，但内化的自我责任是外在社会责任表现的基石，从狭义角度讲，青年社会责任是指当代青年除自身以外对他体责任包括他人、社会、国家、民族及全人类。但从广义角度讲，自我的责任被包含在青年社会责任之内，青年本身就是社会的一员，理应对自己负责，努力实现自身的全面发展，从而成为肩负社会发展责任的人才，因此，从某种意义上来说，社会责任包含自我责任的实现。因为我们很难想象一个积极践行社会责任的个体是一个人格独立缺失和社会能力欠缺的个体。社会责任在其外化表现出来的特征其一是利他性，主体人在践行社会责任过程首先克制自身的欲求，以他人利益为首先考虑对象，在现实性表现上为推己及人；其二是整体性，社会责任的价值判断是以整个社会或者阶级的根本利益为标准，个体的利益置于整体利益思考之下，其现实表现为公而忘私；其三是主体性，社会形态发展变化，人类个体自我意识的逐渐地觉醒，个体出于维护自身根本利益，守护公共价值秩序，个体自发肩负起社会责任内容。其四是自觉性，个体以实现自身的自由全面发展必须以尊重和保障其他个体自由发展为前提，在个体之间互相生成的社会关系中，出于共同利益产生了理性自觉，个体在践行社会责任时表现出自由的状态。

二、青年社会责任

青年一词作为具有独立社会群体含义出现于近代中国，新文化运动将青年一词普及推向高潮，并且青年开始被赋予具有特定历史含义。青年阶段是个体发展过程中生理、心理等急剧变化的时期，但同时也是其是人生发展的重要阶段，一个人未来职业、家庭和事业基本都在青年时期奠定基础，广大青年能否在青年时期肩负起应尽的社会责任就关系到对于国家和民族的未来事业发展。因此，李忠伟认为青年社会责任感是人们对他人、社会所承担的职责和使命的一种强烈的自觉意识。从马克思的历史唯物主义观点看来，青年社会责任的具体内涵是伴随着社会客观历史条件的变化而变动，而在这个过程中强调发挥青年的主体性，激发青年群体积极性、主动性和创造性。所以本文作者认为青年社会责任指在一定社会历史条件下，具备一定素质和能力的青年应当自觉承担来自社会赋予的特定责任。

第二节 时代青年社会责任的理论基础与现实基础

一、青年社会责任论述的理论基础

马克思主义经典作家关于责任的思想、观点为青年社会责任研究奠定了科学的理论基础。在革命、建设、改革的各个历史时期，中国共产党始终高度重视青年、关怀青年、信任青年，对青年一代给予了深厚的期望，并对他们提出了严格的要求。

（一）马克思主义经典作家关于青年社会责任的相关观点

马克思主义经典作家关于责任的基本观点和认识，是马列主义的重要组成部分。马克思、恩格斯虽然没有对责任问题作出专门论述和研究，然而，他们对于无产阶级工人运动的关注恰恰是他们内心对责任最真实的写照。十七岁的马克思在中学毕业论文中以深刻的语言、令人振聋发聩的腔调作出了自己对未来选择的严肃考虑，喊出了为人类造福的崇高之音。少年马克思

"选择了最能为人类福利而劳动的职业"作为自己的责任，并以这一指针决定了自己的一生。所以，马克思、恩格斯、列宁在指导社会主义革命和建设实践的理论中都体现了对人民、社会的责任，这对关于青年社会责任论述提供了理论基础。

1. 关于人的全面发展理论

人的全面发展理论体现了个体之为人的本体责任。为此，马克思提出了一系列的观点和论述。他认为"任何人的职责、使命、任务就是全面地发展自己的一切能力，其中也包括思维的能力。"在《经济学手稿》中指出，"个人的全面性不是想象的或设想的全面性，而是他的现实关系和观念关系的全面性。"在描述未来社会人的发展状态的时候，马克思指出，未来的新社会是比资本主义更高级的社会，"以每个人的全面而自由的发展为基本原则的社会形式。"马克思关于人的全面发展理论从多个角度阐述了全面发展的本质内涵以及历史发展的必然，其中明确讲到了实现全面发展是每个人的职责和使命，这是个人的本体责任。个体不但要维持自身生存，还要在此基础上得到多元化、多维度的综合发展，每个人都以这样的标准要求自己，最终才会实现类的全面发展，从这点来说，个体的自我责任又进一步社会化了。

2. 关于人的本质理论

马克思在《黑格尔法哲学批判导言》提道："批判的武器当然不能代替武器的批判，物质力量只能用物质力量来摧毁；但是理论一经掌握群众，也会变成物质力量……对宗教的批判最后归结为人是人的最高本质这样一个学说……。"并认为人的本质被美化的宗教所桎梏，人要寻求真正的本质就是要把人的天性从神的束缚中解脱出来，即"人以一种全面的方式，也就是说，作为一个完整的人，占有自己的全面的本质。"在《1844年经济学哲学手稿》中，他提出"一个种的全部特性、种的类特性就在于生命活动的性质，而人的类特性恰恰就是自由的自觉的活动。生活本身却仅仅成为生活的手段。"通过异化劳动理论来探讨人的本质，提出了人的本质"类本质"概念，第一次提出了劳动是人的内在本质的观点。在《关于费尔巴哈的提纲》中马克思进一步提出："人的本质不是单个人所固有的抽象物，在其现实性上，它是一切社会关系的总和。"这是马克思关于人的本质的经典论断，深刻地揭示了人的本质属性，即人是一种社会存在物，人的生存和发展都需要在社会中得到实现，进一步说明了个人与社会休戚相关的联系。个人享受社会所提供的物质资源得以生存和发展，社会有赖于个人通过实践活动践行社会责任促进社会的发展和进步，个人与社会相辅相成的关系为青年践行社会责任提供了有力的学理支撑。

（二）中国共产党青年社会责任的思想

明镜所以照形，古事所以知今。青年工作历来倍受中国共产党的重视，尤其是对青年社会责任教育的重视，形成了丰富的青年社会责任思想。

中国共产党无论是革命、建设还是在改革时期都把青年作为践行社会责任的先锋力量和生力军，为我们党完成各阶段历史责任具有重要推动作用。在革命时期，中国共产党肩负带领人民争取民族独立和解放的历史责任，中国共产党特别注意发挥青年践行社会责任的力量。青年是最具活力和激情群体，中国共产党发挥青年这一特点，让其影响其他群体。党的历代领导核心都强调我们的事业发展要注意发挥青年力量，青年力量就是在国家和民族面对不同历史责任时，在党的教育和引导下他们勇于去担当属于他们的社会责任。

（三）中国传统优秀文化中关于青年社会责任的相关思想

在中国悠久的历史传统文化中，包含着中国古人关于责任的各种认识和论述。古人对责任问题的深切关注，很多思想精髓至今仍被人们广泛认可，包括中华传统文化中的责任思想主要表现为正心诚意、修身为先的个人责任伦理思想，孝悌为本、尊老爱幼的家庭责任思想，己所不欲、勿施于人的人际责任思想，天下兴亡、匹夫有责的国家责任思想，以及爱惜环境、和谐自然的生态责任思想，为勤学修德、关爱家人、心系人民、胸怀国家等青年责任论述奠定了深厚的传统底蕴。

1. 正心诚意、修身为先的个人责任伦理思想

《大学》最早全面论述修身，不仅仅讲到修身的范围："自天子以至于庶人，壹是皆以修身为本。"而且还讲到修身的途径："物格而后知至，知至而后意诚，意诚而后心正，心正而后修身。"修身是"内圣"取得的第一层次的"外王"，那也就是说每一个人的内在道德品质的修炼的第一个结果就是修身，使自己成为一个堂堂正正的人。修身是为了尽责，实现责任必须修身；修身是对自己负责，是尽责的一部分，尽责的过程亦是修身的过程，在尽责中进行修身。为了更好地承担社会责任和政治责任，首先要对自身负责，加强自身的修养，完善个人的人格。注重通过"正心诚意"的功夫以修身，提高自身的情操与境界。因此，强调修身为本、正心诚意、敬以进德，构成了中国古代文化的个人责任伦理思想的基本内涵和要义。

2. 孝悌为本、尊老爱幼的家庭责任思想

在中国传统社会里，家庭关系受到特别的重视，中国传统伦理思想中蕴

涵着丰富的家庭责任伦理思想。一个完整的、尽责的人生，不仅仅要按照生命的自然过程和社会的历史过程按部就班、循序渐进，不错位，不颠倒，而且更重要的是要亲自承担家庭中的各种责任。因为社会上的人都是互相联系的，教育和赡养都不是一个人或一个家庭所能独立完成的，必须互相帮助，共同承担生存责任。家庭责任中主要强调各成员之间的伦理责任，而不是传统伦理学中的道德责任。《左传》讲的"六顺"，即"君义、臣行、父慈、子孝、兄爱、弟敬"就是告诫人们要处理好家庭伦理关系，比如，父亲对儿子当以慈爱待之，因为这是父母养育子女的伦理责任，而子女对父母当以孝待之，因为赡养父母是子女应尽的责任和义务。家庭关系中往往体现了权利与义务的统一，不同家庭角色对应着不同的伦理关系，孝亲敬长成为中华儿女一直延续至今的责任伦理传统。

3. 己所不欲、勿施于人的人际责任思想

马克思说过，"人的本质，在其现实性上，是一切社会关系的总和。"这告诫我们，生活于社会中的个人要处理好社会中的各种关系，包括与自我与他人的关系。进一步来说，个人不仅要做好正心修身，而且还要践行好对他人包括亲朋好友、社会同胞的责任。家庭是社会的细胞，如果说对家族成员的负责是出于伦理责任，那么对于没有亲缘关系的社会同胞则更多的是道义责任。所谓道义责任，就是把一定的伦理责任推广到全社会，正如孟子所倡导的"老吾老，以及人之老，；幼吾幼，以及人之幼"这种道义责任要求的不是阿谀奉承，更不是助纣为虐，而是助弱帮残、扶助弱小的普世善行。在中国思想中，非常重视人际交往中人与人之间的和谐相处。由此可见，自古以来，中国十分重视人际交往中的"仁爱"原则，虽未明确将其作为责任提出来，但是从字里行间所传达出来的意思能够体会到，有责任心的人会自觉承担起帮扶救助、有益他人的人际责任。

4. 天下兴亡、匹夫有责的国家责任思想

由于古代中国的政治机构、社会组织等还不太完备，因此那个时候的人们并没有对社会、民族、国家作明确的区分，并且由于古代中国家国同构的特殊发展，所以人们往往把社会责任同国家责任混在一起的。在中国古代思想中，关于报效国家、誓死保卫祖国的名人轶事不胜枚举，他们用生命写下了践行国家责任的绚丽诗篇。我国古代思想家所主张的"治国、平天下"，在某种意义上说，就是指对社会、对国家的责任。孟子提出"以天下为己任""乐以天下，忧以天下"，范仲淹主张"先天下之忧而忧，后天下之乐而乐"，顾炎武倡导"天下兴亡，匹夫有责"，林则徐豪言"苟利国家生死以，岂因祸福避趋之"。由于历史上中国战乱多发，国家时常处于动荡之中，社会民不聊生，许多有志之士立志想要为改变现状而贡献自己的血肉之躯，因此他们把国家安危、民族生存作为自己终生信奉的人生追求，把国家、民族安全和利益凌驾于个人之上，充分体现了他们对国运兴衰的责任担当。

二、青年社会责任思想的现实基础

当前是一个机遇与挑战并存的新时期，对于我国青年而言，既赶上了中国特色社会主义新时代的时代列车，拥有前所未有的发展机遇，同时也面临着互联网快速发展、西方意识形态渗透、市场经济的趋利至上等诸多挑战。

（一）互联网的快速发展和西方意识形态渗透对我国青年提出了新挑战

随着互联网的快速发展和中外文化的交融交锋，特别是西方文化的快速传播和意识形态的渗透一方面促进了中外青年之间的文化交流，但是另一方面对我国青年也提出了新的挑战。其主要体现在：

1.互联网促进了中西方文化的互联互通

信息化的高速发展对国际经济、政治、文化、社会等产生了深刻影响，互联网渗透于人们生活的方方面面，青年处于当下互联网大潮中，借助互联网平台增加了中外之间的对话，加深了对各国文化的了解。青年人情趣相近，容易通过文化交流结下深厚的友谊。青年人追求新奇，善于创新创造，而文化作为一种柔性的交流载体，受到青年的青睐，通过文化交流，能够帮助青年拓宽自己的视野，在不同文化文明碰撞中更加深入地了解世界上其他国家和地区的文化。互联网作为文化交流的现代化平台，不仅架起了中外青年对话的桥梁，而且极大推动了人类文明的向前发展。

2.西方意识形态渗透威胁着我国青年价值观培养

青年是党执政和对外交往中不可忽视的重要力量。谁赢得了青年的支持，谁就赢得了较量的主动权。中国的青年一代是我国未来社会主义建设的主体，而青年的价值观将直接影响着他们对国家未来发展和社会主义现代化建设能够担当起多大的责任。然而，西方资本主义国家利用全球化和信息化浪潮趁机向我国青年宣传和渗透各种资本主义腐朽思想，企图磨灭中国青年的社会主义核心价值观，歪曲他们对社会主义国家的认识，削弱其建设社会主义事业的责任感。一直以来，一些西方国家想尽一切办法向我国青年输入他们的思想观念，其手段极具长期性、隐蔽性和攻击性。近年来，各种错综复杂、良莠不齐的社会思潮如历史虚无主义、普世价值、新自由主义等弥漫于我国社会之中，颠倒社会历史，曲解马克思主义，试图模糊西方资本主义思想与马克思主义的界限，严重影响着我国青年的价值观建构。在信息科技飞速发展的今天，青年要认真甄别多元化思潮的真假，坚定马克思主义认同，筑牢意识形态堤坝。

（二）中国特色社会主义进入新时代为青年成长成才提供了时代际遇

在党的十九大报告中，习近平总书记作出了"中国特色社会主义已经进入了新时代"这一重大政治判断，宣告了中国特色社会主义事业进入了一个全新的发展阶段。这对于青年而言，既是发展的良好机遇，同时又是充满考验的巨大挑战。

1. 新时代为青年成长成才奠定了坚实的物质基础

党的十八大以来，以习近平同志为核心的党中央高举中国特色社会主义伟大旗帜，深刻把握国内外发展态势，团结和带领全国人民为了实现"中国梦"而不断奋斗。五年来，我国在经济领域提出实施"新常态""供给侧结构性改革""创新驱动发展战略"等战略措施，加大改革创新的力度，促进了我国经济的新一轮飞跃。我国经济结构得到不断优化，经济发展方式不断转变和升级，经济总量稳居世界第二，始终以稳中求进的总基调实现持续增长。人均国内生产总值稳步提高，人民生活水平有了明显改善，改革开放新成果惠及广大群众，人民幸福指数逐渐增加。国家物质力量的增强为青年的成长成才提供了良好的物质环境，十八大以来所创造的一切重大物质成果为广大青年实现个人理想提供了更宽广的平台，比如科技、人工智能、航天等高技术的新突破为新时代青年奠定了更高的发展起点，青年可以利用这些先进的技术进行更深入的研究，将自己的智慧与现代技术相融合，有助于早日实现自己的个人理想。

2. 新时代为青年成长成才提供了丰富的精神财富

只有物质文明建设和精神文明建设都搞好，国家物质力量和精神力量都增强，全国各族人民物质生活和精神生活都改善，中国特色社会主义事业才能向前推进。新时代，我国精神文明建设不断推进，文化事业蓬勃发展，呈现出持续繁荣的景象，中华文化的影响力在世界范围内不断扩大，我国文化软实力有了显著的提升，在国际交流中越来越彰显出中国文化自信。随着建设文化强国的时代强音不断增强，党和国家对文化领域的重视和发展力度也在不断加强，尤其是在教育方面，党的十九大强调要加强"双一流"建设，实现内涵式教育。为全面贯彻建设"双一流"精神，我国加快了高等教育体系现代化，不断提高高校人才培养的标准和要求，着力打造高水平的人才培养体系，其中包括学科、教材、管理、组织等体系的全面改革，为广大青年学子在大学里学什么、怎样学、学得怎样建立了更加合理的培养机制。此外，我国还加大了对师资队伍的投入力度，正着力优化我国师资队伍的发展，努力引进活跃在国际学术前沿的优秀人才，不断建设和壮大具有高素质、高能力、高水平的优秀教师队伍，为引导广大青年成为有作为的社会主义事业接班人提供了优质的人力资源。

3. 新时代为青年创新创业创造了广阔的空间

党的十九大明确指出："我国社会主要矛盾已经转化为人民日益增长的美好生活需要和不平衡不充分的发展之间的矛盾。"社会矛盾的变化体现了人们对生活品质的要求越来越高，不仅包括优越的物质生活条件，而且还包括丰富的精神文化活动。需求的变化为生产提供了新的方向，对于广大青年来说，这是一个充分发挥聪明才智的难得机遇，为了满足广大人民群众更高水平的生活追求，社会将需要一大批人才来填补和丰富各类岗位，其中，青年作为最富有创造力和活力的主群体，理应为各行各业注入新鲜的血液。因此，新时代的到来为广大青年的就业创业也带来了福音，拥有最前沿的社会发展动向，抓住这一难得的发展机遇，以市场需求为导向，捕捉发展契机，科学规划未来，在新时代下创造出属于自己的一片天地。

（三）我国改革开放和市场经济发展中利益驱动青年责任感逐渐淡化

改革开放以来，我国完成了从计划经济向市场经济的重大转变，这一转变使经济领域中的各个要素实现了巨大的突破，并产生了深远的社会影响，在一定程度上成为影响青年社会责任感的最直接、最有力的因素。客观地说，市场经济是一把双刃剑，在青年社会责任感形成过程中既有积极作用，也有消极影响。

1. 市场经济的发展为青年提供了巨大的发展空间

随着市场经济发展的不断深入，我国经济已经逐步实现了由高速增长阶段转向高质量发展阶段，实现发展方式的新转变、经济结构的新调整、现代化经济体系的新建设成为我国发展过程中将要跨越的新关口。创新是建设现代化经济体系的战略支撑，实现创新驱动需要人才的支撑，当前我国市场经济的发展主要瞄准科技前沿，以创新技术带动经济发展，因此，国家需要一大批科技人才作为内在驱动。市场经济的全面深化改革以及所引起的经济增长方式、经济结构的转变，为广大青年的未来发展指明了方向，同时也提供了更加宽广的竞争平台，市场经济竞争机制下，青年为了适应社会发展需求，实现个人追求而不断积极进取，激发自己的创造力，形成社会发展和个人进步相互推动的双赢局面。

2. 市场经济的逐利性助推了个人主义的价值取向

改革开放以来，我国经济领域取得了巨大成就，市场经济的运行也随之加快了步伐，其本身所具有的盲目性、自发性也容易随着经济发展本身而更加突出，加上市场经济体制的不健全，钱权交易的现象使青年容易产生错误的金钱观和权力观，现代社会不乏这样的现象：青年为了一己私利不惜损人利己，甚至丢失道德底线作出危害社会的事情。市场经济以利益作为事物衡量标准，钱权成为财富的标识，生活在物欲横流下的青年一代追求猎奇，虚荣心强，喜欢和别人做比较，更加注重眼前利益、信奉拜金主义、享乐主义等，一切行动以个人利益为出发点，忽视集体利益，行为取向极具功利性。

（四）中华民族伟大复兴重任赋予青年的时代新要求

对新时代青年的新要求主要包括以下几个方面：

1. 新时代青年要有坚定的理想信念

理想信念是人的精神支柱，只有树立远大的理想和坚定的信念，才能在历史的发展中找准定位，明确自身所承担的时代责任，将个人理想、国家命运和世界发展紧密结合起来，在风云变幻的国内外形势下保持定力，站稳脚跟，把对中国特色社会主义事业的建设热情深深扎根于共产主义远大理想和中国特色社会主义共同理想之中。在实现中华民族伟大复兴的路上依然荆棘满布，潜藏着许多风险和挑战，青年要有充分的心理准备来迎接未来的一切困难，因此，必须牢牢树立坚定的理想信仰，坚信中国特色社会主义事业必将取得伟大胜利，中华民族伟大复兴目标必将实现，这是青年是否能担当得起民族大任的首要，也是青年实现人生价值的必要条件。

2. 新时代青年要有真本领

伴随着全球化的不断推进，未来国家之间也会随之进入新一轮的竞争中，在竞争中，各国将会更加注重依靠知识、科技、人才来取得话语权。因此，青年人才的素质、技能等将直接影响到"中国梦"的实现进程。随着社会生产力的迅猛发展，对人才需求的数量越来越多，要求也越来越高，无论是社会哪一行业，都注重发展效益和质量，这些都有赖于知识和技术来实现。青年未来的发展方向不仅要使自己学得多，还要学得精，不仅要习理论，还要强能力，努力把理论知识转化为可视化成果。总之，青年要在社会主义现代化强国建设中有所作为就必须学有所成、学有所长，拥有一身过硬本领才能稳固地立足于社会。

3. 新时代青年要有担当精神

在实现中华民族伟大复兴的路上不会是一路平坦，面临着各种各样的挑战、风险和阻力，青年必须进行具有新的历史特点的斗争。使命呼唤担当，广大青年肩负着实现民族复兴的大任，身处历史发展的重要战略机遇期，面临前所未有的困难，更需要青年以强烈的使命担当精神积极进取，不断奋勇向前。中华民族伟大复兴的实现终将在一代又一代的青年人手中变为现实。

第二章 时代青年社会责任的时代内涵

当代青年是最具有革新和创造精神的群体，是我国社会发展的力量，同时，也是实现中国梦的希望所在，当代青年社会责任感体现一个民族整体素质的高低，反映着一个国家未来竞争实力的强弱，直接关系到整个民族及国家未来发展。当代青年的社会责任感从本质上讲是当代青年对其责任对象的自觉意识和体验，也是青少年对自己承担人类社会发展责任中内心情感的体验。

第一节 以自身发展为核心的自我责任感

青年自身的全面发展是青年责任担当的基础。如果青年对自我责任认知不清，不仅自身无法成长成才，更勿论担当起时代所赋予的社会责任。青年的全面发展既是自我责任内容又是自我责任的意义，作为人类个体无时不想挣脱现实条件限制让自身全面的发展，但现阶段的社会主义仍然处于初级阶段无法提供给青年足够的物质条件支持，这还需要依靠青年的自我发展。青年个体全面发展的内容包含主要两个方面一个是参与物质生产领域的能力培养，另一个精神生产领域能力的培养，这在现实中表现为德智体美的全面发展。

青年自我责任的前提是健康的体魄。青年时期是各方面打基础的阶段，而健康身体素质更是关键，青年践行社会责任首先离不开的前提就是健康的体魄，离开这个一切都无从谈起。青年人可以通过体育运动来锻炼身体的同时，提升自己的应对外界困难时的坚强意志力。此外，青年要形成良好作息时间规律，形成健康的工作方式和生活方式，不要过早透支自己的身体。"革命是身体的本钱"，离开了良好的身体素质这一大前提，谈社会责任一切都是空谈。而健康的工作方式和生活方式对于身体具有长远价值，也可以养人心性，提升自身道德修养。

青年自我责任担当的基础是增强本领。青年时期是人生理上最旺盛的阶段，是人求知欲和好奇心最强的时期，是青年打基础的关键时期，青年自我负责的程度决定着践行社会责任价值领域的广度和深度。人的天赋能力各有差异，但主要靠后天学习努力，青年应该把学习作为首要任务，作为一种责任、一种精神追求、一种生活方式。学习不仅在于提升自己，更要结合社会发展需要去学习，成为激发自己人生前进的动力。

青年的自我责任担当的关键是立德。作为青年只有坚守住德的标准，这样做人做事才会有标准和底线，中国正处于社会主义市场经济的浪潮中，正处于利益格局深刻调整的改革中，青年如何在泥沙俱下的社会中把握住是非曲直的价值尺度尤为显得关键。为了引导社会多元价值观形成公约数，避免社会陷入纷争和撕裂。青年作为人类个体成长成才的关键时期，如果青年自我责任的价值标准和判断出现偏差，那么将导致个体人生的错位，甚至走向歧途，这样就更无从谈回报父母养育之恩、报效国家。青年要从现在做起、从自己做起，使社会主义核心价值观成为自己的基本遵循，并身体力行大力将其推广到全社会去。青年自我的全面发展离不开青年自身远大的志向和抱负，但这一切又离不开正确价值指导；另一方面，这样驱使青年践行社会责任更具主动性和积极性，把社会责任的践行引向社会更深处。

青年自我责任担当的保障是美育。青年要努力做一个心灵纯洁、人格健全、品德高尚的人，努力做一个有文化修养、有人文关怀、有责任担当的人。长期以来，美育教育从理论层面论证起来处于一种很重要的地位，但在实际学校教育过程中由于各种因素影响美育却是处于次要位置，到了学校忙于应考的时候直接舍弃的尴尬境地，部分青少年审美低俗化、物化倾向，出现以奢侈过度消费为美，以崇尚艰苦朴素作风为丑的现象。为此，学校要注重以文化人以文育人，广泛开展文明校园创建，开展形式多样、健康向上、格调高雅的校园文化活动。这样系列审美教育活动的开展，其可以在潜移默化中改变一个人原本的模样，原来孤独封闭的个体渐渐愿意与群体建立良好的互动关系，从而使青年感受到自己变好无论对自身还是对社会都具有积极的作用，从而慢慢建立对社会的责任感，这种责任感是非理性的因素触发的。审美教育帮助青年提高心理的调控能力，审美教育超越物质的现实的功利和现实的主客体关系的视角来看待社会现象和困难，变成主客一体和物我一体的境界，消弭原来对立关系，帮助青年正确看待生活不如意和挫折，正面对待自己所承担的社会责任。

第二节 以弘扬奉献精神为核心的他人责任感

青年作为现实的人类个体，其扮演着各种社会角色，与其他的社会个体产生社会关系，而作为一个社会共同体的社会成员，青年自然就需要肩负起对其他社会个体的责任。青年的成长过程中离不开他人力量的参与，而同样的道理他人的发展离不开青年帮助，实现中国梦其中一个内涵是人民幸福，人民幸福就不开人与人之间互相关爱和奉献。在社会发展中会有部分人由于社会结构的深刻变化和社会关系失去平衡，以及某些自然或者个体自身的某种原因，导致他们处于社会分层结构中最底层，其在物质生活条件、权力和权利、社会声望、竞争能力以及获取发展机会等方面相比其他群体处于劣势。他们在自我发展方面受限，从而引发一系列的社会问题。在实现中国梦伟大征程中，青年要积极参与精准扶贫开发、西部志愿者计划去帮助"边、老、少、穷"地区人民的发展，生活在这些地区的贫苦群众他们需要来自外界帮助，让他们走向小康，让这些地区成为繁荣安定团结的地方，而这些不仅仅是政府的责任，也是社会共同的责任，青年志愿服务力量的加入刚好是对政府治理力量的有效补充。当然，青年关爱他人和弘扬奉献精神，这个也要从青年对家庭的担当开始出发。中国青年关爱他人从家人为起点，如果连关爱家人都做不到，如何能希望青年关爱无亲情关系的他人呢？另一方面，中国传统社会的交往关系的亲疏呈现出以我为中心向四周逐渐扩散的差序化形式，这也成为青年承担对他人责任的程度分布表，而现代社会发展让人与人之间关系愈来愈紧密，当代青年作为社会成员，不仅仅对自己父母和亲人具有责任，而且要自觉关爱其他群体，无论直接或者间接的人，在接受青年关爱后，他们也会以此为榜样传递下去。另一方面，作为青年在关爱弱势群体和奉献青春的同时自己也在做实事中深化社会责任认知，了解中国国情，为自己人生发展积蓄力量。

第三节 以民主文明谐为核心的国家责任感

建设富强民主文明和谐的社会主义现代化国家，是我们的目标，也是我们的责任，更是青年的责任。国家作为特定人群的社会共同体，其社会共同体的产生在于生活在共同体里的人有着共同的利益，每个体生存、发展和安全的利益都离不开他们赖以生存的社会共同体即国家。每个体都应尽自己努力维护这个社会共同体的运转。

国家的富强离不开青年对国家利益的维护，维护领土主权的安全是国家发展第一要素。近代中国人被侵略的屈辱历史，让国人难以忘怀。在信息化时代下，维护领土主权的安全，军队需要青年人才来驾驭高科技含量的兵器，以应对日益复杂的安全挑战。但是军队相对艰苦的生活和严格的纪律约束让很多生在和平年代的青年难以适应，甚至在部分地方出现恶意逃避兵役的现象。国家完成和平统一是中国走向富强的强烈期盼，台湾问题是我们国家的核心利益，也应当是每个中国青年人的核心利益。青年是民族的未来，也是两岸的未来。作为国家公民的一员，每个青年都有责任和义务去捍卫国家的核心利益，在实现民族复兴的道路上，不能缺了台湾的统一，否则，台湾问题将是制约中国走向振兴的桎梏。另一方面，国家富强离不开经济发展的基础。广大青年投身创新创业将极大推动国家经济结构的升级，实现生产力的跃升发展。目前，中国经济转向依靠创新驱动发展的战略来实现经济发展。在这样的背景下，当代中国青年要肩负起时代赋予创新创业的国家责任，敢于做先锋，不做过客、当看客，让创新成为青春远航的动力，让创业成为青春搏击的能量，让青春年华在为国家、为人民的奉献中焕发出绚丽光彩。青年要抓住历史机遇，谋划人生，创造历史，与国家发展共进步，与民族复兴共腾飞。任何国家和民族走向复兴，不是轻松敲锣打鼓和喊喊空号或者空想就能实现，广大青年要牢记"空谈误国、实干兴邦"。这就要求青年立足自己现实情况，扎扎实实，一步一个脚印做好工作或者学习，积累经验和能力，勇于创新，开辟新业绩。国家富强离不开青年创新创业，如果广大青年都以创新创业为自己的责任，那么国家的富强就不远了。

国家发展离不开民主和谐的国家环境。前些年，香港特别行政地区出现以青年为主体的"占领中环"事件，争取所谓的"香港民主"，这种民主实质上是一种伪民主，完全是不符合中国国家根本利益的西式民主，纵观近些年来，按照西式民主改造的中东国家几乎是呈现社会动荡混乱、人民生命财产得不到保障的景象，所谓西式民主的美好世界并没有到来。针对青年的教育就要把我国历史文化和国情教育摆在青少年教育的突出位置，让青少年更多领略中华文明的博大精深，更多感悟近代以来中华民族救亡图存、发奋图强的光辉历程，更多认识新中国走过的不平凡道路和取得的巨大成就，更多理解"一国两制"与坚持和发展中国特色社会主义、实现中华民族伟大复兴与中国梦的内在联系，从而牢牢把握澳门同祖国紧密相连的命运前程，加深民族自豪感与爱国爱澳情怀，增强投身"一国两制"事业的责任感与使命感。

青年肩负树立文明大国形象的国家责任。改革开放以来，中国人逐渐富裕起来，但是不少人的精神层面还滞后于物质文明的发展水平。文明程度的高低是精神层面富裕的标尺，它是人的道德素养、文化修养的综合反映，与物质文明相辅相成，精神文明的富裕将推动物质文明进步一步发展。从外部而言，文明的国家形象对于维护政治安全、国际地位特别是维护国家经济利益具有举足轻重的作用。越来越多青年走出国门学习和工作，在国外个体代表着国家的文明形象，不止于个人文明形象。同时，越来越多外国人来到中国，青年人群是他们最有机会接触的人，代表着当代中国人的形象，传递着当代中国价值观念。因此，青年要积极传播中华文化、讲好中国故事，用青春的激情打造最美的"中国名片"。

建设美丽中国是青年新时代下的国家责任担当。美丽中国是人民对生态环境质量改善的一种获得感，习近平总书记在十九大报告中将它加入社会主义现代强国的目标之中，而这也顺理成章成了每个当代中国青年的国家责任即肩负建设美丽中国，努力改善生态环境，以实现国家永续发展。为此，我们希望青年能在社会上做先锋，突破旧有的陋习和痼疾，让青年通过自身的点滴践行生态责任，引领美丽中国建设的新潮流，让美丽中国转化为人民共享的获得感。

第四节 以传承中华优秀文化为核心的民族责任感

中国是一个统一的多民族国家，在广袤的国土上共同生活着56个少数民族，在漫漫历史长河中共同创造了源远流长、博大精深、绵延不绝的优秀民族文化，形成了具有中华民族特点的传统美德。我们的民族文化中蕴含着的价值观念至今仍然影响当代中国人的思想方式和行为方式。

维护民族团结是实现中华民族伟大复兴中国梦的基础和前提。民族是人们在历史上形成的一个有共同语言、共同地域、共同经济生活以及表现在共同文化上的共同心理素质的稳定的共同体。由于历史和自然因素的影响，少数民族经济社会发展各方面落后于内陆发达地区，青年作为我国各民族的未来担负着维护民族团结的民族责任，落实好民族团结的民族责任是攸关祖国统一和边疆的稳定，是攸关到中华民族走向繁荣昌盛的大事，攸关能否把各民族人民拧成一捆绳，为整个民族的发展凝聚智慧和力量的大事。

文化是一个民族的生命和灵魂。铸造中华民族共同体需要有民族认同，而民族认同更主要是一种文化的认同，让每个个体悦纳民族共同的文化特征并在传承文化实践中不断加深对自己民族的认知，增强青年人民族的归属感和情感依赖。另一方面，中国特色社会主义进入新时代需要中国人自己结合本国实践和本民族的优秀文化中去寻找中国发展的智慧和方案。而实现伟大复兴的中国梦是当代青年正在参与的历史进程，时代赋予青年文化传承的民族责任。

中华优秀文化的生命力在于它浓缩了这个民族内在的核心价值观念，中华优秀传统文化、红色的革命文化以及社会主义先进文化都是中华优秀文化一部分。青年要积极践行的社会主义核心价值观很大程度上就是担负传承中华优秀文化的民族责任，也是传承文化的一种形式。另外，热血青年组成的人民军队是执行党政治任务和人民使命的重要构成，保持政治上可靠和思想上纯洁是军队思想政治工作的重点，这一点对于其他青年人而言一样重要，近些年来，部分人在互联网上大肆传播历史虚无主义，已经在部分青年人中产生消极影响。欲灭其国先亡其史，青年对于中华优秀文化传承不仅仅是对历史上诸子百家的思想精华的传承，必须加入对红色革命传统文化的传承。在新时代的伟大实践中青年人应该作为历史的剧中人，主动地发挥主体意识，并结合时代特点给予中华优秀文化新的生命形式。

第五节　以构建人类命运共同体为核心的世界责任感

习近平总书记于2013年在莫斯科首次提出人类命运共同体："人类生活在同一个地球村里，越来越成为你中有我、我中有你的命运共同体。"习近平所提出的人类命运共同体概念包含着人与人之间、人与自然的关系。人与人之间的关系，在国际社会现实中表现为国与国之间为了生存与发展的利益发生争端直至演变为战争的情形。人类命运共同体的一个重要内涵就是任何一个国家和地区都有谋求生存和发展的权利，但于此的同时，每个国家都更需要有整体意识，使得人类走向紧密联系的共同体，实现共谋发展和共享发展，为实现人类的全面发展创造条件。人与自然之间的关系表现为人类在谋求改善生存和发展条件时，没有注意到对于自然生态环境的保护，从而导致人与自然关系紧张，让人类陷入根本性的环境危机中的情形。人类命运共同体的另一个重要内涵则是提出人作为自然界中一员，在改善生存和发展的条件时要善待自然，善待自然也是在善待人类自己，并且生态问题是全球性问题，需要人类共同来保护。

构建人类命运共同体的世界责任需要青年担当起维护世界和平和促进共同发展的任务。从现实层面来讲，实现伟大复兴的中国梦离不开外部稳定的环境和资源支持，中国成立了由八千名青年官兵组成的维和部队，时刻准备着前往世界各地的热点地区进行维和，不让点上的战乱扩散到更大范围，从而影响已经深度参与全球化的中国的国家利益。分享发展红利让其他国家和中国成为紧密利益体，共享和平，促进共同发展。从理想层面来讲，人类命运共同体是具有社会主义性质国际主义思想和实践形式，这是中国共产党人在实现共产主义社会的路途上，对其初级阶段的实践探索。维护世界和平和促进共同发展早已经列为中国共产党 21 世纪的三大历史任务之一，这是中国共产党高尚的无产阶级国际主义和共产主义理想情怀的现实体现，从我们党革命、建设和改革各个历史时期都立足实际给予其他国家帮助特别是广大的发展中国家，促进世界和平力量增强，应该说我们这样真心实意地付出换来国家国际地位提高。中国青年作为社会主义事业的继承者和担当者自然而然要积极落实维护世界和平和促进共同发展任务，从而肩负起构建人类命运共同体的世界责任。

构建人类命运共同体的世界责任需要青年担当保护生态的责任。生态问题是攸关中国特色社会主义现代化建设根本性、全局性、历史性的问题。近些年来，过去依靠"资源红利"和"人口红利"发展起来的中国经济开始显现出消极影响，表现出其不可持续性，伟大复兴的中国梦是绿色的发展梦，中国青年必须发挥先锋作用，肩负起保护生态的责任，带动社会其他力量的积极践行。另一方面，生态问题是全球性问题，世界其他地区的生态问题可能引发蝴蝶效应，进而影响到中国，所以生态问题也应从人类命运共同体的战略高度去审视它的价值和意义。生态问题从人类命运共同体的高度去理解并不为过，因为生态的恶化将直接影响到每个体的生存质量，影响每个体对于美好生活的获得感。

人类文明的传承离不开文明之间的相互交流借鉴，人类文明是一个个国家和民族的集体记忆的呈现，各自文明的产生都有其独特价值之处，是所在地人民劳动和智慧的结晶。人类文明就是在青年传承中实现文明的借鉴，推动人类文明的发展。在实现中国梦的征途上，青年要肩负起传承人类文明的责任让外来文明和本民族文明相互融合成为解决中国当代发展难题的智慧源泉，为世界贡献中国方案，从而为构建人类命运共同体添砖加瓦。另一方面，中外青年对人类文明的传承需要交流，这也让中华文明更好地传播到世界，让世界更了解中国，避免文明的隔阂导致误解和担忧，从而走向极端的战争，这就不利于构建人类命运共同体。

第三章 时代青年社会责任的培育路径

青年社会责任感培养是青年社会责任感形成和发展的重要保障，对提高青年综合素质具有重要作用和意义。但当代青年社会责任感培养路径还存在一些问题，我们要在正确理论的指导下，建立科学的原则和评价体系，以积极的态度应对现实带来的挑战；以社会主义核心价值体系为导向，确立培养内容；以创新驱动为动力，丰富和完善培养的方法、途径和载体，从而构建全方位的当代中国青年社会责任感培养的路径。

第一节 加强青年社会责任感学习

我们正处于信息快速爆炸的时代，我们的社会每天都会产生新知识，当量子通信、区块链技术、共享经济、互联网+……，新的专业名词应接不暇地映入你眼帘时，如果自身不保持持续地学习，往往是一头雾水。而广大青年作为这个国家的未来和民族的希望被寄予很高的社会责任期待，如果自身的不加强学习，无法从容应对社会分工对于多学科知识和全方位能力的要求，部分青年由于眼高手低，自身能力不足，面对社会竞争时就败下阵来，这就会导致青年自我的社会生存难以维系，更不要谈如何肩负对他人、对国家、对民族以及世界的责任。因此，作为当代青年无论是在校园里还是已经在工作岗位上都要加强自身的学习，青年时期的基础深厚程度决定人生发展的高度，也决定你担当起多大社会责任。对于学习的内容，社会上存在部分青年过于浮躁喜欢快餐式网络文学的现象，他要求青年要克服浮躁之气，静下来多读经典，多知其所以然。经典书籍往往穿越数个时代仍然历久弥新就在于它是人类文明的智慧结晶，时代是变化的，但智慧是相通的。阅读经典书籍是青年快速积累知识的一种途径，后人都是站在前人成果的肩膀上才有新的成果。当代社会知识更迭周期越来越小，如果不保持学习，青年无法肩负起引领社会发展前进方向的社会责任。目前，高校培养的大学生存在理论与技能脱节现象，这导致青年在就业和发展时受到限制，这也不利于中国建设成为制造强国。对于学习的方法，青年时期是培养和训练科学思维方法和思维能力的关键时期，学习同思考、观察同思考、实践同思考紧密结合起来，保持对新事物的敏锐，养成了历史思维、辩证思维、系统思维、创新思维的习惯，终身受用。青年不是为了读书而书，不是为在朋友圈别人的关注而读书，而是要伴随学习的不断深入思考深度也要不断的加深，要敢于质疑权威，形成自身对社会、国家重大问题的思考。学习的方法他还强调"'纸上得来终觉浅，绝知此事要躬行。'所有知识要转化为能力，都必须躬身实践。要坚持知行合一，注重在实践中学真知、悟真谛，加强磨炼、增长本领。"青年要把自己掌握的知识和自己所思考的运用到社会实践中去，在实践中检验和发展真理，提升能力。另一方面，对于学习的内容，青年而言要多去经历风浪，特别是对在校青年学生来说，其要注重积累人生经历和社会阅历，知识是有两种，一种是成形理论体系知识，另一种是活的知识，波兰尼称之为隐性知识，他需要人用心去理解学习，这是旁人无法代替去总结的，只能自己去体悟。

第二节　加强青年道德修养

青年要加强思想道德修养，自觉弘扬爱国主义、集体主义、社会主义思想，积极倡导社会公德、职业道德、家庭美德。要加强年轻干部的道德修养，引导他们珍重人格、珍爱声誉、珍惜形象，增强道德责任感，常修为政之德，积小德养大德，努力成为思想纯洁、品行端正的示范者，爱岗敬业、敢于负责的力行者，明礼诚信、遵纪守法的先行者，生活正派、情趣健康的引领者。从上面的论述我们可以看出其对青年的道德修养做得怎么样直接关系到能否自觉践行社会责任这个问题有着清晰认识，如果人若没有德性，即使拥有过人的才能，健壮的体魄，只会帮人危害社会。对于青年人来讲，如果没有一定的品德涵养，青年就极易受到外界诱导走向歧途。中国的大部分青年都生活在优越的家庭环境中但其所面对的社会环境是最复杂的，他们的思想是活跃的但缺乏主导思想指导，行为可塑强但抵抗诱惑的能力低，青年要形成稳定的社会责任行为模式除依靠外界的引导，最根本还是靠自我的道德修养，自我道德修养要求人在没有外界直接压力的情况下，自觉、有意识地培养自己的道德品质、提高自己道德水平的过程。自我教育效果比外界教育来的效果更为深远。而这个过程是长期的，对于个体来说无法一劳永逸，人类总有一种惰性，这种惰性也会传染，影响个体的社会责任践行，从善如登山，从恶如崩说的就是这个道理。因此，青年要以社会主义核心价值观为自己根本遵循，树立远大的人生理想，青年只有把握住人生的大方向和根本价值标准，青年才不会犯根本性人生错误，才有机会担当起引领社会发展前进方向的重任。当然，对于大德不可坐而论道，要从平时小德、私德做起。青年在学校能友善同学、尊敬师长，在家庭能孝顺父母，尊重亲人，在社会上能关爱妇孺老幼、敢见义勇为。当然，个体的私德修养也包括自我兴趣的爱好上，健康有益的生活情趣有助怡养心性，做事做人有界限有规矩。青年个体良好的道德修养都是在这样点点滴滴中集腋成裘，当面对大德时的担当就成为青年自然而然的选择。

第三节 基于家教家作风的青年社会责任感培养方式

家庭是人生的第一个课堂，父母是孩子的第一任老师。孩子们从牙牙学语起就开始接受家教，有什么样的家教，就有什么样的人。家庭教育涉及很多方面，但最重要的是品德教育，是如何做人的教育。一个人的家庭教育是什么样的，其很大程度就着决定青年社会责任担当程度。目前部分中国家庭教育出现方向的偏差，父母受到来自社会风气的影响，对于青年教育培养呈现浮躁，父母只注重智育，关心学业成绩怎么样，能上重点大学就行。对于青年暴露出来的社会责任意识缺失的现象并不关注。这样导致就极端案例的发生，如某某机场曾发生汪某因为学费问题竟然当众杀母的事件。对于青年而言来自学校和社会的正面理论宣传可能有距离感，但青年在家庭中父母对自己教育却是生活化、真实的，特别是父母的言传身教在潜移默化中帮助青年形成社会责任的认知和践行社会责任的意识。如果青年成长过程个体自恃人高马大欺负弱小者，父母没有及时纠正他对他人的社会责任认知，这就有可能导致其走向犯罪的深渊。

家风来自家教好坏的积累，家教内容是一个系统而又庞杂的内容，从人的生活习惯到价值选择趋向，从言谈举止到是非标准的判断，然后由这些内容的表现出来的行为的总和，其给人以深刻印象的东西就是这个家庭的家风。家风对于一代又一代人影响是深远，其催生一批又一批德才兼备青年，肩负时代赋予的社会责任。如浙江钱姓家族绵延 1000 多年，尤其在近代涌现出钱学森、钱三强、钱钟书等众多国家栋梁和社会中坚。相反，十八大以来被中纪委拿下的"大老虎"，这些党的高级领导干部在家风方面一团糟，如刘铁男教儿子"做人要学会走捷径"，这也就印证古人语：积善之家，必有余庆；积不善之家，必有余殃。可见，不管时代风云变幻，家风仍然铄石流金。

第四节 树立青年学习榜样

青年模范人物是广大青少年学习的榜样，肩负着更多社会责任和公众期望，在青少年中乃至全社会都有着很强的示范带动作用。中国特色社会主义进入新的伟大时代，新时代有新的历史任务，既有需要攻坚克难的改革，还有需要审慎应对的发展挑战和风险。因此，对于中国梦的实现我们要意识到其不是敲锣打鼓，不是贴贴标语、喊喊口号就能轻而易举地实现的，还需要更加艰巨、更为艰苦的努力。伟大时代需要青年人的楷模和英雄，作为担负国家富强、民族振兴和人民幸福的青年人必然是要冲在改革发展的第一线，当他们处于艰难时刻时需要来自外界的精神力量给予他们信心和勇气。另一方面，为了凝聚起磅礴的青年力量，动员起生活在富足和平年代的青年树立远大理想抱负，补好人生发展的"钙"，投身到伟大事业中去，与国家和民族共进步。在青年中树立他们自己学习的榜样是为了帮助他们确定作为青年应当担当起怎么样的社会责任。榜样示范法就是以先进典型为榜样，用典型人物的先进思想，先进事迹来教育人们，提高人们思想认识和思想觉悟的一种思想政治教育方法。榜样都来自青年群体里，有着共同成长时代背景、有着相同的时代话语、有着一样成长的压力和苦难，但他们却超越了一般青年应尽而未能尽到的社会责任，这种优秀的品质就会感染到其他青年人，鼓舞他们面对现实苦和难，肩负起人民期待、国家的重托和民族的使命，将自己生命融入中国梦的伟大征途中去。

第五节 强化青年实践能力

在实践中锻炼、考验和提高干部，始终是培养年轻干部的一个基本途径。越是有培养前途的年轻干部，越要放到艰苦环境中去，越要派到改革和发展的第一线去，让他们在实践锻炼中增强党性、改进作风、磨炼意志、陶冶情操、提升境界、增长才干。目前，随着国家城镇步伐加快，越来越多青年成长在城市，接受教育年限时间长，往往是从一个校门到另一个校门，对于脚下的这块土地，很多青年并没有全景式去了解，缺乏对中国国情深度的认知，导致很多青年人虽然具有想回报社会和国家的热情和信念，但是当他们刚付诸实践没有多久就反馈给他们是糟糕的效果，加之受不了基层的环境，难以过思想关、生活关和工作关就打道回府。这对于肩负着社会责任期待的青年而言，缺乏必要的社会实践锻炼对其成长成才是不利的。因此，广大青年要牢记"空谈误国、实干兴邦"，要不怕困难、攻坚克难，勇于到条件艰苦的基层、国家建设的一线、项目攻关的前沿，经受锻炼，增长才干。

第六节 推进社会诚信建设和志愿服务制度化

诚信，其是作为社会主义核心价值观个人层面的价值要求。另一方面，诚信作为手段也是塑造社会公德的重要建设，个体诚信行为将影响的是社会公德、大德，当它如细水流沙，渐渐地聚沙成塔，那么它毁掉是整个国家和民族发展的未来。当下部分青年并没有意识到诚信的重要意义，诚信的缺失是对社会基本规则和制度漠视，而规则背后是社会对个体所应尽社会责任的具体要求，如部分青年学生企图靠学业造假蒙混过关的类似案例不时见于报端媒体的头条。此外，失信的行为将会破坏社会已经建立起来崇尚公正平等社会风气，一旦风气被销蚀再次重建付出代价是高昂的。因此，政府和社会推进诚信建设就是为让青年认清社会责任的底线，不能因为个体失信去影响社会和谐发展基础，让其起到警示和激励青年坚持践行诚信的社会责任，勿以善小而不为，勿以恶小而为之。青年应该坚持通过志愿服务的形式，感受作为个体对于社会的责任，增进践行社会的能力，坚定自己的初心，为实现中国梦这个历史责任贡献自己智慧和力量。在各国志愿者群体中青年毫无例外都是主力军，志愿服务本身自愿无利益报酬的自觉行动，志愿服务是加深青年对于所生活的国土和身边的社会的认知，让青年对国家和人民的朴素情感转化为身边点滴的践行。这个过程中青年在理论与实践对照下，他开始完成对自身社会责任自我定位，并且在实践中提升自己践行社会的能力，反过来它又加深青年个体与社会关系、自由与责任的理解，在实践中与弱势群体交往，产生真挚的友谊，感受到被需要的情绪体验，培育青年对于社会的责任的浓浓情怀，从而强化他们的社会责任意识。

第四章 时代青年社会责任的时代价值

第一节 青年社会责任的理论价值

一、继承和发展了马克思主义青年社会责任思想

青年社会责任是中国化的马克思主义青年社会责任思想的最新成果。党中央面对十八大以来复杂的党情国情世情，不忘共产党的初心和使命，顺应时代要求，进行一系列理论创新力图回答新时代下马克思主义执政党如何肩负起引领历史和时代赋予的社会责任。

马克思在《共产党宣言》指出了共产党人没有任何同整个无产阶级的利益不同的利益，并宣告自己的使命和任务就是塑造无产阶级的新世界——共产主义社会。共产党人在实践探索塑造新世界的路上发现需要把最高理想目标与现阶段实际目标有机结合起来，所以中国共产党人无论在革命、建设和改革时期向广大党员和人民群众提出具有历史特点的社会责任号召，在抗日战争时期，我们党领导青年反对内战，肩负起抗日守土的国家和民族责任、在解放战争时期我们党领导国民党统治区的青年反对内战的民族责任、在进行社会主义建设时期，我们党动员青年肩负起参与"四个现代化"建设……根据马克思历史唯物主义的基本观点，一定时期社会意识是由一定的社会存在所确定的，面对国内外新形势，新时代青年社会责任具有了新内涵。

从马克思社会责任角度出发，个体的发展即人的自我发展离不开社会，而社会的发展也离不开人的自我发展，两者是个体与类的统一。根据马克思观点，人作为实践者是社会物质财富的创造者，如果青年素质过低则会导致社会发展过多受制约于外部因素，制约人发挥主观能动性的发挥，导致社会发展转型失败，又回归原来发展模式，进而导致青年个体所生活的国土生态环境恶化。青年个体肩负起的社会责任具有远大价值和理想情怀，作为当代

青年也应该有老一辈革命家青年理想情怀和远大志向，从而担当民族未来发展的期待。

二、指导当代中国青年成长成才的理论武器

共产党人从马克思开始都十分重视青年的全面发展，对于该群体的重要性和价值具有深刻的认识。任何理论上创新都来源社会存在发展的需要，共产党人总是根据时代发展进行理论创新来指导党组织做好青年成长成才的教育工作。缺乏社会责任意识青年不是完全意义上的成长成才，而是不充分不平衡的。

个体自由全面发展的必然结果是青年的健康成长成才。而个体的自由全面发展除了自身本领的锤炼，离不开社会的支持。对于个体而言，个体的成长成才是否达到社会所期待的标准，离不开青年社会实践的参与，特别对于社会责任的践行。对于马克思主义而言，人与社会是互相生成的，青年成长成才与社会发展是同频共振，两者之间是相互的成就。如果青年缺乏对社会责任的践行，社会发展就是失去平衡的发展，其是不可持续的状态。而青年观念形成来源社会各方力量的协同配合，帮助其正确的自由全面发展才是真正成长成才。从这个角度出发，国家层面，他就要求学校树立立德树立的思想理念，改变学校教育出现片面化功利化取向；家庭层面，他就要求家庭教育必须发挥其应有影响力，改变以往忽视传统家庭教育中的家风家训的功能；从社会层面，他要求社会要倡导社会主义核心价值观，一改往日主导价值被动尴尬局面，力图扭转社会多元价值日趋侵蚀主导价值观的趋势。

青年的蜕变为社会需要的人才与自身的社会责任的认知程度密切相关，但与此的同时，其更离不开对其实践教育的深化。青年具有的社会属性，青年成才过程脱离不了现实社会，青年需要根据社会需要去雕琢自己，也就是社会化。我们并不总是能够选择我们自认为合适的职业；我们在社会上的关系，还在我们有能力对它们起决定性影响以前就已经在某种程度上开始确立了。对于青年教育培养，列宁一直以来是十分重视的，给予青年单独进行社会实践的机会。另外，随着国家崛起，中国参与国际经济、文化等活动会逐渐增多。青年要有国际视野去参与到国际的活动中去，适应世界对于中国的要求，让中国青年在国际合作中获得更大发展舞台。新时代新背景，主题背景纵然变幻多端但离不开事件的本质，我们要抓住主要矛盾，解决青年全面发展过程中的短板问题，防止出现青年在自我发展的过程中出现木桶效应。

青年社会责任的主题内容适应新时代要求，为青年把定前进的方向。我们党曾经领导青年战胜日本入侵者为民族赢得生存的权利保存民族的未来、

党曾经领导青年推翻三座大山为青年实现人生发展提供坚实的保障、改革开放以来，党领导国家进行改革开放，这个大舞台给予了青年实现自我发展，发挥个人价值的时代境遇。另一方面，青年社会责任的践行需要个体全面发展结合起来，社会责任的广度和深度需要青年个体的本领做支撑。

三、青年社会责任感与社会主义核心价值观相契合

（一）青年社会责任感培养与社会主义核心价值观相契合的内在本质

1. 主体契合：青年是责任共同体与价值共同体的统一

责任，是由人的共同体本质决定的。青年作为确定的人，现实的人，总是生活在一定的社会环境中，生活于家庭、集体、民族和国家等共同体。这也必然要求青年对所在的生活共同体承担一定的社会责任，以实现他人和社会的生存和发展，并为自身生存和发展提供保障。正如马克思所说，"只有在共同体中，个人才能获得全面发展其才能的手段，也就是说，只有在共同体中才能有个人的自由。"青年通过承担社会责任响应时代发展呼唤，在新时代中国特色社会主义的伟大实践中更好地成长成才，成为社会主义事业的建设者和接班人。

责任是人的责任，价值观是人的价值观。人的共同体本质，决定了青年的价值取向和社会共同体的价值追求、价值目标的内在一致性，即"可以在其中获得相对同质的价值体系"。社会主义核心价值观内在地凝结着国家、社会和公民等共同体的价值追求，并以人的全面自由发展为价值目标。它通过引领、影响和调适青年的价值选择、价值实践，使得青年的价值取向与社会、国家的价值目标保持一致；通过继续推动社会各项发展的基础上，更好地满足青年日益增长的美好生活的需要，更好地推动青年和社会的全面自由发展。总之，人的共同体本质，决定青年是责任共同体和价值共同体的统一。

2. 价值契合：是价值引领与价值依托的统一

青年社会责任感培养要以社会主义核心价值观为内在的价值引领。社会主义核心价值观凝结着包括青年在内的全体中国人民共同的价值追求，是一个价值目标明确、价值取向正确和价值准则规范的层次明确的逻辑整体。社会主义核心价值观价值内涵的内在层次性必然决定其培育和践行是一个层层递进式的过程。社会结构和国家总是从一定的个人的生活过程中产生，国家层面的价值目标和社会层面的价值取向的实现要以公民个人层面的价值准则为依托和支撑。以社会主义核心价值观作为青年社会责任感培养的价值引领，

贯穿于青年社会责任感培养的方方面面，不断地在青年社会实践过程中得以内化和强化。

青年社会责任感的培养是培育和践行社会主义核心价值观的价值依托。青年的社会责任感与青年的价值观密不可分，是青年基于生活共同体的价值共识、价值情感以及价值行为有机统一，是培育和践行社会主义核心价值观的价值依托。青年社会责任感培养的过程，也是社会主义核心价值观"内化于心，外化于行"的过程，是二者同频共振，互促互融的过程。一方面，社会主义核心价值观为青年社会责任感培养提供科学引领、理念遵循、核心内容、有效载体。另一方面，青年以自觉践行社会主义核心价值观为社会责任，自觉承担时代赋予的历史责任，在"中国梦"的伟大实践中实现个人责任与社会责任，是青年践行社会主义核心价值观的重要的评判标准和衡量依据。

3. 实践契合：是时代主题与时代责任的统一

在革命年代，青年以青春之我创建青春之国家，青春之民族；在战争年代，青年在民族危亡的时刻救亡图存，推动着国家发展和社会进步；在和平建设年代，青年建设中国特色社会主义，实现中华民族伟大复兴的"中国梦"。建设中国特色社会主义，实现民族伟大复兴的"中国梦"，是中华民族、中国人民正在进行的奋斗任务，是社会主义核心价值观的实践依据，也是中国青年运动的时代主题。一代人有一代人的际遇，一代人有一代人的使命，历史和实践启示青年，青年的努力奋斗不能偏离实现中华民族伟大复兴的"中国梦"这一时代主题。

建设中国特色社会主义，实现"中国梦"，关键在"人"。中国的梦想寄予青年，时代的责任赋予青年。当代青年身处实现中华民族伟大复兴"中国梦"的关键时期，是追梦者，更是圆梦人，要高举中国特色社会主义伟大旗帜，将社会主义核心价值观内化为人生价值准则，在实现中华民族伟大复兴的伟大实践中接力奋斗，实现最大的人生价值。总之，历史和现实要求青年正确认识国家和民族赋予的责任，在实现"中国梦"的伟大实践中实现时代主题与时代责任的有机统一。

（二）青年社会责任感培养与社会主义核心价值观相契合的基本特点

1. 凸显理论性与实践性的统一

时代是思想之母，实践是理论之源。作为当代中国精神和社会主义先进文化的高度凝练，社会主义核心价值观是一套高度抽象的理论体系，兼具科学性、人民性和统摄性等。作为时代的产物，社会主义核心价值观根在实践，其产生、形成和发展也总是与中国特色社会主义实践发展息息相关。同时，它也以其充满鲜活生机的感染力、生命力和凝聚力指导着社会各项实践。

社会主义核心价值观的培育和践行，要遵循认知、认同和践行的内在逻辑。通过把抽象、深邃的核心价值观的理论体系"翻译"成通俗、具体的生活体系，让青年在生活实践中感知它、领悟它，成为青年日用而不觉的价值观，构建起青年独特的精神世界。马克思指出："全部社会生活在本质上是实践的。"实践是培育核心价值观的落脚点，也是检验青年价值观的试金石。在中国特色社会主义实践中，青年既要依托实践认识自身应承担的责任，也要通过投身实践去实现和检验自身的价值，是社会实践主体、责任担负主体和价值创造主体的高度统一。作为新时代的见证者、开拓者、参与者，他们在与外部社会互促共融中深化价值认知，在担负振兴中华的历史责任中提升价值认同，在致力中国创造、弘扬中国智慧、彰显中国力量方面实现价值创造。

2. 体现现实性与超越性的统一

社会主义核心价值观体现了社会主义的本质特征和价值目标，以人民群众为价值主体，以人民群众的利益为价值标准。"为了使社会主义变为科学，就必须首先把它置于现实的基础之上。"核心价值观的科学性就体现在它最大限度地契合了当前中国面临的现实问题和正在进行的不懈奋斗，即真正融入和有效引导中国特色社会主义实践。只有通过科学的认识、准确地把握、正确地解决中华民族和中国当前迫切需要解决的时代问题，才能够在实现"中国梦"的伟大实践中不断获取发展的现实动力，把我们的社会不断推向前进。社会主义的核心价值观继承了马克思主义与时俱进、自我超越的理论品质，既彰显了当前发展阶段国家和社会的价值要求，也揭示了民族和人民对未来社会和自身发展的价值追求。

青年作为中国特色社会主义事业的建设者和接班人，要找准新时代的历史方位，做新时代的弄潮儿，解决新时代的社会矛盾，解答新时代的社会课题。社会主义核心价值观了触动了广大青年的内在价值追求，唤醒了青年勤学担纲精神，激发了青年大有可为的创造能力，引领青年成为社会发展的中坚力量。青年自觉践行社会主义核心价值观，遵循马克思兼顾"人类的幸福和自身完美"的择业指针，以"中国梦"引领青春梦，以社会理想"超越"个人志向，实现个人的完善与贡献社会的有机统一。

3. 彰显政治话语与生活话语的统一

社会主义核心价值观是社会主义主流意识形态的灵魂，也是"社会文化体系的核心"。社会主义核心价值观意识形态性与文化性的内在统一决定了它应该是"政治话语"和"生活话语"的统一。一方面,通过"中国梦""一带一路""构建人类命运共同体"等话语主题推动话语建设、话语创新,让青年在理论上、价值上、情感上认同核心价值观的价值旨趣,增强其作为话语主体的话语权。另一方面,要发挥核心价值观在文化形态上的优势,借助全媒体实现以文化人,增强话语主体的文化自信。最后,立足于中国正在进行的中国特色社会主义的生动物质实践诠释话语、统一话语,凸显核心价值观在现实生活中的实践价值。

青年社会责任感培养是思想政治工作的核心任务,应顺应社会主流意识形态和主流价值观,"把个体教育者的思想行为引导到符合社会发展要求的方向上来……使其保持坚定正确的政治方向。"实践充分证明,中国特色社会主义是党和人民团结、奋进和胜利的旗帜,是我国各项事业发展的方向,也是青年社会责任感培养工作应坚定的方向。青年社会责任感培养的主体是青年,青年在哪里,培养的重点就在哪里。此外,日常生活世界是包括青年在内的生活共同体的存在领域,也是青年社会责任感培养所依托的重要场域。总之,青年责任教育要通过生活主体、生活场域和生活方式进行多点融合,实现"政治的教育"和"生活的教育"的统一。

第二节 青年社会责任的实践价值

一、培养具有社会责任感的时代青年

青年社会责任感的养成需经历知、情、意、行等环节,才会形成较为稳定的情感。青年要认识到当下社会责任的基本内容,深入理解社会责任的内在精神,树立正确的责任观,形成强烈的责任意识,从思想层面确立科学的社会责任认识,为落实好社会责任提供行为遵循。反过来,通过不断的实践,青年将进一步强化对社会责任的认同感。

(一)完善青年的社会责任认识

青年是国家和民族的希望,他们的责任意识不仅是关乎个人之事,而且关系到民族的未来发展,甚至关系到这个人类社会的未来发展,青年的责任担当意识决定了能否担起担好社会责任。因此,必须从认识层面帮助青年正确把握社会责任的具体内容。

（二）增强青年的社会责任意识

党的十八大以来，习近平总书记反复强调青年社会责任问题，不断突出青年在国家发展中的重要作用，针对青年成长成才、教育等问题作出了诸多指示，要求社会各界对青年给予高度重视和关注。青年在为党中央如此重视青年群体而感到欣慰的同时，更应该清楚认识到这种关心和重视背后的深厚期望，期望之中是党和人民对广大青年的信任，相信青年能够挑起国家大梁，敢于走在时代先列，在为祖国、为人民、为民族的奉献中展现青春风采，释放青春力量。青年要不负众望，好好珍惜和回报党和人民的重视和信任，把成就自我、实现价值同祖国、人民融于一起，把"责任"二字落实到自己的一言一行中，做到心有责任意识，行有责任担当。

（三）强化青年的社会责任行为

广大青年要积极投身坚持和发展中国特色社会主义伟大实践，以实际行动证明，当代中国青年不愧为大有希望、大有作为的一代。担当社会责任不是口号，需要青年在学习、生活、工作中身体力行，经过不断的实践后，深化对社会责任的认识，转化对社会责任的主观情感，变外在压力为自觉担当，并形成稳定的价值观。无论面临个人之事，还是国家之事，都能以正确的责任观判断是非，形成负责任的行为惯性。

二、促进我国青年思想政治教育的发展

（一）创新了青年思想政治教育理论

青年思想政治教育是包括政治教育、道德教育、心理教育等在内的教育系统，但是有关青年社会责任教育的内容有所欠缺，而当下青年社会责任感的有无和强弱不仅关系到青年自身的成长发展，而且也影响到我国社会主义现代化事业的发展。因此，青年社会责任教育在一定程度上来说也是围绕国家事业展开的，本身也属于思想政治教育的组成部分，和政治教育、道德教育等共同构成完整的青年思想政治教育系统。

（二）提供了青年思想政治教育的方法指导

青年社会责任感回应了时代发展对青年社会责任教育的诉求，是我国新时代开展青年思想政治教育工作的指南针，为广大青年提供践行社会责任提供了丰富的行动指南。青年所肩负的对己、对人、对国家、对世界的多重责

任，青年社会责任感从方法论的角度给予了高屋建瓴的实践指导，既是对青年社会责任的践行要求，又是青年落实每一责任的具体操作。

三、加快实现民族伟大复兴的步伐

广大青年将见证"中国梦"从确立到实现的全过程，也将作为实现这个伟大梦想的生力军而不懈奋斗。随着"两个一百年"目标不断迫近，青年身上的担子依然沉重，面临新时代下一系列新的变化，要充分调动青年一切热情，积极投身于"中国梦"的圆梦之路中来，为新时代中国特色社会主义事业助力前进。

（一）增强实现"中国梦"的青春力量

"中国梦"也是青年个人的青春梦。青年的成长成才关系着国家进步和民族兴衰。在我国革命、建设、改革的各个历史时期，青年一直是我们党和人民事业的生力军，为我们党和国家作出了巨大贡献。十八大以来，习近平总书记为更是把青年放在实现"中国梦"中的重要位置。由此可见，实现中华民族伟大复兴离不开广大青年的不懈努力。梁启超先生说过，"今日之责任，不在他人，而全在我少年。少年智则国智，少年富则国富，少年强则国强，少年独立则国独立，少年自由则国自由，少年进步则国进步。"这充分说明了年轻一代在我国社会前进过程中的有力促进作用。"中国梦"是国家梦，也是个人梦，是包括每个青年在内的中国人的梦。青年有理想、有抱负、有热情，渴望实现人生价值，在社会事业的各个领域，都有一大批青年为之贡献自己的智慧和力量，他们紧紧把个人梦融于伟大中国梦之中，这不仅是青年人生价值的实现，更是责任担当的体现。青年势必在"中国梦"的土地上才能让"个人梦"开花结果，而"个人梦"的绚丽绽放也会让"中国梦"结出累累硕果。

（二）推动新时代中国特色社会主义事业建设进程

新时代青年是社会主义建设者和接班人，青年一代的成长成才直接关系到中国特色社会主义事业的兴旺发展。青年富有想象力和创造力，善于创新，创新是一个国家和民族永葆生机活力的不竭动力，青年的创新创业为促进我国经济发展、改善人民生活等多方面提供了有力支持。在我国各项事业中，青年都是大有作为的群体，他们具有远大的理想抱负，追求卓越，在各自的工作岗位上兢兢业业，无论是物质发展还是精神建设方面，他们都唱响了时代强音，创造出了可喜的成绩，向社会和人民交出了一份满意的答卷。新时代中国特色社会主义事业是全面统筹推进的伟大事业，涉及经济、政治、文化、生态、社会等多个领域，面临新情况新问题，需要千千万万中华儿女勠力同心，携手共进。其中，青年群体在新时代中国特色社会主义事业建设和发展中占据着举足轻重的地位，他们正处于最富有创造力的人生黄金时期，其聪明才智的充分发挥成为各项事业向前发展的重要助力。

（三）促进实现社会主义现代化强国目标

在党的十九大报告中，习近平规划了到 21 世纪中叶我国建成富强民主文明和谐美丽的社会主义现代化强国的"两步走"战略，描绘了实现第二个百年目标的最新蓝图。在 2019 年纪念五四运动 100 周年大会上，习近平总书记指出："新时代中国青年运动的主题，新时代中国青年运动的方向，新时代中国青年的使命，就是坚持中国共产党领导，同人民一道，为实现"两个一百年"奋斗目标、实现中华民族伟大复兴的中国梦而奋斗。"由此可见，广大青年是新时代强大的中坚力量，是我国建设社会主义现代化强国的重要保证。实现社会主义现代化强国的目标是全体中华儿女的共同目标，但是它的实现不是轻而易举的，需要以更大的担当勇气和更努力的不懈奋斗完成。这个目标进一步明晰了青年在社会主义现代化建设中的奋斗方向，广大青年要为实现 21 世纪中叶这一伟大目标而努力绽放青春光彩。

第五章 时代青年大学生的社会责任

第一节 大学生社会责任现状

目前，高校内的青年大学生的社会责任意识基本面是积极健康向上的，但我们不能被好的一面所沾沾自喜，青年大学生社会责任教育仍然存在着不容忽视的问题：社会责任的担当意识淡薄、理想信念缺失、责任担当的意志力弱化、践行社会责任的能力欠缺。面对暴露出来的问题和时代赋予青年大学生的责任，高校必须加强大学生社会责任教育，其有着现实的紧迫性和必要性。

一、部分青年大学生缺乏社会责任担当意识

社会角色是一个人类个体担当起社会责任的逻辑的出发点，这对于青年大学生同样是这个道理，于此的同时，它也是他们对自己角色所需担当的社会责任认知的起源。作为社会生活的个体，青年学生同时承担多个社会角色，青年大学生对自己所承担的角色的正确认识就显得很重要，但从现实表现来看部分青年的认知情况并不是很清晰更甚者在逃避应尽的社会责任。第一，部分大学生缺乏对大学生生活长远规划，对自己缺乏应有定位，出现"当一天和尚敲一天钟"的现象，他们把本应该用于积累知识和能力的宝贵时间浪费在诸如逃课、请人代替上课、上课玩手机睡觉之上，学习目标以不挂科为最高目标，学校组织社会实践提升能力，他们怕太阳怕辛苦宁可在家吹空调，对于自身所处时代和社会赋予的社会责任表现出与自己毫不相干的态度；第二，部分大学生处理与他人关系时表现出不诚信不友善，以自己利益和感受为优先，在集体内制造不和谐，参与社会志愿活动出现抵触情绪或者漫不经心的状态；第三，部分大学生缺乏对自身家庭的社会责任担当。他们中的部分人完全不考虑父母辛劳付出，缺乏应有的感恩之心，更有甚者学生过度消

费而去尝试消费贷款让家庭和自己背负沉重的债务负担；第四，部分青年大学生缺乏应有法律意识，在毫无根据之下，出于满足自己的好奇心，散播谣言攻击他人，制造社会舆情，造成公众恐慌。

二、部分青年大学生缺乏坚定的理想信念

无论是实现自我发展还是践行社会责任，个体如果缺乏坚定的理想信念，其事业必然走不远。理想信念折射出的是一个人类个体基本的价值取向和标准，这对于青年大学生来说，它决定了青年大学生能否自觉地践行社会责任，并且矢志不渝的坚持下去。部分青年大学生中出现理想信念是"无用论"的倾向，青年认为自己没有树立什么理想不也是好好活着，其就更无所谓社会责任，2017年很受青年大学生追捧的"佛系青年"，其实就是这种观念的反映。部分青年大学生还持有"实惠论"这种论调，特别典型是精致利己主义者和投机主义者身上，他们对理想功利取向，他们社会责任践行要和他们利益吻合，只要自己的目的达到了就可以马上换一个理想或者自己利益发生冲突他们就放弃，如为入党、考学时他们表现为非常积极，完成目标后即可恢复原来面目。他们衡量理想标准是喜欢轻松工作、优厚的工资和舒适生活，理想对他们来说太遥远。部分青年还持有"分离论"，他们对于理想与现实割裂开，他们对于理想的正确视而不见只看重眼前实用的观念，空怀理想止步不前的实践，这些青年大学生只会走一步看一步，对于社会责任践行就不那么稳定，属于从众者。部分青年大学生持有"空想论"，这部分青年大学生有理想信念但是缺乏实际情况把握和观察，经常可以从他们口中说出类似"理想是美好的，现实的残酷"嘲讽的话语，这是青年大学生一大通病，当他们遭遇个人理想与社会责任融合的实践过程中困难时容易手足无措放弃践行。最后，部分青年大学生持"渺茫论"，这些学生缺乏对科学理论的理性认同，对于它的科学内涵并不了解，他们对于社会责任践行就属于感性而为，长时间的践行对他们来说并不可能。

三、部分青年大学生缺乏对责任担当的意志力

部分青年在践行社会责任遭受到挫折和压力时，他们缺乏应有意志力就让社会责任践行已经取得成果半途而废。这样缺乏意志力的具体表现为：一方面，如今大部分青年大学生成长在殷实的家庭，成长过程没有面对过大的压力和困难，如在面对到基层工作时和在面对参军入伍到边境去时，部分青年经受不住基层和军队相对艰苦的生活，想方设法逃避。另一方面，

部分青年大学生践行社会责任时面对他人遭受的不公和侵害时，害怕来自他人的报复选择视而不见或者在面对急难事件时犹豫后果，不敢积极承担社会责任。

四、部分青年大学生缺乏践行社会责任的能力

作为践行社会责任的个体光有意志力和理想信念是不够的，还需要与个人主观相匹配能力素质。如果没有践行社会责任能力作保障，那么一切还是空谈，只是镜中花、水中月。在社会实践中，我们会发现制约社会责任践行效果的一大因素就是青年大学生自身践行社会责任能力不足导致的。能力不足表现之一：情商偏低。由于缺乏社会实践经历和相关的知识储备，青年大学生毕业后到基层工作，虽然干工作的出发点是好，但却得不到理解，工作开展不下去是一种常见现象，这些大学生在校期间，注重对本专业理论知识的吸收，但对于其他学科领域知识并不去涉及，特别是人文经典书籍的阅读，无法从书籍吸收先人的智慧，另外他们对社会实践环节缺乏投入，蜻蜓点水，无法真实提升大学生社会适应能力。能力不足表现之二：个体的心理抗压和自我调适能力弱。部分青年践行社会责任时面对压力不懂及时转化，如代表学校或者班级参加比赛过高压力负载让人吃不消，以及害怕失败后别人的嘲笑。能力不足表现之三：专业实践能力差。部分青年大学生参加践行社会责任活动时，由于自身能力不过硬导致好心办错事，如参加组织义务维修电器的活动时，有同学自信满满结果实力与现实是有落差，再如，刚毕业大学热情满怀到基层工作，但实践能力差，让领导批评，同事嘲讽，其内心还把责任归咎别人的错误，没有抓住事情的本质。

第二节 大学生社会责任存在问题的原因

医学上强调切脉问诊、对症下药，教学上强调了解学生、因材施教。研究大学生社会责任必须要探寻问题产生的根源，结合大学生社会责任出现的问题与高校现实，探寻现象背后的原因，为有针对地开展社会责任培养提供可能。

一、学校责任教育的不足

办好中国特色社会主义大学，要坚持立德树人，德育为先的教育理念，强化思想引领。道德教育是中国特色社会主义高校思想政治教育课的重点，

责任教育是道德教育的核心内容。但是当今我国高校社会责任教育仍然存在一些问题，责任教育效果有待提升。

（一）教育内容上，重智轻责，专业知识占据主导

高校教育的目的是为社会主义现代化培养人才，人才的培养的实现途径是教学，教学的主要内容是培养专业性人才。即使在高度强调道德教育的今天，由于教育任务的需要，高校教育的内容依然是专业课教育为主，以考试成绩衡量学生的综合素质。通过走访观察和问卷调查，当前高校在学校日常教育内容设置上，大致分为专业课、公共课、选修课三部分，其中思政课归属于公共课门类。社会责任教育通常包含在思政课内容之中，占比例很小，甚至不为教学老师重视，只有为数不多的高校单独开设社会责任教育相关课程。又由于专业课需要考试考核，公共课在考核方式上较灵活，学校课程课时设置上往往偏重于专业课。

（二）教育方法上，方式单一，理论灌输，实践课效果欠佳

在上文中提到高校社会责任教育通常包含在思政课之中，少数高校单独开设社会责任教育课程。在为数不多的高校社会责任教育过程中，仍然保持传统的理论灌输法，我们不否认理论灌输的客观作用，但是单一的灌输方式忽视大学生主体学习的主动性和选择性，学生只能被动接受，不仅教育效果不佳，还容易使学生产生抵触情绪。即使高校、老师已经认识到陈旧的教学方法已经不能适应当下发生巨变的高校课堂，但是单薄的力量无法实现教学方法的改革和创新。社会责任教育不是一个单纯理论性的概念，是理论与实践相结合的产物，更是一个与社会接触产生的动态过程。高校社会实践课通常是每学期一到两次，还有部分高校会在假期安排学生会成员参与"三下乡"社会实践活动。仅仅是通过一个学期几次或者是少部分学生的社会实践，社会责任教育很难有成效。

（三）教育评价上，目标功利，就业率为评价标准

教育评价主要涉及两个方面，一个是学校对于大学生的评价，另一个是相关部门对高校的评价。高校针对学生在校表现都会有明确的测评标准，即使不同学校之间标准不一，但总体来说大多数以考试成绩或科研成果为主要考核参考。高校综合测评分为学生与学生之间的民主测评和老师对学生的综合表现评价，在实际测评过程中往往流于打分和投票。道德素质和责任素质作为内化的产物，考核很难量化，仅仅通过打分和投票还是无法准确把握。

高校教育也需要考核评估，高校评估主要针对学校建设、科研水平、学生培养、毕业生就业率等方面。大学生道德素质是抽象的、无形的，很难有一个具体的衡量标准。因此，学校在高校评估压力之下，通过提高大学生就业率完成评估任务，就业率反过来提高了对于专业知识和专业技能的要求。这样的恶性循环评价，大学生社会责任不被重视。

二、家庭教育的偏差

家庭是社会的细胞，家庭环境承担着孩子的成长、成才的基础性作用。家庭是子女的第一所学校，家长是子女的第一任老师，无论是嗷嗷待哺的幼儿还是当代在校大学生，家庭对社会责任的影响潜移默化深远长久。大学生社会责任的塑造、养成和承担，家庭教育有不可推卸的责任。

（一）思想观念上，父母责任意识不到位

大学生年龄在18~24岁之间，这一时期家庭物质条件优越，多数学生为独生子女，家长为其提供了良好的生活和教育环境。在受教育水平上，家长受教育程度参差不齐，自身文化素质和道德素质不高。日常生活中，多数家长长期忙于工作和家庭琐事，不注意自身道德素质的提高，在长期的社会生活中形成自己的一套"金钱至上"错误价值观念，并且在日常家庭生活中将其不自觉的灌输给子女。家庭教育中，把良好的物质条件归结为子女读书奋斗、成长成材的目的，过分强调个人和家庭，主观上把个人和家庭与社会割裂开来。教育理念上，父母对于子女所表现出的关心他人、关心社会的言行，做出批评和指责，认为子女应该"少管闲事"，严重影响了子女社会责任观念和责任行为的形成。

（二）行为示范上，父母责任行为缺失

"家庭教育深刻影响着子女的道德素养、性格、生活习惯和行为方式。"家长的言行举止对子女起到示范作用。家长对待家庭、工作和社会的态度直接影响子女的行为方式。经济高速发展、信息迅速传递的时代背景，中国的家庭离婚率持续走高。部分父母对婚姻不负责任，导致家庭破裂，对老人和子女造成一定的负面影响，造成子女家庭观念淡薄，亲人情感冷淡。父母在工作中表现出的消极怠工、疲于应对、应付了事等工作状态，导致子女习以为常，主观上认为工作就是为了赚钱，而不是有责任地完成工作。中国家庭亲情观念淡薄，父母对待长辈和亲人的方式影响着子女以后处理亲情关系的

方式，特别是那些不懂孝道，不知礼义的父母，对子女进行了错误的行为失范。一些家庭内部缺乏沟通，家庭关系冷漠从心理上严重影响子女责任观念和责任行为，即使子女内心有丰富的情感，也会因为冷漠的家庭关系，扼杀亲情行为表现。

三、社会环境的影响

"社会环境是指人们所处的各种各样社会条件的总和，也就是社会历史进程中所形成的各种社会关系的总和。"社会存在决定社会意识，社会环境对大学生社会责任的产生有重要影响。大学生有充足的时间和机会接触社会，在社会环境的不断影响下形成自己的思想道德观念。和谐有序的良性社会环境对大学生社会责任起到积极引导作用，混乱无序的恶性社会环境对大学生社会责任起到消极阻碍作用。

（一）价值观多元

大学生价值观，是指大学生在生活中所表现出的，对于家庭、学校、社会生活的态度和观念，对于善恶美丑的区分准则，对于实然和自然的情感态度。大学生价值观念的多元化，是因为价值的多元化。当前我国社会进入改革攻坚期和深水区，政治、经济、教育、社会改革正在稳步前行。改革实施中大学生群体作为时代的新生力量，受改革的影响最为直接和深刻。改革背景下，新旧文化思潮冲击，东西方价值混杂，媚俗与崇高并存，利他利己矛盾难分。传统价值衰落，传统责任观、义利观因为不能满足当下快节奏、高效益而被冷落。在经济全球化的大趋势下，西方国家文化通过先进的大众传媒手段迅速传播，强势渗透，大肆宣扬本国价值观念，试图在意识形态层面侵略他国。大学生具有感知新事物的敏锐性，能够迅速捕捉到新兴事物的精髓，最直接地面对全球化带来的多元价值观冲突。历史的与现代的，中国的与西方的，各种文化复杂交错，经济全球化带来高度的物质文明，与此同时，大学生的精神世界却出现"空虚感"，不能够正确地认识自己与个人、自然和社会的关系，不能填补自身精神的空白，急切地想要获得直接快速的解决方式，往往迷失于多元价值冲突之中。

（二）虚拟生存泛化

虚拟生存有狭义和广义之分，本文认为狭义的虚拟生存更加贴合大学生现实生活。虚拟生存"是指'现实的人'经过数字化符号处理以后在网络虚拟空间中进行超越性实践活动而获得的生存方式，是'虚拟的人'在网络虚拟空间中的自我生成和自我发展的过程。"信息技术、通信技术的高速发展，人类主体超越时间和空间限制，以数字化符号为中介，在全球范围内进行对话交流。大学生主体最快速地接触到新鲜事物，掌握最前沿的数字化符号沟通方式，快速融入虚拟生存环境，虚拟与现实的界限日趋模糊。在这种虚拟与现实界限模糊的生存空间，面对打破主体身份、地位、更加自由、多选择性的生存方式，大学生表现出高度的热情。在这个虚拟空间之中，主体抛开现实世界中面对的社会关系与社会责任，以数字、符号或者语言为中介，可以匿名参与虚拟交往，可以扮演多重社会角色，参与社会活动，这种匿名化虚拟生存造成了真实身份的隐退。在此基础之上，陌生人与熟人之间的界限不断模糊，世界两端的不同主体可以通过虚拟世界成为亲密挚友，身边的亲人朋友也可能关系冷漠无话可说。虚拟生存泛化一方面加强了大学生与外面世界的联系，给大学生提供了一个世界朋友圈。另一方面，虚拟生存泛化消解了现实生活中大学生与身边人、大学生与自然、大学生与社会的亲密关系，使得大学生对主体以外客体的信任感、责任感减弱甚至消失。

（三）制度不健全

当前社会对政府责任、企业责任、公众人物的社会责任持续关注，一个方面折射出民众社会责任意识逐渐提高，但另一方面，之所以会出现公众舆论热议问题，恰恰说明社会责任制度还不健全。健全的社会责任制度既能够作为明确的价值规范指导人的价值选择，还可以为人的责任行为提供制度保障，减少因责任不明确引发的纠纷。但是由于当前社会关于社会责任的制度不健全，人们具体的社会实践就变得"无章可循""无法可依"。心理学学科的"责任分散效应"指出很多人同时面对社会性问题时，这件事情的责任分散到每一个人身上，个人分担的责任就会变得很少，当事人会产生"其他人会去做的"想法，最终造成"集体冷漠"。从这一心理学效应中我们不仅可以看出人的主观意识带有利己性，健全的社会责任制度可以外在的加以约束和制约。近年来，我国加强社会主义核心价值观的引导，并且陆续出台不少与社会责任相关的法律法规，但只是局限于个人的权利、义务的法律层面，道德法治化和社会主义核心价值观法治化还在探索阶段，仍然没有真正从道德制度上落实。

四、学生自身的问题

大学生社会责任的主体是大学生，是问题存在的内在因素，大学生社会责任存在的问题与主体因素不可分割。结合问卷我们更加清晰地看出，当代大学生自身发展不全面，心理和生理发展不成熟，处理应对社会问题仍然摆脱不了自身局限性。大学生对于社会责任认知不足，生活独立性差，理想缺失这些个人因素都直接引发大学生社会责任问题。

（一）认知不足，社会责任主体缺位

大学生在接触社会、融入社会的过程认识社会。社会环境、家庭教育、学校教育等外在因素都会影响大学生的社会认知，但是大学生自身主观因素对认知的形成起决定性作用。当代大学生成长环境优渥，且多数为独生子女，父母亲人宠爱有加，容易以我为中心，很少关心他人和社会。他们认识不到人与人之间、人与社会之间的责任关系，他们眼中的社会不是联系的整体，而是孤立的个人。大学生社会责任的最终表现是社会责任行为，社会责任行为的前提和基础是主体社会责任意识。大学生社会责任主体具备的主体意识不足，使得大学生主体不能明确自身"应该做什么、不应该做什么"。主体意识的缺乏，无法形成强烈的主体社会责任情感，切断了主体发挥主观能动性参与社会责任的可能，大学生主体对于社会责任的热情度不高。责任情感欠缺，针对社会责任的积极性和持久性随之减弱，面对有困难或者涉及切身利益的价值选择时，主体意志容易动摇并倾向于有利于自身的选择。行为是由一定的意识经由主体转化而来，责任主体意志不坚定，责任意识难以转化为行为，难以达到社会责任的最终目的。大学生主体责任意识、责任情感、责任意志和责任行为都出现不同程度的缺位现象，大学生社会责任的主体性得不到充分发挥。

（二）独立性差，责任担当能力不足

大学生年龄在18—24岁之间，处于高中阶段到大学阶段的心理过渡期。这一年龄阶段的大学生，父母舍不得他们吃苦，试图为孩子解决一切外在困难，为孩子营造安稳的生活环境。但是过于安稳的成长环境，不利于大学生独立人格的养成，有碍于大学生自立能力的提高，反而会导致独立处事应对能力差。当今我国高中阶段的学校学习，片面强调学生的课业成绩，追求"高分数""好大学"，忽视学生自立、自理能力的培养教育，培养了一批"高分低能"的大学生。"责任能力是实现责任的必要条件，即使责任心很强，如果没有责任能力，也不能很好的承担责任、履行责任。"踏入大学，没有父母和高中严格的管理，学习、生活和社会都需要依靠自身能力解决和应对，即使多数大学生能够清楚地认识到是自己能力不足的主观原因，却很难打破现状，也迷茫于如何去提高责任能力。大学生面对社会问题，一般会有积极参与、矛盾徘徊、视而不见三种表现。由于责任担当能力不足，多数大学生自己主动回避承担社会责任，积极参与的大学生因为能力不足导致无法顺利完成而出现自我否定的负面情绪。责任担当能力不足成为当代大学生承担社会责任的关键影响因素。

（三）理想缺失，缺乏长期人生规划

"理想是人们在实践中形成的对未来的一种向往和追求，是有实现可能的人生奋斗目标。"理想强调对未来的、长远的、有实现可能的目标情感和追求，是一种对主体信念的坚持和激励。大学生理想包括道德理想、生活理想、职业理想和社会理想等，其中起到统领作用的是社会理想，社会理想贯穿于其他理想之中，并且能够起到能动的调节作用。快节奏的社会生活，新兴事物应接不暇，大学生如果不能够很好地认识自己，容易被快节奏的生活所影响，处理事情心浮气躁，人生目标就是想要快速成功成名。忽视道德理想信念，信奉实用主义价值观，认为道德理想只是高高在上的摆设，对于人生没有实实在在的意义。当代大学生自我意识增强，抵触外界对自身思想行为的干预，更相信自己的判断。盲目树立超越现实的理想目标，但是不切实际，好高骛远，又缺乏合理理性的规划，容易因为理想目标与现实差距过大而打击积极性，半途而废。新时代大学生的理想目标多元，稳定性差、变化性强，很难确立一个目标不动摇。改变目标理想是家常便饭。敢于尝试新目标，遇到挫折不是反思问题，第一反应是更换新的目标理想。这样的态度难以坚定信念、持之以恒。理想目标的设定，带有随意性和偶然性，一时兴起便开始规划人生，即使做足了规划，却不能沉下身子付诸实践，陷入空谈不实干的恶性循环。

第三节 大学生社会责任的培养目标与原则

时代发展强调社会责任的重要性，时代进步又必须通过社会责任来推动。大学生在社会责任问题上整体向好，但是也存在一些现实性的问题。从大学生社会责任现实情境出发，首先要确定合理有效的目标和原则的理论，分阶段、分步骤、有目的性、有针对性，保证大学生社会责任培养有章可循。

一、大学生社会责任的培养目标

习近平总书记在十九大报告中提到"青年一代有理想，有本领，有担当，国家就有前途，民族就有希望。"当代大学生是青年一代的典型代表，大学生社会责任关乎国家和民族未来，大学生社会责任培养在新时代显得尤为重要。大学生社会责任培养目标是社会责任培养活动的动力和源泉，是通过大学生社会责任培育和养成实践活动，对大学生的思想和行为方面所期望达到的结果，是大学生社会责任培养对主体的一种积极预期。重塑大学生社会责任培养目标，确立大学生共同的社会责任追求，培养赋有担当民族复兴大任特质的新时代青年大学生。

（一）物质与精神统一

21 世纪科学技术飞速发展，社会进程不断加快，物质生活水平稳步提高。但是大学生的精神需求和物质需求不平衡，精神世界的发展是缓慢的、渐进的、滞后的。精神世界的丰富和发展需要外力与主体的共同努力，是一个长期积累养成的过程。当前社会的种种现象折射出物质世界与精神世界的不协调。结合问卷数据分析可以看出，当代大学生在责任思想和行为上出现重物质轻精神的错误倾向，大学生社会责任培养应该重视这一问题，树立正确的社会责任培养目标。美国心理学家亚伯拉罕·马斯洛在《人类激励理论》一文中将人的需求分为由低到高五个层次，分别是：生理、安全、情感和归属、尊重和自我实现的需要。即人类最基本的需要是物质层面的需要，在物质满足的基础上追求精神需要。这与中国古代《管子·牧民篇》中提到的"衣食足而知荣辱，仓廪实而知礼节"都强调了物质基础之上精神的重要性。良好的物质基础作用毋庸置疑，大学生精神富足更应该被重视。大学生社会责任培养要重视大学生科学文化素质和思想道德素质，培养大学生个人道德素养，丰富人文精神世界，实现物质与精神的统一。

（二）理想与现实统一

理想是主体结合特定的社会环境，并且在发挥主观能动性的基础上，可能实现的美好向往和追求。理想能够使大学生用宏观的视角看待自己和社会之间的相互关系，能够激励和鼓舞大学生不断努力创造美好新生活。苏联伟大的无产阶级作家高尔基曾说："一个人追求的目标越高，他的才力发展的就越快。"大学生树立崇高的理想对于人生和社会具有重要意义。全面深化改革，全面建成小康社会，建设社会主义现代化强国都需要具备坚定理想信念的大学生为之奉献力量。但是当代大学生时常出现割裂理想与现实的问题：有一部分大学生只关注现实生活和狭隘的个人利益，认为市场经济的发展中物质利益才是实实在在、摸得着的，理想是镜中花、水中月一样虚幻，不讲理想追求；也有一部分大学生完全脱离现实，活在自己不切实际的"理想"之中，于是所谓的"理想"成了"空想"。当前大学生社会责任培养，理想和现实缺一不可，认识并且接受现实是基础，为自己未来发展规划符合现实的理想是激励自己不断努力的动力。大学生社会责任培养，首先要从现实出发，不同主体所面对的社会环境氛围不同，把握好主体的特征和主体所处现实环境是大学生社会责任培养的第一要务。其次，坚定的理想信念是走向成功的必要条件，在新时代历史方位下，青年大学生要有坚定的共产主义理想，并且结合现实中国特色社会主义共同理想，心怀社会，踏实奋斗。

（三）个人与社会统一

个人与社会的关系揭示了人的本质问题，也是大学生社会责任培养的重要课题。"个人是历史的具有社会性的个体；社会则是以共同的物质生产活动为基础而相互联系和运动发展的人类生活共同体。"人的存在不是孤岛，而是与他人、社会、自然相互连接的统一体。人无时无刻不生活在社会关系之中，离开社会关系的个人不能称之为现实的人。社会也是由个体构成，没有一个个鲜活的个体存在，社会也就不复存在。从人与社会的关系我们可以看出，个人与社会的相互依赖关系，也就赋予了个人对社会的责任，作为社会性的个体存在，个人具有社会的特质。从调查问卷的数据分析我们可以看出，大学生社会责任存在重个人，轻社会的特点，过分关注自身价值实现，忽视社会价值。因此，在开展大学生社会责任培养的过程中，不仅要关注大学生主体，还要关注大学生所处的社会背景，注重培养大学生的社会化。大学生社会化即是培养社会责任的过程，培养大学生明确并且承担自己的社会责任，能够使学生形成自觉做出符合社会要求的言行举止，真正融入社会。

（四）历史与未来统一

马克思在《德意志意识形态》中提道："历史的每一阶段都遇到有一定的物质结果，一定数量的生产力总和，人和自然以及人与人之间在历史上形成的关系，都遇到有前一代传给后一代的巨大生产力，资金和环境。"历史一代又一代传承下来的物质遗产为当今社会奠定物质基础，与此同时，历史积淀的文化遗产也成为当今社会精神文明的重要组成部分。大学生社会责任培养作为教育的具体内容，承担着精神文化培育的任务，离不开历史进程中物质和精神文明的积累。当代社会责任是对过往历史的继承和延续，是一代又一代中华儿女奋勇前进的现实写照，更是中华民族复兴的现实要求。"历史是过去的今天，今天是未来的历史。"社会责任既要看得到历史，也能看得见未来，必须把握好当下。社会责任培养的成效，是对当下社会发展的负责，同时也体现了对未来的尊重。我们今天所培养的大学生社会责任，会在一代一代的代际传承中散发出活力，会在不久的未来展现出生命力，会在我们子孙后代的社会中发挥不可替代的作用。大学生社会责任培养不仅要把握历史，从历史中汲取精神养分，也要用发展的眼光审视未来，社会责任培养会在不断地积累和传承中展现出强大力量，社会责任培养的成效会在历史中接受检验。

二、大学生社会责任的培养原则

原则是人们对实际经验的正确总结，是人们进行认识世界和改造世界所要遵循的定律。新时代大学生社会责任教育的原则就是相关教育工作者对新时代大学生进行社会责任教育所要遵循的定律。如果把新时代大学生社会责任教育分为大学生社会责任教育和新时代大学生的话，那么，新时代大学生教育的原则就包括大学生社会责任教育的一般原则和大学生社会责任教育在新时代的特殊原则。

（一）新时代大学生社会责任教育的一般原则

不同时期的大学生有不同的特点，这是特殊性。但是，作为大学生这一群体，他们也有某些共性。因此，新时代的大学生在接受教育时，也要考虑普遍的一面。另外，社会责任教育属于教育的一个方面，因此，教育中的某些原则也可适用于新时代大学生社会责任教育这一领域。

1. 理论联系实际的原则

理论联系实际历来都是中国共产党的三大优良作风之一，是中国共产党辩证唯物主义思想路线的具体体现，也是进行理论宣传和理论教育必须遵循的根本原则。理论从实际中来，并接受实践的检验。理论只有联系实际，才能从实际出发，指导革命实践。脱离实际的理论，就会变成僵死的教条。中国共产党在长期的革命斗争中，同违反这个原则的教条主义和经验主义作了坚决的斗争，从而使党不断地发展和壮大起来。中国共产党经常进行党内的思想政治教育，要求树立和坚持理论联系实际的作风。中国共产党是中国特色社会主义建设事业的领导核心，新时代大学生社会责任教育是中国特色社会主义建设事业的主要组成部分，新时代大学生社会责任教育成功与否直接关系到中国特色社会主义建设事业接班人的质量。新时代大学生社会责任教育虽然需要学校、社会、家庭共同参与，但主要阵地还在学校。中国共产党也是新时代大学生社会责任教育的领导核心。因此，中国共产党所秉持的理论联系实际这一优良作风和教育原则理应成为新时代大学生社会责任教育的原则。那么，新时代大学生社会责任教育怎样坚持理论联系实际的原则？我们可以从以下方面进行分析。

第一，明确新时代大学生社会责任教育中的"理论"和"实际"。新时代大学生社会责任教育不能仅仅从社会责任教育角度来谈，而应该从多角度、全方位、立体式地来看这个问题。如果多角度、全方位、立体式地来看这一问题，那么新时代大学生社会责任教育就是一个体系。因此，新时代大学生社会责任教育中的"理论"和"实际"都有各自的体系。其中，新时代大学生社会责任教育中的"理论"体系主要涉及三个具有紧密逻辑关系的问题，即：新时代大学生社会责任教育是什么？为什么要进行新时代大学生社会责任教育？怎样进行新时代大学生社会责任教育？对这三个问题的理论阐释构成了新时代大学生社会责任教育中的"理论"体系。其中，关于"新时代大学生社会责任教育是什么？"的理论阐释主要包括相关概念的阐释及其特征，构成要素；关于"为什么要进行新时代大学生社会责任教育？"的理论阐释主要包括新时代大学生社会责任教育对自己、对别人、对家庭、对社会、对国家等方面的意义；关于"怎样进行新时代大学生社会责任教育"的理论阐释主要包括新时代大学生社会责任教育的方法、原则、路径等。同时，新时代大学生社会责任教育中的"理论"还涉及多个学科领域的理论，如：教育理论、传播理论等。"大学生"指出社会责任教育的对象是大学生，这就涉及大学生方面的理论。"新时代"指出了大学生社会责任教育的时代背景，这就涉及新时代中国特色社会主义方面的理论。新时代大学生社会责任教育中的"实际"是指教育中的实际情况。这些实际情况也不是单一的，而是相互联系的一个统一体。如：新时代社会责任教育涉及学校、家庭、社会，因此，在进行新时代社会责任教育的时候要考虑到学校、家庭、社会的实际情况。此外，还要考虑新时代的时代背景，大学生在学校学习、生活和参加活动等方面的实际情况。

第二，构建新时代大学生社会责任教育中理论与实际的双向互动模式。在新时代大学生社会责任教育中坚持理论联系实际原则，就是要构建理论与实际相结合的双向互动模式。新时代大学生社会责任教育必须坚持理论与实际的结合与统一，用新时代大学生社会责任教育理论分析实际，用新时代大学生社会责任教育实际验证理论，使学生从新时代大学生社会责任教育理论和实际的结合中理解和掌握有关新时代大学生社会责任知识，培养学生运用这些知识解决新时代大学生在承担社会责任中遇到的实际问题的能力。理论联系实际原则所反映和要解决的矛盾，主要是保证新时代大学生在接受社会责任教育中所学知识与其来源不至脱节，学生掌握的知识能够运用或回到新时代大学生社会责任实践中去。

2. 科学性与方向性相结合的原则

科学性原则是指一项活动或一项事业必须在科学理论指导下，遵循科学决策的程序，运用科学思维方法来进行这项活动或这项事业的行动原则。科学性原则应该贯穿这项活动或这项事业的始终，包括科学决策、科学规划、科学实施、科学管理、科学评价等阶段。其中，科学决策起着决定性作用。决策不科学，会导致后面事情偏离方向，给正在进行的某项活动或某项事业带来巨大损失。与科学决策相反的是经验决策，经验决策只能是科学决策的补充，科学决策是对经验决策的总结和升华。科学决策以准确、严密、客观、可靠作为自己的优点。要使决策科学化就必须建立科学化的决策体制、确立程序化的决策过程、采取科学化的决策程序、培养现代化素质的决策者。新时代大学生社会责任教育科学性原则就是指新时代大学生社会责任教育这项教育事业必须在科学理论指导下，遵循科学的教育决策程序，以新时代大学生社会责任教育科学决策为重点，完善对新时代大学生社会责任教育的科学规划，并精心组织实施，加强科学管理，完善新时代大学生社会责任教育的相关评价体系，使之科学化。这就需要建立科学化的新时代大学生社会责任教育决策体制、确立程序化的新时代大学生社会责任教育决策过程、采取科学化的新时代大学生社会责任教育决策程序、培养现代化素质的新时代大学生社会责任教育决策者。传统的以灌输为主的社会责任教育方法体系，已经越来越不符合新时代社会发展的要求，也越来越不能被新时代大学生所接受。在今天的大学生社会责任教育方法中，哪些大学生社会责任教育方法应该得到大力弘扬，又有哪些大学生社会责任教育方法应该得到舍弃，还有哪些大学生社会责任教育方法应该得到发展创新，其唯一的判断标准在于这种大学生社会责任教育方法是否符合新时代大学生社会责任教育的科学性原则。应该遵循由浅入深、循序渐进的思路，使新时代大学生在社会责任的担当实践中切实增长知识，提高认识，升华境界。

新时代大学生社会责任教育方向性原则是指新时代大学生社会责任教育的全部活动要始终与新时代中国特色社会主义发展的要求和中华民族伟大复兴中国梦的要求相一致，坚持正确的政治方向。当前，新时代大学生社会责任教育方向性原则主要体现为新时代大学生社会责任教育要旗帜鲜明地坚持中国特色社会主义和共产主义方向，与中国共产党的根本宗旨和以习近平同志为核心的党中央的决策部署相一致。新时代大学生社会责任教育就要以此为方向，既要对新时代大学生进行新时代中国共产党的路线、方针和政策的教育，又要进行实现中华民族伟大复兴中国梦这一伟大理想教育，引导新时代大学生增强社会责任感，全心全意为人民服务；既要引导新时代大学生认认真真、踏踏实实地做搞好学习，为奉献新时代中国特色社会主义建设事业做好准备，又要引导新时代大学生将自身的学习目标与社会主义现代化建设目标联系起来，帮助新时代大学生坚定共产主义信念，从而为新时代中国特色社会主义的发展和实现中华民族伟大复兴中国梦创造物质上和精神上的条件。坚持方向性原则对新时代大学生社会责任教育具有重要意义。首先，只有坚持这一原则，才能保证中国共产党领导下新时代大学生社会责任教育的本质特色。其次，只有坚持方向性原则，才能统一新时代大学生对社会责任所持的思想和行动。再次，坚持方向性原则是实现新时代大学生社会责任教育价值的根本要求。新时代大学生社会责任教育价值实现与否，必须以是否达到新时代大学生社会责任教育的目的以及达到的程度来衡量；要达到培养社会主义负有社会责任感的新时代大学生，就必须坚持中国特色社会主义和共产主义方向。在新时代大学生社会责任教育过程中坚持中国特色社会主义和共产主义方向，首先就必须始终坚持以马克思主义及其中国化最新理论成果——习近平新时代中国特色社会主义思想——作为指导思想。只有坚持这些指导思想，新时代大学生社会责任教育才能真正阶级性与科学性的统一以及理论与实践的统一；才能在新时代中国特色社会主义建设进程中，增强承担社会责任的自觉性，减少承担社会责任的盲目性，始终沿着中国特色社会主义和共产主义方向前进。其次，增强贯彻新时代大学生社会责任教育方向原则的自觉性。要帮助新时代大学生认识到，坚持正确的政治方向，不仅是新时代中国特色社会主义发展的需要，也是新时代大学生全面发展的需要。再次，坚持方向性原则需要讲究科学性原则。在新时代大学生社会责任教育实际工作中贯彻方向性原则，必须将原则的坚定性和方法的灵活性结合起来，努力使新时代大学生社会责任教育渗透到社会生活的各个方面和大学生的日常生活当中，从而潜移默化地影响新时代大学生。从事有关新时代大学生社会责任教育的教育者要努力探寻方向性原则与新时代大学生社会责任教育具体目标之间的契合点并以方向性原则统摄新时代大学生社会责任教育具体目标，使新时代大学生社会责任教育始终在科学理论指导下沿着中国特色社会主义和共产主义方向发展。

3. 疏通与引导相结合的原则

疏通，就是广开言路、畅所欲言、集思广益。引导，就是在疏通基础上对正确的观点加以肯定和赞扬，对不正确的观点，通过民主讨论、说服教育、批评与自我批评的方法，引导到积极、正确的方向上来。可见，疏通是引导的前提，而引导则是疏通的目的，二者相互统一，不可分割。从大方面来说，新时代大学生社会责任教育涉及家庭、学校、社会三个层面，并且在每一个层面都涉及许多方面。在家庭层面，新时代大学生社会责任教育涉及父母、兄弟姐妹、原生家庭或者再婚家庭，亲戚，还有未来自己组建的家庭。在学校层面，新时代大学生社会责任教育涉及学校党委、共青团委、社团、学生生活服务部门、学院，专业课和非专业课，思想政治教育，心理健康教育，专业课任课教师和非专业课任课教师，普通教师和研究生导师，等等。在社会层面，新时代大学生社会责任教育涉及各级教育行政管理部门，社会服务部门等等。因此，新时代大学生社会责任教育的疏通，就是要调动家庭、学校、社会各层面的力量，广开言路，坚持开放办学，让所有从事、热爱、关心新时代大学生社会责任教育的各界人士畅所欲言，发挥他们集体智慧，为新时代大学生社会责任教育献计献策。当各界人士在献计献策中出现意见不合的时候，要认识到这是属于人民内部矛盾，要使用"团结——批评——团结"的方法加以解决，肯定和赞扬正确的，并通过民主讨论等方式，批评和改正错误的。从小的方面说，新时代大学生社会责任教育的疏通和引导主要针对在承担社会责任过程中感到困惑、迷茫的那部分人。

新时代大学生社会责任教育坚持疏通与引导相结合的原则。首先，新时代大学生社会责任教育工作者要积极发扬民主工作作风，让广大新时代大学生和相关教师畅所欲言，创造畅所欲言的浓厚氛围。这样，才能使涉及新时代大学生社会责任教育的教育者更多了解新时代大学生的学习、生活、家庭、思想等方面的实际情况，更好地把握新时代大学生各方面的思想动态和需求，找到合适的具体的疏通和引导办法以及角度。其次，要坚持对新时代大学生的正面引导和说服教育为主，在新时代大学生社会责任教育的过程中，一方面新时代大学生社会责任教育工作者要坚持用马克思主义立场、观点、方法，对新时代大学生进行马克思主义理论、社会责任理论等方面必要的灌输和积极的引导；同时，新时代大学生社会责任教育工作者也要正视新时代大学生在对承担社会责任存在思想认识上偏差，诚恳地指出问题，激发他们继续承担起应有的社会责任的自信心，调动他们在社会责任行动方面的积极性，促进他们有关社会责任思想方面的转化和提升。再次，要将解决新时代大学生思想问题和解决他们的实际问题相结合。历史唯物主义认为社会存在决定社会意识，社会存在的变化发展决定了社会意识的变化发展，但社会意识的变化发展在具体某个阶段与社会存在的发展变化不完全同步，有可能先进于或落后于社会存在。社会意识是对社会存在的反映，社会意识对社会存在具有反作用，正确的社会意识推动社会存在的发展，落后的社会意识阻碍社会存在的发展。新时代大学生对社会责任的思想认识属于社会意识范畴，新时代大学生在承担社会责任当中遇到的实际问题属于社会存在。新时代大学生在承担社会责任当中遇到的实际问题会由于种种原因变得多种多样，当他们不知道怎么解决或错误地解决的时候，会给他们思想认识上带来困扰和混乱，这样有可能他们在承担社会责任面前心灰意冷，停滞不前，大大削弱了社会责任教育的成效。因此，新时代大学生社会责任教育要坚持解决思想问题与解决实际问题相结合，正视而不是回避新时代大学生当前关心的具体问题和面临的各种大大小小的实际困难，要贴近新时代大学生的生活，正确认识新时代大学生关心的热点问题和学习生活中的实际困难，要分清性质，善于引导和帮助新时代大学生从政策上、心理辅导上、法律上寻找解决的方法。此外，还要引导新时代大学生正确面对有关承担社会责任中的实际问题，正确认识承担社会责任给自己带来的根本利益和长远利益，调动他们的内在积极性，培养团结协作精神，用集体主义精神和力量战胜承担社会责任行动中的困难。最后，新时代大学生社会责任教育工作者们在进行社会责任教育时要以身作则、言行一致，遵守教师职业道德和《新时代高校教师职业行为十项准则》，用自己的实际行动和人格力量去影响新时代大学生、感召新时代大学生、带动新时代大学生，做一名富有责任与担当的新时代人民教师。只有在新时代大学生社会责任教育当中做到身教与言教的统一，新时代大学生社会责任教育工作者们才能在新时代大学生当中树立威信，对新时代大学生的疏通才有基础，对他们的引导才能有力量。

（二）新时代大学生社会责任教育的特殊原则

马克思主义唯物辩证法认为，任何事物都是普遍性与特殊性的统一。普遍性寓于特殊性之中，普遍性是对于特殊性的归纳总结。因此，特殊性是根本。这就要求我们从事物的特殊性出发，实事求是。当代大学生处于中国特色社会主义新的时代。新时代赋予大学生新的任务。因此，新时代大学生社会责任教育一方面要遵循其一般普遍性的教育规律，另一方面还要遵循其特殊原则。

1. 强化历史使命的原则

面对社会责任，新时代大学生如何承担，在何种程度上承担，除了要从他们自身角度出发教育他们，还要从外部角度赋予新时代大学生一种历史使命。历史使命就是一种纵向维度的社会责任，一般而言，前一个社会历史时期的历史使命就是后一个历史时期的现实。例如，共产党在资本主义社会时期的历史使命就是后一个时期社会主义社会时期社会主义的实现。新时代中国共产党的历史使命就是未来某个时期中华民族伟大复兴的实现。历史使命在更大程度上具有未来指向性，社会责任在更大程度上具有当前指向性。人无远虑，必有近忧，没有历史使命感，也就不能真正承担好社会责任。因此，强化历史使命的原则是新时代大学生社会责任教育的一种重要特殊原则。

那么，如何强化历史使命，增强新时代大学生的历史责任感和历史使命感？笔者认为最重要的就是要加强中国革命历史教育。只有通过中国革命历史教育，才能让新时代大学生深刻了解中国共产党是如何以高度的历史使命感和社会责任感领导广大人民革命和建设的。那么，如何进行中国革命历史教育？我们要做到以下几点：

（1）确立中国革命历史教育的目标

中国革命历史教育的目的就是让青年们通过了解中国革命历史，使青年们深刻理解"中国走资本主义道路不行，中国除了走社会主义道路没有别的道路可走"，从而使当时的广大青年树立起坚定走社会主义道路的信念。关于中国革命历史教育目标，就是要教育广大青年以及广大青年干部成为有理想、有道德、有文化、有纪律的四有新人。这启示我们要用中国革命历史，尤其是红色革命史教育新时代大学生。新时代大学生红色革命史教育目标不仅是让新时代大学生坚定走社会主义道路的信念，更要坚定走新时代中国特色社会主义道路的信念。

（2）确定中国革命历史教育的内容

中国革命历史教育的内容是中国历史的进程和四项基本原则。中国经历了半殖民地半封建社会、中华民国、国民党统治这三大历史进程，但都没有救中国。历史证明，只有共产党才能救中国，只有社会主义才适合中国。一旦中国抛弃社会主义，就要回到半殖民地半封建社会，就连人民温饱也没有保证。实际上这跟坚持四项基本原则中的"坚持社会主义道路"这一项相吻合。四项基本原则既是对反对者的正面回应，更是对中国近现代历史进程的高度概括，这启示我们要对新时代大学生进行红色文化和红色精神教育，首先要对他们进行红色革命斗争史的历史进程教育。用四项基本原则教育青年。

（3）选择中国革命历史教育的方法

说服、比较是思想政治教育常用的基本方法。现在世界上还有很多不相信社会主义的人，我们要靠我们的发展成果让他们心服口服。如果我们21世纪内达到了小康水平，那就可以使他们清醒一点；到下世纪中叶我们建成中等发达水平的社会主义国家时，就会大进一步地说服他们，这些看得见、摸得着的实实在在的事实。我们要将半殖民地半封建社会、中华民国、国民党统治这三段历史进程进行纵向比较，将社会主义、共产主义理想与资本主义理想进行横向比较，阐述只有社会主义才适合中国的理由。这启示我们对新时代大学生进行红色革命史教育采用的比较方法包括纵向比较和横向比较。纵向比较即要将南昌起义、秋收起义、井冈山斗争、中央苏区斗争、长征和延安时期等红色革命时期内部各个时期进行比较，教育新时代大学生认识它们的不同点与共同点，区别与联系，认清红色革命时期内部不同阶段的历史发展规律，又要将红色革命时期前面的和后面的革命历史时期进行比较，使他们明白红色革命史的承上启下的历史地位。总之，历史使命呼唤责任担当，历史使命引领社会未来。新时代大学生社会责任教育要以习近平新时代中国特色社会主义思想为指导，不忘革命初心，牢记历史使命。

2. 因势而新的原则

因势而新，即：随着客观形势的变化而变化。新时代大学生社会责任教育首先要让新时代大学生了解社会的客观形势，然后根据客观形势，对新时代大学生社会责任教育的内容、原则、方法、路径等做些变动。因势而新的本质就是与时俱进，实事求是。因势而新原则就是新时代大学生社会责任教育要始终坚持一切从实际形势出发，理论联系实际，实事求是的社会责任教育思想路线。具体说来，就是要立足于新时代大学生社会责任教育的客观形势和新时代大学生的思想实际开展社会责任教育，在社会责任教育实践中努力探求新时代大学生社会责任教育内部各要素的联系及其与外部环境的关系，从中探寻新时代大学生社会责任教育的客观规律，以此指导教育活动，以提高新时代大学生社会责任教育的效益。坚持从新时代大学生的学习、休闲、生活和他们的思想实际出发，避免主观性和盲目性，是做好新时代大学生社会责任教育的基本要求，因势而新原则就很好地体现了这一要求。

在新时代大学生社会责任教育中坚持因势而新原则，首先就要树立强烈的因势而新意识。新时代大学生社会责任教育工作者应该努力做到不唯书、不唯上、只为实，也就是说，要深入新时代大学生社会责任教育各方面实际，加强调查研究，努力把握新时代大学生和新时代思想政治教育的实际情况，努力追求教育实效；要诚实守真，不弄虚作假，不搞形式主义。其次，要坚持新时代大学生社会责任教育的与时俱进。因势而新内在地要求新时代大学生社会责任教育要与时俱进，因为社会一直都处在不断发展变化之中，新时代大学生的思想也处在不断发展变化当中，因为新时代思想政治教育工作者要注意不断地对新时代大学生社会责任教育的内容、形式、方法等进行不断调整，使之与不断变化的校内外、国内外客观实际形势相协调。为此，新时代大学生社会责任教育工作者要特别注意用联系、发展的观点在动态中认真分析和深刻把握新时代中国特色社会主义建设中出现的各种思想现象和社会现象，善于透过现象抓住本质，从而使新时代大学生社会责任教育活动常变常新。可见，只有坚持与时俱进，才能更好地坚持新时代大学生社会责任教育因势而新原则。最后，要加强形势政策教育。形势是某个时期内社会各方面发展的整体状况和发展态势。政策是党和国家为实现某个时期的路线和任务而根据当时形势来制定的行动准则。形势和政策两者相互联系，体现在：形势是政策制定的客观依据，而政策反过来通过影响人们的行为从而影响形势的发展变化。新时代大学生社会责任教育形势是指在新时代中国特色社会主义建设时期，社会各方面发展情况以及大学生社会责任教育发展的整体状况和发展态势。新时代大学生社会责任教育政策是指以习近平同志为核心的党中央为实现新时代中国特色社会主义建设这一时期的路线和任务而制定的关于新时代大学生社会责任教育方面的准则。为了帮助新时代大学生正确认识当代形势，全面理解党和国家关于社会各方面尤其是大学生教育这方面的方针政策，激励新时代大学生满怀信心地投入到建设中国特色社会主义的伟大实践当中去，就必须对新时代大学生不断地进行形势政策教育。这就要经常向新时代大学生们分析国内外形势的风云变化，宣传新时代党的路线、方针、政策，培养新时代大学生用正确的观点和方法观察、辨别和分析新时代中国特色社会主义建设面临的形势的能力，正确理解、牢牢把握、认真执行新时代中国特色社会主义和新时代大学生社会责任方面政策的能力，从《国家中长期教育改革和发展规划纲要（2010—2020年）》《关于加强和改进新新形势下高校思想政治工作的意见》《中长期青年发展规划（2016—2025年）》《中国教育现代化2035》等文件和政策中提炼出有关新时代大学生社会责任教育方面的专项政策和意见。在对新时代大学生进行形势政策教育中，要帮助新时代大学生掌握马克思主义尤其是习近平新时代中国特色社会主义思想中的形势与政策观，引导新时代大学生用联系和发展的观点来观察和分析新时代中国特色社会主义建设面临的形势，正确认识形势发展变化中的主流形势和支流形势，全局形势和局部形势，现象形势和本质形势的关系；引导新时代大学生正确把握党在新时代中国特色社会主义建设时期的各项方针政策，认清现阶段政策和建设社会主义现代化强国，实现中华民族伟大复兴以及最终实现共产主义目标和方向的一致性，从而正确处理个人、集体、国家之间的利益关系和眼前，长远的利益关系。要坚持因势而新，实事求是的原则，防止新时代大学生社会责任教育的绝对化、片面化和表面化；要围绕党和国家建设中国特色社会主义这一中心工作，突出重点，加强热点难点问题的分析和研判；要紧密围绕新时代大学生对国内外形势以及社会责任教育的思想认识的实际情况进行有针对性地教育，以便使形势政策教育收到应有的实际效果。

3. 关怀体谅的原则

新时代赋予新时代大学生新任务，新任务呼唤新责任。新时代大学生一方面有着较高的社会参与热情，另一方面有着完美主义的想法，同时又有社会经验不足的实际情况。因此，新时代大学生在承担社会责任的行动过程中，难免有受到挫折时或者自己的目标、愿望、理想没有实现的时候，这时新时代大学生社会责任教育工作者不能一味地指责，而要具体问题具体分析，一方面要严格要求，另一方面对他们的失误要以人文关怀的方式进行体谅，以便维护他们的身心健康。因此，关怀体谅原则成为新时代大学生社会责任教育的一条特殊原则。

新时代大学生社会责任教育中的关怀就是新时代大学生社会责任教育工作者对新时代大学生整体学习、生活、社会参与等方面状况的关怀，是对符合新时代大学生的人格尊严和学习环境、生活环境和社会参与环境等方面的肯定，是对新时代大学生自由全面发展的不断追求。新时代大学生社会责任教育中的关怀就是密切关注新时代大学生的生存与发展，努力做到关心人、保护人、尊重人。在新时代大学生社会责任教育中提出"关怀"这一主题，标志着高校教育文明的进步，尤其是高校思想政治教育文明的进步。而这种进步最终也会促进人类社会文明的进步，同时也反映了新时代大学生社会责任教育工作者自觉意识的觉醒和提高。新时代大学生社会责任教育只有深刻理解人的生命内涵，关切新时代大学生的整体学习、生活、社会参与等方面状况，才能会激起新时代大学生的社会责任情感和社会责任行动。新时代大学生社会责任教育中的体谅就是新时代大学生社会责任教育工作者设身处地为新时代大学生着想，要善解人意。我们知道，与人友好相处、爱与被爱是人的基本需求，帮助人们去满足这种需要是体谅的主要职责。新时代大学生社会责任教育中的体谅就是要营造和谐的、相互关心的道德关系。人们之间的相似性或共同性是人们相互关系，相互体谅的基础，新时代大学生社会责任教育就是要培养新时代大学生关心别人、体谅别人的品德。新时代大学生做到了关心别人，体谅别人不仅使别人感到愉快，同时也使自己感到愉快，这既是一种利他行为，又是一种利己行为。在教育目标上，新时代大学生社会责任教育中的体谅就是引导新时代大学生学会关心，让新时代大学生在与别人共同承担社会责任行动中具备关心别人的品德。一个有体谅品德的新时代大学生能够考虑别人的意见，察觉别人的感受，体谅别人的难处。新时代大学生社会责任教育工作者在以关心体谅为原则进行的教育中起到表率作用。在新时代大学生社会责任教育中，观察和模仿新时代大学生社会责任教育工作者身上体现的体谅别人的品德是新时代大学生获得体谅别人品德的一种重要方式。新时代大学生从新时代大学生社会责任教育工作者所作所为中学习的东西比从他们所讲所教中学到的东西要多，要深刻。因此，新时代大学生社会责任教育工作者引导学生学会关心体谅别人的最佳方法就是教育工作者们自己首先要学会关心体谅别人，为新时代大学生树立榜样。

4. 权、责、利相统一的原则

权，即权力。责，即责任。利，即利益。新时代大学生社会责任教育要有成效，除了客观方面，主要看新时代大学生们主观能动性的发挥程度。而新时代大学生们主观能动性的发挥程度受到他们拥有的权力、承担的责任、获得的利益这三者有关。没有相应的权力，新时代大学生不能也不敢放手大胆地去承当相应的社会责任，没有相应的责任，新时代大学生有可能在承担社会责任的行动中迷失方向，没有相应的利益，新时代大学生有可能缺乏继续承担社会责任的动力。因此，新时代大学生社会责任教育要坚持权、责、利相统一原则。那么，如何在新时代大学生社会责任教育中贯彻权、责、利相统一的原则呢？我们可以从以下方面入手。

第一，坚持权、责、利基本相等原则。权、责、利基本相等体现了中华传统的中庸和谐之道，是现代法治社会的基本要求，也是管理学中的一条重要原则。当权、责、利基本相等时，新时代大学生就会在自主权力范围内大胆行动起来，承担相应的社会责任，并在承担社会责任过程中获得满足感、幸福感，这标志着新时代大学生社会责任教育取得了一定成效。当权、责、利不等时，新时代大学生有可能就会在有限的权力范围内瞻前顾后，放不开手脚，并在承担社会责任过程中有较少的获得感方面的体验，甚至还有深深的挫败感，其实这就意味着社会责任教育的某种失败。权、责、利基本相等包括以下几种类型：一是权和责基本相等。新时代大学生社会责任教育要坚持权和责相等原则，不能拥有权力而不履行职责，也不能只要求学生承担责任而不予以授权。向学生授权是为其履行职责提供必要条件。合理给学生授权是新时代大学生社会责任教育贯彻权和责相等原则的一个重要方面，必须根据新时代大学生承担责任社会责任的大小授予其相应的权力。新时代大学生完成社会责任承担任务的好坏，不仅取决于他们的主观努力和其具有的素质，而且与上级的合理授权有关。对新时代大学生社会责任教育工作者而言，贯彻权和责对等原则为做好新时代大学生社会责任教育提供了必要条件，同时也对新时代大学生社会责任教育工作者进行了约束，首先是不能滥用权力，其次强调了新时代大学生社会责任教育工作者的责任，在其位要担其责。二是权和利基本相等。新时代大学生社会责任教育要坚持权和利相等原则。目前，社会责任教育大都"只是简单、逻辑呈现规范论的要求，忽视权利的教育"，难以给新时代大学生留下深刻印象。权利一般指法律赋予人们实现其自身利益的一种力量，指人们依法享有的权力和利益，或者人们在法律规定范围内，为满足自身特定的利益而享有的权能和利益。权力是实现利益的前提，利益是权力的维护者。新时代大学生在承担社会责任中要有相应的权力，这种权力或者来源于公民的基本权力，或者来源于大学生的教育和受教育的权力，或者来源于就读高校的校规校纪赋予的权力，或者来源于大学生所在基层单位和所在诸如社团、协会等基层组织赋予的权力。新时代大学生只有根据相应的权力，才能获得相应的利益，相应的利益反过来增强新时代大学生对自身各级各类权力的认同。例如，以社团为例。高校社团能丰富大学生的业余生活，能锻炼大学生的社会交往能力，能培养大学生的社会责任感，等等。因此，高校社团在学生教育中起着非常重要的作用。学生在社团中的职位，决定了他在这个社团中的权力和相应的利益。三是责和利基本相等。新时代大学生社会责任教育要坚持责和利相等原则。形象地来说，责和利的关系就如同勤奋和懒惰的关系。承担好责任需要付出努力，要勤奋，而享受利益带来的快乐则比较轻松。从人的本性来看，人有时都会有懒惰的一面，都注重利益，注重索取，轻视付出与奉献。新时代大学生社会责任教育则要注重这一人类现象，把重利益、重索取、轻责任、轻奉献转到重责任、重奉献、轻利益、轻索取上来，实现责和利的基本相等。

第二，坚持以精神利益获得为主。利益一般包括物质利益和精神利益。社会生活由物质生活和精神生活构成。社会生产也包括物质生产和精神生产。人类文明也分物质文明和精神文明。可见，物质与精神这对概念广泛存在于我们生活的世界当中。在新时代大学生社会责任教育中，利益也是新时代大学生愿意承担社会责任的原因之一，对他们来说也是动力之一。新时代，以习近平同志为核心的党中央非常关注广大人民群众的获得感。这里所指的获得不仅仅是物质方面的获得，更多的是精神方面的获得。新时代大学生在承担社会责任过程中所获得的利益更多的应该是精神方面的利益。一方面是应为精神的力量是无穷的，另一方面从教育意义角度看，精神利益应该是新时代大学生在承担社会责任一事上应获得本质利益。因为，中国共产党对党自身教育都一再强调要勤俭节约，艰苦奋斗，这表明中国共产党对党的教育也是更多地关注精神方面，而不是一味地关注物质，追求物质上的享受。因此，新时代大学生在党的领导下也要发扬这种勤俭节约，艰苦奋斗的作风。

第三，做好权、责、利的统一管理。要使新时代大学生在承担社会责任中的权力、责任和利益得到有序运行并取得成效，对权、责、利进行有效的统一管理是必不可少的。运用现代教育管理学原理，遵循新时代大学生社会责任教育基本规律，在科学总结大学生社会责任教育的历史经验基础上，建立健全的、活力的、科学的权、责、利统一管理制度，形成系统的权、责、利统一管理内容、畅通高效的权、责、利统一管理过程、充满活力的权、责、利统一管理组织体系，是当前新时代大学生社会责任教育中权、责、利统一管理的当务之急。只有这样，才能调动一切有利的、积极的因素，形成新时代大学生社会责任教育的强大合力，保证新时代大学生社会责任教育功能的充分发挥和根本任务的完成。

第四节 时代青年大学生社会责任的培养路径

"党的十九大报告要求：'要全面贯彻党的教育方针，落实立德树人根本任务，发展素质教育，推进公平，培养德智体美全面发展的社会主义建设者和接班人。'这既是我们党改革开放以来始终坚持党的领导、牢牢把握社会主义办学方向的总体要求，更需要我们结合新时代的新要求，全面系统地、创造性地落到实处。"大学生社会责任作为道德教育的内容，必须要在新时代的历史定位下坚持社会主义方向，系统性创造性的探索更加贴合大学生实际的路径。根据大学生社会责任现状及存在问题的分析，笔者尝试从学校、家庭、社会和个人四个路径来对大学生社会责任培养进行对策思考。

一、营造良好的高校社会责任文化氛围

文化是一个国家、一个民族的灵魂。文化兴则国运兴，文化强则民族强。校园文化以学校的精神标识联结学生、教师和学校，校园文化氛围直接影响学生观念和行为，直接作用于学校整体精神风貌。高校树立正确的教育理念，营造良好的社会责任文化氛围，潜移默化地影响并培养大学生的社会责任观念和行为。高校积极主动地创新大学生社会责任教育方法，结合学校特色，以学生为中心，拓宽社会责任教育渠道，畅通社会责任交流实践，大学生在人人负责、敢于担当、积极向上的校园文化氛围之中，相互学习、相互促进，共同推进高校社会责任文化的新发展。

（一）坚持立德树人，德育为先教育理念

"国无德不兴，人无德不立。一个民族、一个人能不能把握自己，很大程度上取决于道德价值。"道德不管是对于个人还是民族，都起到了正确的价值引导作用，加强道德教育有助于全民形成积极向上的中国特色社会主义核心价值观，激发全民道德责任情感，培养全民社会责任行为。针对当代在校大学生社会责任缺失问题，高校需要及时调整教育理念，坚持立德树人德育为先。新时代选人用人的标尺是德才兼备、以德为先。高校为国家培养人才，必须要守好人才教育第一道防线，充分发挥高校德育核心作用，源源不断地为国家建设提供有德有才的新一代建设者。

教育理念是开展教学和其他学校活动的先导，是学校风气的风向标。以就业为教学衡量标准的教育理念已经不能完全适应当代大学的发展，以学生德才兼备衡量高校办学质量逐步兴起。德育是贯穿于高校教学整体过程之中的，必须要把道德教育摆在首位，通过系统的、稳定的、具体的、多样的道德教育，以德化人，以德树人。社会责任教育是道德教育的重要内容，在立德树人的基础之上，强调社会责任对于处理大学生与社会关系的重要性，引导大学生关注、重视社会责任，养成正确的社会责任观，并在现实生活中身体力行，起到榜样示范作用。高校道德教育坚持"一切为了学生发展"为目标，处理好德育过程中教育者所提出的道德规范要求与受教育者原有的道德水平之间的矛盾，了解学生具体情况因材施教，逐步培养青年大学生成为有责任、有担当的一代。"教书育人"不只是强调教授学生丰富的专业知识，更重要的是帮助学生成为一个有道德有责任的完整的人。

（二）创新责任教育方法，拓宽责任教育渠道

方法得当，事半功倍，方法不当，事倍功半。当下不管是道德教育方法还是具体的社会责任教育方法，不是没有作用，而是方法过于陈旧，不能够把握时代和学生发展的实际，无法实现教育方法的预期目标。因此，结合当代大学生社会责任教育方法陈旧问题，从学生需要和教育创新出发，探寻以下三种可操作性强的方法，为社会责任教育和学生搭建桥梁。一是创新理论灌输法，近几年来传统意义上的理论灌输法为人们所诟病，我们可以在理论灌输法的基础上加以创新，融合先进科学技术，运用多媒体教学，将枯燥乏味的理论教育，以全新的方式展示出来，带有自己的特色和吸引力。二是情境培养法，英国教育学家彼得. 麦克菲尔在 20 世纪 70 年代曾经提出道德教育的体谅模式，即将学生置于一定的人际—社会问题之中，并且预设一系列

可能会遇到的种种困难，从而观察学生可能做出的反应。这一模式运用到大学生社会责任培养之中即情境培养或者形式教育方法。这一方法既能够让学生参与培养过程，教育者又能够在过程中充分了解学生面对困难的反应特点，从而在后期的培养中有针对地开展继续教育。三是陶冶教育法，这一方法需要教育者充分利用环境因素和自身因素的影响，对学生进行潜移默化的陶冶和感染，使学生在耳濡目染中感受到社会责任是自己的一部分。陶冶教育法又可以具体细分为环境陶冶、情感陶冶、人格陶冶、交往情境陶冶等。除了上述方法以外大学生社会责任教育的方法还有榜样示范法、品德修养指导法、角色扮演法等新方法可供教育者借鉴。

大学生社会教育发展缓慢的原因，很大程度是因为渠道不畅通。大多数人认为大学生社会责任教育就是学校的事情，大学关起门来培养学生，就可以达到社会责任教育的目标。这样的思想是落后的、错误的。大学不是一个封闭的空间，大学的相关教育也应该是开放。大学生社会责任教育既要"引进来"，又要"走出去"，要畅通大学与社会交流双向通道，拓宽大学生社会责任教育渠道。一方面，大学生要走出校园，走进社区、走进社会。大学生通过走出校园，观察社区、社会的现实问题，从而有自己的认知和反思，最终做出自己自愿、自主的社会责任行为。另一方面，社会先进人物走进大学校园。充分利用社会上先进人物的榜样示范作用，例如青年乡村教师、乡村第一书记、社区先进标兵、企业优秀员工等等。让这些先进人物走进校园，与大学生一起交流，让大学生真正体会到社会责任无大小，社会责任无等级，身边处处有负责任的平常人。通过"引进来，走出去"双向互动，大学生既能够开阔眼界，也能够了解社会现实，避免了脱离现实的情况，还能够在接触社会的过程中实现自身的社会化，将先进人物的优秀品德内化为自己的道德行为准则，甚至可以在"走出去"的过程中积极主动承担社会责任帮助到其他人。

（三）加强大学生社会责任教育实践

顾名思义，大学生社会责任强调大学生与社会相互作用过程中所产生的责任。因此，培养大学生的社会责任，不能只局限于理论说教，更要加强大学生与社会的接触，让大学生参与社会实践，学校的专业理论与实际运用相结合，在丰富多彩的社会实践中感受责任，锤炼实干能力，并在实践中积累经验，形成自己的责任价值体系。与此同时也必须要端正大学生社会责任教育实践的目的，规避为了实践而实践的错误倾向，真正做到培养大学生自觉地社会责任行为。结合当代大学生的实际生活，可以通过以下几个方面的社会实践培养大学生社会责任。

1. 校内社团活动

大学社团活动形式多样，内容丰富，汇集共同兴趣爱好的学生团体，学生自我组织、自我服务，秉承自由选择、自主建设的原则，给予大学生充分的自主权和选择权，激发大学生发挥主观能动性。校内社团活动既可以充分张扬大学生个性，又可以在社团合作中塑造大学生的社会性。社团活动中需要处理的人际关系和事物关系，都在不同程度上培养大学生对外界的认知，培养大学生自身处事能力和社会适应性。例如像辩论协会、舞蹈社团、爱心小屋社团、青年志愿者协会等一系列的校内社团，不需要强制性要求加入社会责任培养，而是在一种宽松自由的学生组织网络情境中，让学生自己感悟到个人在集体生活中所具备的责任，实现责任内化，在事务性工作中自觉承担主体责任。校内社团活动给予大学生充分的能力发挥空间，是大学生学习和成长的有利抓手，是大学生独立承担主体责任，逐步承担社会责任的起步阶段。

2. 社会公益活动

孙晓云、刘秀英在《培养负责好习惯》一书中指出："民众公益意识的强弱是衡量一个社会文明程度的标志之一。改革开放之后，中国国民经济有了快速发展，但是在社会文明方面有待提高。民众的公益意识不强是一个突出问题。"①公益不是有钱人的特权，社会公益强调的就是社会上的每一个人可以承担的社会责任。大学生通过走出校园，真正接触到社会公益，在活动中亲眼见到社会依然存在的需要帮助的典型案例，激发主体责任意识，自发的形成想要为社会提供帮助的道德责任情感。在社会公益活动进行中，大学生通过自身努力为需要的人提供帮助，化解困难，可以提升大学生主体获得感，从而更加自信，强化社会责任意志，能够持续长期的坚持公益活动，在帮助他人的同时进一步培养社会责任能力。当前大学生可以适当开展的社会公益活动较多，例如社会贫困儿童帮扶、走近孤寡老人、社区一日行、我为行人指路等。社会公益活动无大小之分，都具有很强的服务社会意识，是很好的社会责任培养途径。

3. 传统节假日活动

中国作为传统文明古国，历史文化悠久，近年来对传统节日增设节假日，一是增强民众对于传统文化和传统习俗的认知，二是增强中国传统文化底蕴。我国古代传统的除夕节、元宵节、端午节、清明节、中秋节，每一个节日都带有浓厚的中国文化特色，都是中华文明古国经久不息的力量之源。大学生通过对古代传统节假日的关注和研究，学习古代中国博大精深的传统文化，从古代传统节日中汲取营养，增强民族自豪感和责任使命感。近代传统节假日包括国庆节、五一劳动节、建军节、建党节、教师节、父亲节、母亲节等。这些节日都是以特定的主体为节日命名，是对历史事件或者特定人物群体的纪念，以此类节假日对学生进行爱国主义教育、革命传统教育和责任教育，贴近生活，贴近实际，更容易为大学生接受。通过开展传统节假日活动，大学生既能够了解历史，重温历史传统，还可以从活动中学习到历史人物的崇高精神，不断提升自己的责任情感和责任能力。

二、发挥家庭社会责任教育的基础性作用

教育家颜之推指出："夫同言而信，信其所亲；同命而行，行其所服。禁童子之暴虐，则师友之戒，不如傅婢之指挥。止凡人之斗阋，则尧舜之道，不如寡妻之诲谕。"主张家庭教育对人的思想品质形成具有重要作用。家庭教育不仅是学生基础的教育还是学校教育的补充，多数家庭教育依然是根据父母主观意愿开展的非系统性教育。结合调查问卷我们可以看出当代大学生的家庭教育存在多种问题，父母自身社会责任意识缺乏，不能够为子女提供良好的榜样示范。家庭教育与家庭生活在各个方面相互渗透，家庭生活的改变与子女身心发展有着密切联系，一般情况下，家庭教育需要根据子女的身心发展变化改变家庭教育的形式和内容。

（一）父母自身学习，提高社会责任认知

"天下之本在国，国之本在家，家之本在身。"家庭是一个国家的基础，家庭是社会的构成细胞，家庭文化氛围对孩子的价值观念、行为举止有着潜移默化的影响。父母作为家庭的主要教育者，担负着教育子女的责任和义务。如果一个家庭内部父母责任意识欠缺，不能处理好自身和他人还有社会的关系，那么处理与子女的关系也会存在障碍。家长的认知水平，很大程度上会影响子女的认知，特别是像社会责任这样的价值观念，会无形的影响子女的价值选择和价值判断。无论是父母的家庭责任观还是社会责任观都必然会在日常生活中通过家庭小事展现在子女面前，形成价值暗示，从而通过长期共同生活对子女的认知形成深远影响。

父母社会责任认知对子女认知的重要影响作用，要求家长在大学生社会责任的培养过程中必然要加强自身学习，提高社会责任认知。首先，父母要有正确的三观，思想坚定，爱党爱社会，始终与中国特色社会主义主旋律保持一致。第二，父母应该父母在日常工作生活中，树立终身学习理念，坚持

学习先进科学文化知识和优秀思想道德知识，进一步提升自我素质。第三，父母要明确自己在家庭中所处的角色，明确自身家庭责任，并且向子女传达家庭责任理念。第四，父母扮演好家庭角色，家庭分工明确，不过分溺爱子女，合理安排子女在家庭生活中做力所能及的事，在家庭生活中确立责任观，为家庭贡献自己的力量。

（二）言传身教树立责任担当的榜样示范

新行为主义代表人物班杜拉提出了社会模仿模式，该模式认为人与社会环境是一个互动体，人既能够对于社会刺激做出反应，还能够主动的对社会环境做出解释，从而为道德的榜样示范奠定理论基础。家庭教育的榜样示范是由父母或者其他成年长者对子女实施的教育示范，通过家庭成员所具有的优秀品德来影响子女的思想、情感和行为的间接教育法。家长与子女的相处过程也是子女成长的生活过程，带有生活化的特色，因此不受教育形式化的影响，可以灵活的传授知识和经验。父母对待子女的言行举止都带有浓厚的情感色彩，这种情感色彩是责任的重要表现形式，会对子女的责任认知起到感化作用。子女特别是大学生具有理性分析问题的能力，效仿能力强，子女通过对父母言行举止的观察和效仿，做出自己的反应。

托尔斯泰有句名言："全部教育，或者说千分之九百九十九的教育都归结到榜样上，归结到父母自己的端正和完善上。"父母是孩子的启蒙老师，是孩子的领路人，其言行举止会对孩子产生潜移默化、深远持久的影响。模仿是孩子的本能，正如谚语所说"有其父必有其子"，父母在承担家庭、社会等责任时所表现出的态度和行为将直接影响孩子对待责任的态度及其将来的行为担当。因此，父母必须严于律己起到模范示范作用，妥善处理家庭内部关系，例如体贴家人、赡养老人、关心亲朋等，勇于积极承担社会责任，例如帮扶困难邻居、爱护公共设施、维护公众秩序等。让子女在孩童时期就懂得承担责任是每个公民义不容辞的责任和义务，并且带领子女在成长的不同年龄阶段尝试不同的社会责任实践活动，鼓励子女积极承担社会责任。家庭是人生的第一个课堂，父母是人生的第一任老师。忽视家庭父母责任教育，那么大学生社会责任教育就成了无源之水、无本之木。榜样的力量是无穷的，父母的榜样示范为大学生担当社会责任提供了现实教育范式。

（三）加强交流沟通，传承优良社会责任家风

根据相关调查显示，有一部分大学生与父母的关系存在问题，父母与子女之间沟通交流少，缺乏亲人间的关心爱护。亲情关系冷漠也是造成大学生

社会责任缺乏的原因之一。家庭作为社会的基础单位，是大学生最熟悉和亲近的港湾，如果在自己生活成长的环境中都不懂得关心他人，对亲人负责，那么社会责任更是无从谈起。研究表明，在家庭关系融洽、善于交流沟通的家庭长大的子女更容易成功，是因为融洽和谐的家庭氛围为孩子提供了良好的自我发挥空间，有问题及时与父母交流，有利于信息的交互，避免信息闭塞不畅通导致的后续问题。和谐的家庭氛围还为孩子提供了敢于担当家庭和社会责任的信心，他们敢于尝试，并且在尝试中肯定自我，进一步作出更大的社会贡献。父母在家庭生活中应该倡导开放的交流环境，与子女沟通了解情况，把握子女的发展现状，并根据子女的现实情况作出及时的心理或行为引导。在与子女的交流过程里，应该主动的引导子女认识自身与社会的辩证关系，激发子女承担社会责任、服务社会的热情。

家风是一个家庭世代积累养成并且由一代又一代传承下来，是一个家族文化的沉淀。家风通过深沉的内在家庭文化和外在家庭生活氛持续影响家庭成员的发展，对一个人的品质和行为养成具有重要影响。良好的家风代代传承，社会责任作为优良家风的重要内容，在新时代背景下意义深远。重视社会责任、勇于承担社会责任，通过祖祖辈辈、世代相传，内化为家庭的内在精神，是一种稳定的信念，并且能够在每时每刻散发出活力，陶冶家庭成员的社会责任意识，加深家庭成员的社会责任情感。因此，家庭应该重视优良家风养成，更要有意识的传承家风中社会责任，对子女甚至每一个家庭成员的社会责任养成起到助推作用。

三、积极创造责任担当的人文社会环境

古今中外，不计其数的思想家、政治家、教育家围绕社会环境对个人思想和品行影响进行探讨。古人认为社会环境对人的发展起到关键性作用。荀子在《荀子. 劝学》中提道："染于苍则苍，染于黄则黄，所入者变，其色亦变。"指出了社会环境对于一个人成长发展的积极或消极影响。人创造环境，同样，环境也创造人。积极创造充满责任担当的人文社会环境，是大学生社会责任培养的必要条件。西方的德谟克利特认为人必须通过社会环境的熏陶才能够获得"第二本性"，奥古斯丁认为通过环境的改造才能够改变人性的恶。

（一）加强价值引导，防范西方价值渗透

价值引导是社会教化的一种具体方式。研究人员通过调查研究发现当今社会西方价值观强势渗透对当代大学生价值意识产生深刻影响。西方国家利

用高新技术，借助大数据时代的信息化和网络化平台，通过电影、游戏、广告等高频率信息传播手段宣传资产阶级价值观，无处不在的输出资产阶级文化。考虑到大学生所处的生理心理发展特殊时期，必须要在意识形态领域做好指导工作，以共产主义理想为目标，树立大学生认同的社会主义核心价值观。

引导大学生树立爱岗、敬业、诚信、友善的个人价值观。这是最基本的个人责任层面。诚信是做人之本，友善的待人之道，爱岗敬业是日常学生工作坚持的原则，更是以后走向社会迈入工作岗位的职业素养。大学生群体接受过高等教育，综合素质相对较高，在此基础上稍加引导，强化巩固个人价值观。引导大学生树立自由、平等、公正、法治的社会价值观。这是我们所说的具体的社会责任层面。中国特色社会主义社会制度之下，每个公民都自由的享有权利和义务，而这种自由必须是在法律范围之内的，而不是无限的。依据我国法律，人人平等，法律是准绳，建设公正的法治国家。大学生学习了解社会价值观，内化于心，才能够防范西方价值观念侵蚀。引导大学生树立富强、民主、文明、和谐的国家价值观。国家价值观是社会主义核心价值观最高要求，也是社会责任的最高层面，要以个人和社会两个方面为基础，这就需要充分激发大学生的爱国主义情感和民族自豪感，自己积极主动地为建设富强、民主、文明、和谐、美丽的中国尽一份公民责任。

（二）增强人文关怀，弘扬优秀传统文化

人文关怀既是高等教育的核心理念，也是人本德育的基本理念，这是由人的本性决定的。大学生社会责任培养要有成效，需要倾注真情实感，以情育人、以文化人。增强社会培养过程中注重对大学生的人文关怀，关注大学生真实生活状况，用人文关怀的方式去关心大学生，不只是关心大学生物质层面的需求，还要关心大学生精神层面的需要，了解大学生在承担社会在责任时面临的困难和矛盾，尊重大学生作为社会责任主体的地位，尊重大学生个性差异，为大学生承担社会责任搭建桥梁。大学生社会责任培养不只是一个被动接受外力塑造的集合，更是一个自主能动的创造主体。因此，首先要尊重学生独立人格，肯定大学生个人价值。把社会责任培养单向过程改变为教育与受教育者之间平等交往的社会责任实践过程，因势利导激发大学生社会责任情感体验，在循序渐进的体验中发挥大学生自我教育功能。

大学生社会责任培养与中国传统优秀文化相结合，既带有中国文化底蕴，还具备当代现实意义。中国传统文化中遗留下来的许多内容带有强烈的社会责任感召力，体现了古代仁人志士对社会、对国家的责任情感。通过与现代

教育手段相结合，优秀传统文化将会为大学生社会责任培养带来新的生机与活力。开展优秀传统文化系列讲座，向大学生介绍我国深厚的文化底蕴，让大学生了解历史，了解中华文明。开展社会责任名人名言知识竞赛，调动大学生学习热情，并且在竞赛中感悟历史人物留下的丰富文化遗产和责任精神。开展我向历史先进人物学习系列活动，通过了解历史人物为社会、国家贡献自我青春和热血的英雄事迹，了解历史先进人物所进行的社会责任实践活动，调动大学生主动承担社会责任的积极性。

（三）推进制度建设，拓展责任实践领域

目前，我国企业责任制度设置较为完善，社会信用体系逐步形成。诸多相关制度已经开始由硬性强制规范向积极正面政策引导，但是针对大学生社会责任的制度依然不健全。俗话说，没有规矩不成方圆，一定的制度约束一方面可以作为社会责任形成的强力保障，另一方面可以起到积极引导作用。及时填补社会责任制度空缺，完善已有的不适应时代发展的社会责任制度，从源头上防范未然。第一，完善社会责任法律法规约束制度。法律法规从根本上规定大学生应该承担的社会责任，即使不能详尽的划分大学生社会责任具体内容，但是可以在指明方向，避免大学生面对社会责任的茫然状态，有利于明确大学生的社会责任认知。第二，完善大学生社会责任监督制度。责任监督制度不仅是通过人人之间的相互促进，还可以融合当下信息化智能化的新科技，在虚拟生存空间利用好社会责任的评价。通过虚拟和现实生活中的社会责任监督引导，形成人人负责，全民负责的社会风气。第三，完善社会责任评价反馈制度。包括社会责任激励制度和社会责任追究制度。社会责任激励制度还包括奖励制度和惩戒制度。对于积极承担社会责任，勇于实干担当的大学生予以奖励表彰，激励再接再厉，继续发扬责任精神。对于弄虚作假逃避社会责任的大学生要通过一定的方式予以警告，及时纠正错误观念和行为。社会责任追究制度相对较正式，是针对一些涉及集体和国家利益问题时故意逃避责任的行为，应该在后期予以追究。

社会责任制度的完善，也在一定程度上有助于社会责任实践领域的拓展。当前大学生社会责任实践局限于校内和学校组织的校外公益帮扶活动，社会领域还没有提供相应的支持和帮助。通过社会责任制度明确大学生社会责任实践的可能性领域，包括社区、企业、机关单位等。大学生社会实践领域的拓展，为大学生提供可以施展才能锤炼责任精神的机会。社会与学校合作，创立校社合作或者校企合作等社会实践基地，为大学生提供承担社会责任的实践平台。大学生社会责任实践基地也应该做好制度建设，保障大学生在社会责任实践过程中的权利。

四、提升大学生个人的社会责任能力

大学生个人社会责任能力不足制约着大学生社会责任行为的实施。调查显示多数大学生具备社会责任认知和情感，但是在面对突发社会事件时却不知所措，究其原因是大学生不具备承担社会责任的能力，因此大学生自身应该有意识的提升自身责任能力，主动参与社会实践活动，进行自我教育。教育家叶圣陶指出："教育的目的就是达到不教育，就是要使教育者达到能通过自我教育，自觉按照思想道德要求进行人事和行为的程度。"大学生通过高度自觉的自我教育提升自身社会责任感，并且在自我教育过程中培养社会责任行为。

（一）锤炼独立精神，实现责任主体归位

根据相关调查发现，当代大学生承担社会责任独立性差，主体意识不强。针对这一问题，大学生社会责任的培养必须要以锻炼大学生独立处理事务的能力为首要任务，大学生主体真正开始独立进行社会实践的同时，可以强化大学生社会责任的主人翁意识，进一步促进大学生社会责任主体意识的归位。大学生主动锻炼独立的生活自理能力。大学生进入大学之前的生活大部分是由父母负责，生活、思想、行为都需要父母的指导，包括最基本的穿衣吃饭。开启大学生活，离开父母独自生活，生活自理是大学生面临的第一大问题。我国前几年经常会出现某高校大学生生活不能自理需要带母亲一起上大学照顾其生活的社会新闻，也是我们日常所说的"高分低能"。这里的"低能"不是说大学生真正能力低，而是没有从小培养大学生的处理生活的基本能力，没有对自己负责的能力。大学生在养成独立生活能力的同时要注重自身独立学习的能力。对比高中老师的严格要求和管理，大学学习相对自由，考验大学生的自制力和约束力。首先，大学生要主动了解大学课程学习进度，制定符合自己的学习计划，树立时间观念，按时完成自己设定的计划和目标。自主学习，积极向老师请教，明确学习的个人目标和社会目标。然后，学以致用，利用所学知识回报社会。大学生还应该充分发挥主观能动性，通过自己联系或者学校牵线的方式，筛选符合自身条件的社会兼职岗位，走出大学校园与社会接触，独立处理社会事务。最后，大学生通过从事社会兼职既可以锻炼自身处理工作的能力，还能够提升自我价值感。大学生自我价值的实现是社会价值实现的基础，自我价值得以实现，才会有实现社会价值的动力。

通过上述三个方面的大学生独立能力锻炼，锤炼大学生独立精神，实现责任主体归位。

（二）磨炼社会责任意志，勇于奉献

自由的生活就是负责任地生活，是对自己、他人、社会，对过去、现在、未来负责任地生活，尼采说承担责任是一种意志的体现。任何社会责任的承担必须要通过意志的支撑，最后才能转化为行为。大学生要主动地在生活中寻找机会磨炼自己的坚强意志，锻炼自己持之以恒的精神毅力。锤炼社会责任意志，首先，要具备社会责任意识，意识是基础和前提。在责任意识的基础之上确定符合自身能力的责任目标。现实中，社会责任意志本身就带有目的性，通过调节、改变、控制心理状态和行为，从而向确立的目标不断靠近。责任意志水平的高低取决于主体确立的责任目的的大小。大学生在确立责任目的确立不易过高或者过低，应该遵循量力性原则。第二，磨炼社会责任意志需要树立远大的理想和正确的三观。正确远大的理想可以激励大学生自觉调节自己的思想观念和行为，是保证社会责任意志健康进行的自我规范。第三，社会责任意志必须要在社会实践中检验。日常生活中的普通责任也需要引起重视，并且付诸实践的尝试完成，在一次次小的责任实践中培养自己的责任能力，从而为更为承担远大的社会责任提供能力保证和自我获得感。这是磨炼社会责任意志的能力和心理前提，在这一基础之上尝试更具难度和挑战的时候责任。

大学生磨炼社会责任意志体现了大学生对社会道德观的认同，在认同的基础上以社会道德指导行为实践才是最终目的。大学生应该以发展的眼光看待问题，树立大局意识，不拘泥于眼前利益，不畏惧艰难险阻，理性的做出自己的判断。大学生综合考量自己的判断是否有利于社会发展，勇于做出正确的社会责任行为。大学生时期，青春飞扬、激情澎湃，奉献的青春才充实，奉献的青春才具有意义。大学生要坚定信念，磨炼意志，不畏困难，勇于奉献，在奉献中体会负责任的人生。

（三）积极进取，重视实干担当

《后汉书》提道："有志者事竟成也"，青年大学生要志存高远，树立人生的总目标，并分为一个一个的小目标，逐步实现自己的远大理想。对于青年大学生，更应该态度端正、积极进取，真抓实干，把新时代中国特色社会主义推向新的高潮。广大青年大学生们拥有最珍贵的财富——青春，青春正是拼搏奋斗的最佳时期，正如习总书记在会议中讲道："现在，青春是用来奋斗的；将来，青春是用来回忆的"。青春年华有一颗进取心，不依靠外界监督和督促，主动要求进步，要求自己在大学的有限时间里书写自己的青春华章。

朝气蓬勃的大学生是国家的希望，民族的未来，是中华民族伟大复兴中国梦的主要力量。大学生要严格要求自己，一切从实际出发，实事求是，自觉完成在学校的学业任务和课外活动任务。积极要求进步，不局限于眼前的成功和失败，树立远大社会理想，并且为之努力奋斗。大学生还应该脚踏实地，不弄虚作假，一步一个脚印担当社会责任。利用用自己所学知识，尊重客观规律，解放思想，敢于创新，攻坚克难，为社会贡献力量，承担社会责任。俯下身子踏实做事，是一个具有高尚道德情操的品格，更是社会责任行为的实际表现，在这样的社会实践之中，既可以锤炼大学生社会责任能力，还可以锻炼大学生社会责任意志。社会责任行为实践反作用于社会责任意识，深化大学生的社会责任情感，形成一个大学生自我社会责任养成机制。

第六章 时代青年社会责任的教育研究

新时代青年社会责任教育的重要性和必要性问题回答了"为什么"要加强新时代青年社会责任教育。新时代青年社会责任教育的重要性主要是从理论意义上阐明新时代青年社会责任教育在一般意义上的作用。

第一节 时代青年社会责任教育的必要性

时代青年社会责任教育的重要性可以从宏观、中观、微观三个层次来考察，每一层次都包含了具体层次，具体内容，都论述了时代青年社会责任教育对社会各方面的重要作用。

一、时代青年社会责任教育宏观重要性考察

时代青年社会责任教育宏观重要性指时代青年社会责任教育对国家和社会的重要作用，具体包括以下两方面。

（一）时代青年社会责任教育对实现中华民族伟大复兴中国梦的重要性

梦想，即：梦中怀想，是人们对未来的一种美好期望，是一种必须付出努力才能实现的未来状态，是一种让人们感到坚持就是幸福的人生信仰。司马相如在《长门赋》中说道："忽寝寐而梦想兮，魄若君之在旁"，表达了皇后陈阿娇受汉武帝失宠后对得宠的美好向往。关于梦想中外名人都有相关言论。另外，在我们电视节目当中也有一些关于梦想主题的选秀节目，如：中国梦想秀、中国达人秀等。这些节目为人们实现梦想搭建了一个平台。可见，人是要有梦想的，人类因梦想而美丽，梦想是人类永恒的主题。梦想有大小高低之分，有个人梦想、家庭梦想、职业梦想、社会梦想、国家梦想。在当今，党领导全国人民实现中华民族伟大复兴中国梦是最伟大的梦想。在"中

华民族伟大复兴中国梦"这一表述中,"中华民族伟大复兴"作为"中国梦"的定语,对"中国梦"起修饰限定作用,意为"中国梦"是全体中华民族的梦、是伟大的梦、是复兴的梦。这表明中国梦的提出不是空穴来风,有其一定的渊源。

时代青年是实现中华民族伟大复兴中国梦的主要力量,新时代青年社会责任教育对实现中华民族伟大复兴中国梦有重要作用。

1. 时代青年社会责任教育对实现中华民族的中国梦作用

中国梦是中华民族的梦。中华民族是一个政治术语,指的是包括汉族在内的 56 个民族的统称,不是 56 个民族简单相加的数量意义上的集合体,而是自古以来 56 个民族在不断交往、不断融合过程中形成的有共同经历、共同文化、共同精神的集合体。中华民族在漫长的历史长河中逐步形成了爱国主义精神、创造精神、奋斗精神、团结精神、梦想精神。这些精神是中华民族精神的生动体现。中华民族精神的形成正是在各民族担当国家和社会责任中形成的。以爱国主义精神为例。爱国主义是一种对于自己生长的国土和民族所怀有的被整个民族心理所认同的依恋之情。在时代青年社会责任教育中,我们可以对时代青年进行爱校主义教育,培养大学生对于自己学习、工作和生活的学校怀有一种热爱、依恋之情,在此基础上扩展到爱社会、爱国家。以创造精神为例。创新创业教育是时代青年在高校受教育的主要内容之一。创新创业在社会各个领域、各个行业都存在,因此任何专业的大学生都应该接受创新创业教育,培养自身的创造精神。以奋斗精神为例。人没有奋斗精神就不能创造美好生活,社会没有奋斗精神就不能发展进步,国家没有奋斗精神就不能屹立世界民族之林。一个没有奋斗精神的人很难说能担当起责任。以团结精神为例。随着社会分工的精细化,单靠一人之力难以完成。担当社会责任重在行动,行动重在人们之间的团结合作。时代青年社会责任教育要培养大学生的团结协作精神。以梦想精神为例。梦想是前进的动力。时代青年大多数对人生都充满期待,整体上积极乐观进取,这是时代青年梦想教育的有利因素。时代青年社会责任教育只有将担当社会责任融入自己的梦想当中,社会责任担当才有激情、动力,梦想才有具体的内容。

2. 时代青年社会责任教育对实现伟大的中国梦作用

中国梦的伟大体现在以下方面。一是实现中国梦要进行伟大斗争。在新民主主义革命时期,党领导全国人民进行了反帝反封建的伟大斗争,包括抗日战争、解放战争、抗美援朝等。在社会主义建设中,党领导全国人民进行了社会主义改造、改革开放的伟大斗争。新时代,党领导全国人民进行着全面建成小康社会、实现中国梦的伟大斗争。二是实现中国梦要建设伟大工程。

这里的伟大工程是指党的建设伟大工程。历史证明中国共产党的领导是历史和人民的选择，是中国特色社会主义的本质特征，也是中国特色社会主义的最大优势。党的建设这一伟大工程包括党的政治建设、党的组织建设、党的思想建设、党的作风建设这四大子工程。实现中国梦是中国历史的必然走向，是人民的期望，是中国特色社会主义的本质和优越性的体现。三是实现中国梦要推进伟大事业。这里的伟大事业指的是中国特色社会主义伟大事业。推进伟大事业需要坚定不移地走中国特色社会主义道路，树立中国特色社会主义道路自信、理论自信、制度自信、文化自信，继续统筹推进"五位一体"总体布局、协调推进"四个全面"战略布局。时代青年社会责任教育要培养大学生的伟大斗争责任、建设伟大工程的责任、推进伟大事业的责任。

3.时代青年社会责任教育对实现复兴的中国梦作用

复兴意味着衰弱后再兴盛起来，是一个从兴盛到衰弱再到兴盛的螺旋式上升过程。中国梦是复兴的梦，意味着中国梦在中国历史上曾经出现过，中国要经历从兴盛到衰弱再到兴盛的过程。从历史来看，唐朝应该是中国古代历史上，当时世界上最强盛的国家。唐朝版图最大，科技、经济、文化、外交都很发达，先后经历贞观之治、开元盛世的盛唐时期。周边许多国家在经济、政治、文化等方面都受到唐朝的影响。"唐人""唐装""唐诗""唐人街"等一些我们耳熟能详的一些词汇，从侧面也反映出当时唐朝的地位和国内外影响力。中国的衰落从清朝晚期开始，最显著的标志就是鸦片战争。鸦片战争标志着中国开始进入半殖民地半封建社会，从此中国人民生活在水深火热之中。自此，中国人民开始了艰苦而漫长的反帝反封建斗争，但都以失败而告终。自从中国共产党成立后，中国的反帝反封建斗争焕然一新。在经过新中国的建立和改革开放，中国日益从衰弱走向兴盛。新时代，中国提出了实现中国梦的目标，意味着中国开始踏上了新的兴盛之路。以盛唐时期为代表的中国古代的辉煌是时代青年引以自豪的，通过这些辉煌历史的教育，让时代青年感到有责任再现中国辉煌的过去。同时，中国的衰弱也可以被视为一种对时代青年社会责任教育的契机。如果把中国古代的辉煌看成是顺境，那么中国近代的衰弱则可以看成逆境。抓住这一逆境对时代青年进行荣辱观教育、艰苦奋斗教育、自立自强教育，可以使时代青年化悲痛为力量，化耻辱为动力，为担当社会责任提供精神驱动力。

（二）时代青年社会责任教育对社会治理体系和治理能力现代化的重要性

所谓社会治理，就是政府、社会组织、企事业单位、社区以及个人等诸行为者，通过平等的合作型伙伴关系，依法对社会事务、社会组织和社会生活进行规范和管理，最终实现公共利益最大化的过程。社会治理的主体就是政府、社会组织、企事业单位、社区以及个人等。社会治理的客体就是社会事务、社会组织和社会生活等领域。社会治理主体间的关系是一种平等合作型的伙伴关系。社会治理的原则是依法依规进行规范管理。社会治理的目标是实现公共利益最大化。因此，在一定程度上来说，社会治理主体、社会治理客体、社会治理主体间关系、社会治理原则、社会治理目标这五要素构成了社会治理体系。如果给社会治理体系下个定义的话，可以阐述为：社会治理体系就是社会治理主体在一定的社会治理主体间关系中，按照一定的社会治理原则对一定客体实行系统的社会治理，实现一定社会治理目标。社会治理能力需要以社会治理体系为依托，社会治理能力不是一项单一能力，而是体系能力。如果把构成社会治理体系的五要素看成五个部分，那么社会治理体系则可以看成一个整体。根据整体与部分关系原理可知：整体功能之和不等于各部分功能之和简单地机械地相加，整体功能大于各部分功能之和。因此，社会治理能力也并不等于社会治理体系中每一个要素的简单相加，而是要体现在社会治理体系总体能力上。可以说，社会治理体系本身就是一种社会治理能力。

关于社会治理体系和治理能力现代化，党和国家提出了许多对策。如：十八届三中全会决定要求"创新社会治理体制"；十八届四中全会提出要提高社会治理法治化水平；十八届五中全会提出要加强和创新社会治理。建设平安中国，完善党委领导、政府主导、社会协同、公众参与、法治保障的社会治理体制，推进社会治理精细化，构建全民共建共享的社会治理格局。十九大报告提出"打造共建共治共享的社会治理格局。""加强社会治理制度建设，完善党委领导、政府负责、社会协同、公众参与、法治保障的社会治理体制，提高社会治理社会化、法治化、智能化、专业化水平。"可见，党和国家非常重视社会治理体系和治理能力现代化这一课题。理想的社会治理状态是善治，善治的特征是合法性、透明性、责任性、法治、回应和有效。在社会治理视域下，大学生的社会责任教育被赋予了更多新的色彩：民主参与、多元主体共治、对社会责任的公共理性认同、公正而尽责的校园文化建设、服务社会的责任长效运行机制等等，体现了大学生社会责任教育的现代性维度。

关于治理与社会责任教育的关系研究，主要认为社会责任的重要维度是积极维护民主政治：民主法治制度的建立和运行不仅取决于政治构架，更取决于公民的性质、公民的道德。民主法治制度为每一个公民提供了大量进行判断、选择和行动的机会，公民个体如果没有相应的文化水平和道德素质，不能通过承担相应的道德责任进行理性的判断、选择和行动，民主法治制度就不能进步，甚至不能维系。特里·L·库柏认为公民的核心责任之一是参与建构政体的过程。在这里，参与的质量和类型比单纯的参与数量更为重要，因此，参与不能仅仅限制在投票、运用选举制度或投入政治活动中。它要求一个可以于其中交流思想的政治社群，以便维持民主的建构和政体重构。参与的政治学强调个体公民对其他所有公民的自由的责任。阿伦特认为，每个社会成员只有行使了公民责任和义务，才算是一个真正的公民。换言之，不行公民之职即不是公民。公民是一种行为，一种实践，不只是一种形式身份。

从以上论述中可以认为时代青年社会责任教育对社会治理体系和治理能力现代化的重要性体现在以下方面。

1. 时代青年社会责任教育本身是教育治理体系和治理能力现代化的题中之义

社会治理是全社会各部门及个人共同参与的共同、共享治理，涉及社会的经济、政治、文化、生态等各方面，教育自然也属于社会治理中的一部分。因此，社会治理体系和治理能力现代化包括教育治理体系和治理能力现代化。教育治理也需要教育主管部门、学校、家庭、个人、社会等各方面的参与。教育主管部门为时代青年社会责任教育制定规划、监督实施、保障方向；学校是时代青年社会责任教育的承担者，负责具体实施；学生个人是时代青年社会责任教育的受教育者和自我教育实施者，需要发挥自我教育的主观能动性；社会是时代青年社会责任教育的载体。因此，时代青年社会责任教育涉及教育主管部门、学校、家庭、个人、社会等各方面，这些方面的有机协调、紧密配合是教育治理体系和治理能力现代化的体现。

2. 时代青年社会责任教育也是一种公民责任和义务的教育

各个国家对教育的共同要求就是培养能履行国家宪法所规定的职责、义务，能担负国家和社会责任的公民。德国教育家凯兴斯泰纳提出教育要以培养"公民"为目标，公立学校要培养"有用的国家公民"。"有用的国家公民"应该了解国家的任务、明确自己的职责、掌握必要的技能、承担国家给的工作、具备国家所要求的品德、服从国家利益。我国教育的目的就是培养"有理想、有道德、有文化、有纪律"的德、智、体、美、劳等全面发展的社会主义事业建设者和接班人，即合格的公民。从定义上来说，公民是指具有某一国国籍的，在享有该国法律规定的权利的同时，必须履行该国法律规定的责任和义务。公民享有的权利也是为公民更好地履行责任和义务服务。时代青年社会责任教育要以公民责任和义务教育为主要内容。

3.时代青年社会责任教育能促进时代青年的社会参与

按照美国著名教育家和心理学家布卢姆关于教育目标分类理论，可以把教育目标分为认知、情感和动作技能三个领域。社会责任教育目标也可以分为社会责任认知、社会责任情感和社会责任动作技能（社会责任动作技能实际上就是担当社会责任的能力，回答的是"以何种本事"来担当的问题）。可见，社会责任教育是一种多方面的综合性教育。社会参与也是一种多层次多方面的参与。多层次体现在社会参与是一个从低层次向高层次的过程，即：从对社会参与的认识到实际的社会参与。这类似于教育目标中的先认识，才能产生情感，最后做出行动。多方面体现在经济参与、政治参与、文化参与、生态参与等方面。时代青年社会参与要根据大学生自身特点和时代特点有选择性地进行有效参与。然而这需要对时代青年社会责任进行有效教育。

二、时代青年社会责任教育中观重要性考察

国家和社会属于宏观方面，社会由经济社会、政治社会、文化社会等构成，教育也包含其中。教育按不同标准有不同分法。按层次分，教育可分为学前教育、幼儿教育、基础教育、高等教育等。高等教育处在一个承上启下，左右衔接的特殊阶段，它承启着学生和非学生之间、非成人和成人之间的转换，它衔接着社会各方面。如果说思想政治工作是一切工作的生命线，那么高校思想政治工作是高校一切工作的生命线，对高校的发展至关重要。时代青年社会责任教育的中观重要性体现在以下方面。

（一）时代青年社会责任教育对高校思想政治工作的重要性。

高校思想政治工作主要包括两方面：一是高校思想政治教育。主要指高校思想政治理论课。二是高校思想政治教育之外的思想政治工作。主要指高校思想政治理论课的规划设计，高校共青团工作，高校课外实践活动，高校教职工、行政管理人员的政治教育，等等。时代青年社会责任教育对高校思想政治工作的重要性体现在以下方面。

1.时代青年社会责任教育是高校思想政治工作的一项重要内容

高校思想政治教育是高校思想政治工作的重中之重。通过思想政治教育，提高高校思想政治工作相关人员的思想政治素质，有利于使他们自觉做好高校思想政治工作的方方面面。高校思想政治工作归根到底是做人的工作，高校思想政治教育归根到底也是做人的工作。除此之外，高校思想政治工作还包括以下方面。一是高校思想政治工作指导思想的宣传。高校思想政治工作

的指导思想包括马克思列宁主义、毛泽东思想、邓小平理论、"三个代表"重要思想、科学发展观、习近平新时代中国特色社会主义思想及习近平关于高校思想政治工作重要论述。高校思想政治工作要确保方向正确，就必须在高校宣传这些指导思想并认真学习领会。二是坚持和落实高校思想政治的原则性工作。高校思想政治的原则性工作包括坚持党对高校思想政治工作的领导，把党的建设贯穿高校思想政治工作始终。坚持高校思想政治工作的社会主义方向，坚持马克思主义指导地位，坚持以全校师生、教职工为中心，更好为现代化高校建设服务。坚持思想政治工作的全员全过程全方位育人理念，形成思想政治理论课育人、思想政治工作科研育人、思想政治教育实践育人、思想政治工作管理育人相互配合的长效机制。三是加强高校思想政治工作的价值引领。高校思想政治工作要引领高校社会主义核心价值观，中华优秀传统文化、革命文化、社会主义先进文化，高校思想政治理论课，高校马克思主义学院建设等方面工作的落实。四是做好高校哲学社会科学等学科专业的思想政治教育工作。将思想政治教育融入哲学、历史学、政治学、法学、经济学、社会学、民族学、人口学、宗教学、新闻学、心理学等学科，并加强这些融合学科的教材教学体系的开发。五是加强高校教师队伍、管理队伍建设。要提升高校教师、管理人员的思想政治素质，加强师德师风建设，增强教师教书育人的责任担当和管理人员的管理育人意识和本领。六是全面深化高校思想政治工作改革创新。以改革创新精神推动高校思想政治工作，加强学生互动社区、主题教育网站、课外实践活动，组织师生参加社会实践活动，加强实践教学基地建设。把思想政治教育与解决实际问题相结合。要健全高校思想政治工作评价体系。以上高校思想政治工作的"六个方面"都是围绕大学生、服务大学生、发展大学生进行的。要服务好、发展好大学生，除了靠高校教职工的不懈努力，还要靠新时代广大大学生自身的努力。要发挥他们的努力，则需要对他们进行责任教育，尤其是社会责任教育。使他们明白担当社会责任是需要付出努力的。

2. 时代青年社会责任教育能提高高校思想政治工作的成效

高校思想政治工作是一项系统工程，需要各部门各方面紧密配合。时代青年社会责任教育的主渠道是高校思想政治理论课。如：在"思想道德修养与法律基础"这一门课程中，当学习"绪论"中"我们处在中国特色社会主义新时代"时，可讲授"新时代"含义及特征，新时代对大学生意味着什么等内容，在学习"时代新人要以民族复兴为己任"时，可结合"时代青年社会责任教育"这一主题。在"马克思主义基本原理概论"这一门课程中，当学习"事物的普遍联系与永恒发展"这一章和个人与社会的辩证关系等内容时，可联系社会责任、家庭责任、个人责任，讲授"社会责任、家庭责任、个人责任的普遍联系和永恒发展"。在"毛泽东思想和中国特色社会主义体系概论"这一门课程中，可结合新民主主义革命时期的社会责任是"革命"，社会主义建设时期的社会责任是"建设"，新时代中国特色社会主义时期的社会责任是"中国梦"来讲授。在"中国近现代史纲要"这一门课程中，可从青年、大学生等进步人士的争取国家解放、民族独立的斗争史中，揭示他们的社会责任感。可以以这些勇于担当社会责任的青年、大学生等进步人士为榜样，进行时代青年社会责任教育。在"形势与政策"这一门课程中，可结合热点难点问题，如，可引导大学生思考讨论中美贸易摩擦对时代青年担当社会责任有什么启示？等问题。时代青年社会责任教育的重要载体之一是高校共青团工作，时代青年社会责任教育的有效开展有利于高校共青团工作的顺利开展。高校共青团是共产主义青年团在高校中建立的基层组织，是团结教育高校内广大大学生的核心力量，受上级团组织和高校基层党组织的领导。其主要任务是：在中国共产党领导下，发挥高校共青团员的带头示范作用，以共产主义精神，共产主义道德教育广大大学生，引导他们用马克思列宁主义、毛泽东思想、邓小平理论、"三个代表"重要思想、科学发展观、习近平新时代中国特色社会主义思想武装头脑，帮助他们努力掌握现代文化科学知识和生产技能，积极参加社会活动、生产劳动、公益活动以及文体活动，同时还要关心广大大学生的生活，促进他们身心健康发展。时代青年社会责任教育重点对象在共青团员，主体在广大大学生，主要任务在于培养时代青年的马克思主义、科学文化的学习责任感和参加社会活动的实践责任感。另外，高校教职工、行政管理人员是时代青年社会责任教育的教育者，根据教育者与受教育者相互转换原理，他们在对时代青年进行社会责任教育的同时，自己也受到了社会责任方面的教育，自己的责任感也得到一定提高，因而更有利于时代青年社会责任教育和高校思想政治工作的开展。

（二）时代青年社会责任教育对高校发展的重要性

发展是硬道理，是高校竞争的主要抓手。在当前"双一流"高校建设及各类高校排名的大背景下，各高校都在利用一切可利用的资源，深抓一切可抓住的机遇促进自身发展。发展意味着前进，前进一方面需要发挥引力的牵引作用，另一方面又需要发挥推力的助推作用。前进的道路是曲折的，也避免不了上下起伏，这样，有可能引力和推力的方向不一致。因此，为了保证引力与推力发挥在同一水平上的同向合力作用，需要设置一种方向力，以保证引力和推力的正确方向。高校的发展也是如此，需要发挥引力、推力、方向力的共同作用。我们知道，力的产生需要施力者。同样，高校发展的施力者之一就是时代青年社会责任教育。

1. 时代青年社会责任教育是高校发展的引力

高校发展要走内涵式发展道路，内涵式发展需要提升高校文化内涵，这就需要加强高校文化建设，发挥高校文化引力的作用。我国高校发展在取得举世瞩目成就的同时，也出现一些诸如功利化发展、竞技化教育、空壳化内涵等问题。这些都与高校文化建设有关。而高效文化建设的关键是增强高校文化自信。如果说"没有高度的文化自信，没有文化的繁荣兴盛，就没有中华民族伟大复兴"，那么也可以说"没有高度的高校文化自信，没有高校文化的繁荣兴盛，就没有高校的长远发展"。高校文化自信和高校文化繁荣是高校发展的题中之义。高校文化自信体现在多个维度和多个领域。高校文化建设是高校文化自信的重要组成部分。加强高校文化建设，展示并宣传高校文化建设的辉煌成就，有利于增强高校文化荣誉感，提升高校文化自信。高校文化自信的提高反过来推动高校文化建设，二者相互促进。大学生是高校的主体，占高校人数的绝大部分，也是高校文化的主要建设者和受益者。在某种程度上说，大学生的整个文化形象代表着这所高校的文化。因此，时代青年对塑造自身良好的文化形象负有义不容辞的责任，高校文化建设要抓好时代青年的文化形象塑造工程。而抓好时代青年的文化形象塑造工程，除了要系统规划、整体推进、突出重点，还要加强时代青年社会责任教育。

2. 时代青年社会责任教育是高校发展的推力

推力一般在事物的后面起推动作用。高校发展除了在前面起牵引作用的引力之外，还有在高校发展后面起推动作用的推力。推力的产生源于一种倒逼机制。高校发展也有两种倒逼机制。一是"双一流"建设带来的倒逼机制。"双一流"建设，即：世界一流大学和一流学科建设。这是国家为建设教育强国，继"211工程""985工程"之后的又一国家战略。这有利于提高高校的综合实力和国际竞争力，为实现中华民族伟大复兴中国梦提供智力支持。入选"双一流"的高校在很多方面都会得到国家的支持。中央和地方财政将高校开展"双一流"建设纳入财政预算。国家将鼓励有关部门和有关行业企业参与"双一流"建设，这样"双一流"高校的发展有了更多的资源。因此，各高校都把争取入选"双一流"作为自己的奋斗目标。另外，"双一流"高校的遴选也会打破终身制。这在给高校发展带来机遇的同时，也给高校带来了一定的压力，这就倒逼着高校要不断进取。二是高校排名带来的倒逼机制。"排名"现象在当今竞争社会具有普遍性，这是竞争的结果，也是发展的动力。

高校领域也存在各级各类排名。如，世界 100 所著名大学排行榜，各个国家的大学排行榜，中国校友会对国内大学的排名，等等。还有分门别类的排名，如综合类高校排名、理工类高校排名、财经类高校排名。另外，我国的"211工程""985 工程"以及我们常说的一本、二本、三本，说到底也是高校的一种排名。高校排名是高校综合实力的显性表现，关系到高校发展所需各种资源的获得，也关系到生源质量。这些排名基本上都是实行滚动制，今天的排名成绩并不代表明天的排名成绩。因此，面对各种排名，没有一所高校甘愿落后，这就倒逼着高校丝毫不能放松。高校发展的任务一部分落在时代青年的肩上。时代青年在担当社会责任，实现中华民族伟大复兴中国梦的同时，也要担当起促进高校发展的责任。因为中华民族伟大复兴中国梦也包括高校的发展之梦。

3. 时代青年社会责任教育是高校发展的方向力

虽然高等教育中的理工科、医学等自然科学无国界，也无阶级属性，但是某些人文社科还是带有阶级属性的。在我国，公办高校占绝大多数，这从另外一个角度来看，也是高等教育阶级性、国家性的体现。我国是无产阶级领导的人民民主专政的社会主义国家。因此，我国高校发展要朝着这一方向。具体来说，一是我国高校发展要以无产阶级为领导。无产阶级具有其他阶级无法比拟的优越性。而中国共产党是由无产阶级中先进分子组成，更具有优越性。因此，我国高校发展说到底要以中国共产党为领导。历史已经并继续证明中国共产党是中国革命、建设事业的领导核心，中国共产党是中国特色社会主义事业的领导核心。中国共产党也是一个负责任的党。中国共产党自从成立之后，就一直担当起反帝反封建，建设新中国的历史责任。中国共产党历来也重视加强和改进党的建设。无论是党的组织建设、思想建设、作风建设，最终目的都是提高党的革命能力和执政能力，更好地担当起自身的社会责任。时代青年大多数积极上进，要求进步，积极入党。他们是未来党的重要有生力量，因此，也要加强和改进时代青年社会责任教育。二是我国高校发展要将人民民主与专政相结合。人民民主与专政是我国的国体。另外，我国一直都有家国同一的思想传统，家，即是国。国，即是家。我们知道，人具有社会性，都隶属于某个组织。大学生隶属的最大组织就是国家，其次是高校，最后是家庭。时代青年是人民当中的一个群体，也是高校中的主体。因此，高校发展也要充分发挥大学生的民主。时代青年社会责任教育有利于时代青年承担起坚持社会主义方向的社会责任，为我国高校朝着姓"社"方向发展贡献力量。

三、时代青年社会责任教育微观重要性考察

家庭和个人相对于国家和高校来说是一对微观范畴。大学生阶段是未成年人向成年人过渡的关键阶段，也是身心由不成熟走向成熟的阶段。也是一个矛盾复杂体，一方面有一定的独立性，另一方面又有一定的依赖性。一定的独立性指的是在一定程度上独立于家庭，主要是空间与时间上与独立于家庭。一定的依赖性指的是在一定程度上依赖于家庭，主要是经济上和亲情上的依赖。另外，鉴于大学生处在向成人过渡阶段，思维、认知等方面都具有某些成人特性，而成人面临着就业、结婚、生子的人生主题与人生压力，这势必催生大学生的责任意识，落实到大学生个人。因此，时代青年社会责任教育的微观重要性体现在以下方面。

（一）时代青年社会责任教育对大学生"初生家庭"和"后生家庭"的重要性

这里提到的"初生家庭"指的是由大学生、父母、兄弟姐妹等组成的家庭。"后生家庭"指大学生成家立业时组建的家庭。家庭是社会的细胞，家庭责任也是社会责任的一部分。一个不能很好担当起家庭责任的人很难指望其能够很好地担当起社会责任。在全面建成小康社会，实现中华民族伟大复兴的时代。更要从小范围入手，建成"初生家庭"小康，为全面建成小康社会贡献力量，实现"初生家庭"的家庭复兴梦，为实现中华民族伟大复兴添砖加瓦。时代青年社会责任教育对大学生"初生家庭"的重要性体现在以下方面。

1.时代青年社会责任教育有助于增强"初生家庭"的荣誉感

孩子既是祖国的未来，国家的栋梁，又是"初生家庭"荣誉所在。我国自古以来就有"学而优则仕"，"万般皆下品，唯有读书高"的思想，通过读书考取功名是我国长达几千年封建社会中家庭的梦想。学习责任是时代青年所要担当的一个重大责任。时代青年要自觉把学习习近平新时代中国特色社会主义思想作为自己的一大学习责任，并自觉以习近平新时代中国特色社会主义思想为指导，建设好、发展好、维护好"初生家庭"。

2.时代青年社会责任教育是"初生家庭"教育的重要组成部分

一个人一生所接受的教育一般包括家庭教育、学校教育、社会教育。其中，家庭教育对一个人的一生起着启蒙作用，对一个人起着深远影响，在一定程度上影响到学校教育、社会教育的成效。在"初生家庭"中，父母是孩子的第一任老师，兄弟姐妹则是孩子的同班同学。父母以高度的责任感抚养

教育孩子，并同样以高度的责任感赡养父母的父母。这种尊老爱幼的良好家风多少都会在孩子的心灵留下痕迹，继而影响到孩子读大学时的责任思想，"高校应致力于培养学生感恩家庭、感恩父母的责任意识"。在"后生家庭"中，大学生在"初生家庭"中家庭责任教育的成果会在"后生家庭"中继续发挥作用。在"后生家庭"的组建中，一般认为先成家后立业，这是基于"家庭是一个人事业的保障"这一认识。而现代社会，先立业后成家占的比例也越来越多。立成业，可以证明一个人的能力、才华、经济基础，也是一个人能够承担对"后生家庭"责任的一个有力证明。以大学生恋爱为例。大学生"初生家庭"父母的婚姻状况会对子女的婚恋产生一定影响。父母婚姻稳固、关系和睦、彼此忠诚。一般而言，子女在大学时对恋爱也会认真对待。这种认真，负责任的恋爱观也会带到未来的"后生家庭"中。

（二）时代青年社会责任教育对大学生个人"公民"身份塑造的重要性

大学生具有"子女""学生""公民"等多种身份，其中"公民"身份存在的时间最长。时代青年"公民"身份塑造需要通过公民教育来进行。什么是公民教育？可以从不同角度来理解。从受教育主体角度看，公民教育可以理解为公民受到的教育，这层意义上的教育包括学前教育、义务教育、高等教育，在职教育、成人教育、校内外等各种教育。从实质内容来看，公民教育可以理解为根据一个国家或社会的要求，培养所属成员的爱国心、公德心、责任心以及履行公民权利和义务，承担相关责任的品格和能力。根据公民的内涵特征，公民教育的内涵还可以从以下方面理解：第一，从公民教育对象方面来理解。公民教育在某种意义上可以理解为对公民的教育，但由于公民具有身份相对性特点，某个人在某一时刻某一地点是公民，也许在另一时刻另一地点不是公民，这是我们无法预料的，所以公民与非公民都是公民教育的对象。第二，从公民教育内容方面来理解。公民教育的内容包括培养公民对国家制度、法律法规、方针政策以及对国际法、国际各类组织颁布的国际条例的合理认同和国家、国际主体意识，也包括公民积极参与国家、国际事务的理论知识、实践能力内容，还包括权利义务相统一、民主法治、平等、自由等观念的培养。第三，从公民教育目标方面来理解。公民教育的目标是培养有公民意识、有公民觉悟、有公民能力、有公民行动的"四有"公民，包括国家公民和世界公民。尽管对公民教育存在多种理解，但总的来看，公民承担着多种社会责任。公民教育在某种意义上也是一种社会责任教育。因此，公民教育对时代青年社会责任教育及时代青年"公民"身份塑造有重要作用。

1. 时代青年社会责任教育是大学生个人"公民"身份塑造理所当然的路径

从公民的概念看，公民指具有某国国籍，并根据该国法律规定享有权利和承担义务的人。公民的政治权利指公民依法享有参与国家政治生活的权利。具体有：公民的选举权和被选举权，参与国家管理的权利。公民的基本义务是国家对公民最重要和最基本的法律要求，是公民必须履行的最基本和最主要的责任。具体有：维护国家统一和各民族团结；遵守宪法和法律，保守国家秘密，爱护公共财产，遵守劳动纪律，遵守公共秩序，尊重社会公德；维护祖国的安全、荣誉和利益；保卫祖国、依法服兵役和参加民兵组织；依法纳税。从公民的义务看，公民义务的履行有利于社会和谐稳定地发展。从公民的权利看，公民权利的获得是履行公民义务，促进社会和谐稳定发展的前提。权利与义务的统一理所当然为时代青年社会责任的履行提供了理论基础，也坚定了时代青年社会责任教育的信心。

2. 时代青年社会责任教育能加强大学生对"公民"身份的认同

身份认同是对主体自身的一种认知和描述，一般指个人与特定社会文化的认同和归属的认同，这种归属包括国家归属、集体归属、社会归属等。身份认同涉及"我是谁？""我从何处来？""我要到何处去？"这三个问题。身份认同主要是由主体的个体属性、历史文化和发展前景组成的文化认同。身份认同可以从三个维度进行分析：从集体维度看，公民的身份认同指主体在两个或两个以上不同文化群体之间进行选择，选择结果是将一种文化群体视为自己的归属；从自我维度看，公民的身份认同指公民以自我为核心的自我心理和身体体验；从社会维度看，公民的身份认同指公民的社会属性。可见，大学生对"公民"身份的认同是一种文化认同，这种文化认同涉及大学生群体认同、个人认同和社会认同。众所周知，文化的传承主要靠教育，教育具有个体功能和社会功能。时代青年社会责任教育能传承古今中外有关社会责任的文化，促进时代青年的"公民"身份认同，有利于时代青年个体发展，也有利于时代青年承担社会责任，以负责任的态度促进社会发展。

3. 时代青年社会责任教育能加强大学生对"公民"身份的践行

在时代青年对"公民"身份认同的基础上，要及时通过社会责任教育促使时代青年对"公民"身份的认同向实践转化。另外，时代青年社会责任教育是否取得良好的效果不是看大学生们对社会责任教育相关知识的了解、情感的表达，而是看他们表现出的社会责任行为习惯。而社会责任行为习惯的养成要靠人们不断地学习，也即是社会责任教育。一方面，时代青年社会责任教育能融入大学生教育全过程。时代青年社会责任教育广泛存在于高校思想政治理论课、专业课、非专业课及课外活动之中，能落实到教育教学各方面和管理服务各环节，能形成课堂教学、校园文化、社会实践多位一体的育人模式。在社会实践方面，时代青年社会责任教育能通过完善社会责任实践教育教学体系，开发社会责任教育实践课程和活动课程，加强社会责任教育实践育人基地建设。另一方面，时代青年社会责任教育能融入大学生生涯发展实践和校园治理中。大学阶段是一个人生涯发展中重要阶段。一个人生涯发展好坏离不开生涯发展教育，尤其是责任教育。从马克思主义哲学角度看，生涯发展体现了联系的、发展的辩证唯物主义思想，把人的一生看成一个整体。同时，在人的一生中，突出大学阶段这一重点，体现了两点论与重点论的统一。"幸福都是奋斗出来的"，中国特色社会主义建设进入新时代。这一新时代是"幸福"的时代，也是"奋斗"的时代，时代青年的幸福也是奋斗出来的。奋斗是人生的一种态度，是一种对自己人生负责的态度。时代青年社会责任教育也是一种负责任态度的教育。传统的校园管理，学生几乎处于与"财""物"同等地位，校园治理则发挥"人""财""物"综合作用，突出学生以平等身份同其他人员共同参与校园治理，体现了学生所负的责任。

第二节 时代青年社会责任教育的内容

新时代大学生社会责任教育的内容是一个体系，内容的设定是在"两点论"和"重点论"相结合这一马克思主义哲学思想指导下进行的。"两点论"要求新时代大学生社会责任教育要顾及多方面，包括基本内容和重要内容。"重点论"要求新时代大学生社会责任教育要突出重点。

一、时代青年社会责任教育的基本内容

时代青年社会责任教育的基本内容包括认知教育、情感教育和行为塑造。根据人的思想行为发展规律可知：认知是情感和行为的基础，情感是认知转化为行为的纽带，行为是认知和情感的目的。因此，时代青年社会责任认知教育、情感教育和行为塑造是一个相互联系的整体。

（一）时代青年社会责任认知教育

认知是精神的基础和主体。只有知之全、知之深、知之切、知之透，并将"知"上升为"信"，方可付诸行动，在行动前，才可能做认真的全面的细致的准备，才可能全力以赴，保证责任的全部实施，从而获得好的成就。只

有知之关切，才能行之迅速；只有知之通透，才能行动彻底。知行合一，言行一致，是诚实守信的表现，也是人格健全的表现。认知主义理论认为，形成责任行为是个体与环境间相互作用的结果，是一个生态的过程，只有当环境的刺激因素能够作用个体关于责任的认知结构时，个体关于责任的认知结构才会发生同化或顺应，这样个体关于责任的心理结构才会发生改变，继而改变责任行为的方式。时代青年社会责任教育中认知的重要性在于认知是获得与应用的必经阶段。学习是人类进步的重要途径，也一直都是我们党永葆生机的不竭动力。时代青年社会责任认知教育就是要重视对社会责任的学习，把社会责任学习作为提升时代青年承担社会责任能力的手段。时代青年社会责任认知教育的任务就是使时代青年对社会责任有一个完整的认知，具体包括以下三方面。

1.社会责任是什么

通过认知教育使时代青年明白社会责任的真正含义，而不仅仅是字面上的意思。一般认为，社会责任是一个组织对社会应负的责任，是组织道德管理的要求和出于义务的一种自愿行为。对于诸如公司、企业等经济体来说，社会责任是一种超越法律上和经济上的义务。马克思主义认识论认为：人们对事物的认识是一个由浅入深，不断发展的过程，要透过现象看到事物的本质。因此，时代青年也应该要透过社会责任的现象看到社会责任的本质。而社会责任的本质体现在社会责任的特征之中。一是社会责任具有自觉性。社会责任的承担要靠承担者的自觉，社会责任承担者只有在思想上自觉承担起社会责任，才能使思想和行为保持一致，才不会推卸责任。二是社会责任具有道德性。责任分为两种：一种是指责任承担者分内应该做的事情，如：岗位责任、职业责任、家庭责任等。这种责任实际上是一种角色义务责任。另一种是责任承担者份内没有应该做某件事情的义务，而是一种分外之事。这种分外之事更能体现一个人的奉献精神。如：一个人除了在自己的岗位上尽职尽责之外，还想着能为社会能做点什么，这表明这个人具有某种社会道德品质。三是社会责任具有评价性。社会责任承担的情况如何？如何进一步改进完善社会责任的承担？这需要社会对此做出评价。以上是社会责任的普遍特征。然而对于时代青年而言，他们的社会责任又具有特殊性，可以从不同角度来看待社会责任。一是作为一种世界观的社会责任。从世界观的角度看，社会责任具有世界观的特性。世界观是指人们对世界总的看法，社会责任是整个世界的一部分，因此，人们对社会责任的总的看法就形成一种社会责任观。这种社会责任观具有辩证唯物主义和历史唯物主义的性质。如，社会责任与社会权利是一致的，不可分割的。两者是互动的，没有社会责任就没有社会权利，反之，没有社会权利也就没有社会责任。社会责任存在于整个历史过程中，不因人们是否意识到，社会责任依然客观存在。二是作为一种政治观的社会责任。从政治观角度来看，社会责任具有政治观的特性。政治观指人们对政治现象、政治活动、政治关系、政治制度等方面的根本观点。政治是伴随着社会产生而产生的，人具有社会性同时也具有政治性，社会发展离不开政治的有效运作，对社会责任的承担也体现了一种政治担当。因此，社会责任认知也是一种政治认知。三是作为一种法治观的社会责任。从法治观角度看，社会责任具有法治观特性。法治观是人们关于法律制度和依法治理的根本看法。社会的和谐发展离不开稳定环境，稳定环境的创设离不开法治。责任和权利的统一是法律所规定的，社会责任要靠全体社会成员共同承担。如何共同承担？一方面靠人们的自觉，另一方面要靠法律的规定。因此，社会责任认知也是一种法治认知。四是作为一种人生观的社会责任。从人生观角度看，社会责任具有人生观的特性。人生观指人们对人生目的和意义的根本看法。人生的目的、意义和价值更大程度上在于对社会的奉献，奉献社会是社会责任承担的价值方向。因此，社会责任认知也是一种对人生目的、意义和价值的认知。

2. 为什么要承担社会责任

人们对社会责任的认知除了知道社会责任是什么，还要知道为什么要承担社会责任。只有知道了为什么要承担社会责任，才能促使人们更进一步对社会责任进行深刻地认识。认识越深刻，行动就越自觉。人的任何行动都是在一定意识指导下发生的，并且这种行动只有符合人的主观目的才能发生。人们承担社会责任的行动只有在了解承担社会责任的目的、意义和价值的基础之上才发生。历史唯物主义关于社会存与社会意识关系的哲学原理是社会历史发展的一条重要规律。这条规律就是：社会存在决定社会意识，社会意识是社会存在的反映，社会意识对社会存在具有能动作用。那么这种能动作用是如何发生的？其中，对"为什么要承担社会责任"这一问题的认知在这种能动作用中起到一种催化剂的作用。时代青年为什么要承担社会责任？其原因在于时代青年承担社会责任对国家、社会、学校、家庭和个人都有重要作用，有利于实现中华民族伟大复兴中国梦，有利于推进社会治理体系和治理能力的现代化，有利于提高高校思想政治工作水平，有利于促进高校各方面的发展，有利于家庭和睦、和谐美满，有利于个人公民身份的塑造等等。

3. 怎样承担社会责任

判断一个人是否是一个具有社会责任感、勇于担当的人，其判断标准主要不是看这个人对"社会责任是什么"和"为什么要承担社会责任"的认知，而是看这个人是否在社会实践当中切切实实地用行动履行着社会责任。如果说"社会责任是什么"和"为什么要承担社会责任"这两个问题是两个理论层面的问题，那么"为什么要承担社会责任"这一问题是一个实践层面的问题。作为时代青年，怎样承担社会责任？。时代青年要有以下认知。首先，要认真学习并深刻领会习近平新时代中国特色社会主义思想，尤其是习近平关于青年问题及高校思想政治工作的有关论述。以此作为时代青年在高校学习和生活中以及毕业后的工作和生活中乃至一生中的指导。其次，要努力学好本专业的知识，掌握好本专业的相关技能，做到学一行、爱一行、精一行，同时要博览群书，尤其是中华优秀传统文化以及革命文化，全面提高自己的素养。再次，要积极参加实践活动，如志愿服务，创新创业和社团活动等。这些活动能使自己在真正步入社会之前体验并学习一下怎样承担社会责任，因为在实践活动中，每个学生都有自己的任务和职责。最后，要保持积极乐观、向上进取、艰苦奋斗的状态，及时调整心态，保持自己身心健康，珍爱生命。这些都是承担社会责任的"本钱"。

（二）时代青年社会责任情感培养

情感是人们对客观存在的事物是否满足自己的主观需要而产生的态度体验，当客观存在的事物满足自己的主观需要时，人们心理会产生喜爱、满足、成就、乐观、坚持、上进等积极的体验。当客观存在的事物不能满足自己的主观需要时，人们心理会产生厌恶、失落、沮丧、悲观、退缩、不思进取等消极的体验。情感教学理论认为个体的责任行为是个人本能的需要，是每个个体发展到一定的心理阶段都会产生的需要。所以教育的目的是在于促成学生成为一个完善的人，这样个体关于责任行为的需要及完善的需求也会得以满足。时代青年社会责任情感则是时代青年对社会责任是否满足自己的主观需要而产生的态度体验，当社会责任满足自己的主观需要时，时代青年心理会产生喜爱、满足、成就、乐观、坚持、上进等积极的体验，就会认真承担起自己的社会责任。当社会责任不能满足自己的主观需要时，时代青年心理会产生厌恶、失落、沮丧、悲观、退缩、不思进取等消极的体验，就会推卸自己的社会责任。情感是一种态度体验，人是一种具有情感的动物。一般而言，人的情感是在人的成长中自然形成的，这为情感的培养提供了依据，表明情感是可以培养的。然而在自然环境中自然产生的情感有好坏之分、积极与消极之分、高尚与低俗之分。这就需要依靠教育的力量使好的、积极的、高尚的情感朝着更好的、更积极的、更高尚的方向发展，避免情感朝着坏的、消极的、低俗的方向发展。时代青年社会责任情感的培养要依靠时代青年社会责任教育，使时代青年的社会责任情感朝着更好的、更积极的、更高尚的方向发展。因此，时代青年社会责任情感的培养是时代青年社会责任教育的内容。然而，时代青年社会责任情感培养又包括以下两大方面。

1. 时代青年社会责任情绪培养

情绪是人们对客观事物的反应，社会责任情绪则是人们对"社会责任是什么""为什么要承担社会责任""怎样承担社会责任"等问题的反应。人们的情绪丰富多彩，按不同标准可以分为不同种类。按基本情绪分类，情绪可以分为四大类，即：喜、怒、哀、惧。按情绪产生的功能来分，情绪可分为正性情绪和负性情绪。按情绪状态分，情绪可以分为心境、激情和应激三种情绪状态。心境是一种微弱、平静、持久的情绪状态，激情是一种短暂而强烈的情绪状态，应激是一种在出乎意料的紧急情况下的适应性反应。情绪具有信息传递功能、动力功能、调节功能和保健功能，并对学业、身心健康和人际关系有重要影响。因此，人们要保持良好的情绪。由于大学生社会责任在新时代背景下得到凸显，时代青年所承担的社会责任比以前多，比以前重。在承担社会责任过程中会产生情绪上的困扰，影响了自己的学业、身心健康和人际关系。因此，要培养时代青年良好的社会责任情绪。从哪些方面入手培养？一是培养时代青年社会责任的正面情绪。在人的四大基本情绪中，"喜"是正面情绪。"喜"是人们期望的目标达到自己要求或需要得到满足之后，之前的紧张感得到解除时的快乐情绪体验。按其由弱到强的程度可分为：满意、愉快、欢乐和狂喜。时代青年社会责任情绪的培养包括社会责任的满意情绪培养、社会责任的愉快情绪培养、社会责任的欢乐情绪培养和社会责任的狂喜情绪培养。这些不同强度的社会责任正面情绪是依据时代青年对社会责任目标的设定以及目标的实现情况而定的。二是抑制时代青年社会责任的负面情绪。培养人们的正面情绪既要从正面情绪入手，也要从负面情绪入手，以便扬长避短。在人的四大基本情绪中，"怒""哀""惧"是负面情绪。大学时期是人生发展的一个重要时期，也是情绪多变的时期。培育时代新人的目标赋予了时代青年更高的要求，更多的任务。这在一定程度上给时代青年带来了一定的情绪困扰，如，担心自己承担的责任完成不了而产生焦虑、抑郁等不良情绪。三是稳定时代青年社会责任情绪的状态。社会责任情感培养从某种意义上来说是一种心理健康教育。在时代青年社会责任情绪培养中存在对社会责任持有的心境、激情和应激这三种情绪状态。这三种情绪状态都存在时代青年当中，有的心境占的比例多点，有的激情占的比例多点，有的应激占得的比例多点。主要依据时代青年的自身情况，社会责任的性质和周围环境。一般认为，时代青年对社会责任要保持一种平静和持久的心境状态，在疲乏困顿时要有勇于承担社会责任的激情，在承担社会责任过程中遇到紧急情况要有必要的应激反应。四是掌握时代青年社会责任情绪的调适方法。大学生情绪有时不稳定，需要自我调适。不稳定的情绪来源于不合理的观念，如绝对化要求、过分化概括、糟糕至极。如"我必须把社团交给我的任务完成"，有这种要求固然好，但是并不是每个人都能按照要求按时按质按量地完成。在完成任务，履行职责过程中，偶然的不顺利、不顺心被大学生看成是必然的事，从此认为自己不行，彻底否定自己。为此，要适当地宣泄情绪，积极的自我暗示，通过放松训练、音乐调节、想象放松等方法进行调节。

2.时代青年社会责任感情培养

感情与情绪有联系又有区别。情绪一般指短暂而强烈的具有情景性的主观反应。感情一般指稳定而持久的、具有深沉体验的主观反应。情绪带有感性成份多点，而感情带有理性成分多点。时代青年社会责任情感培养就是要实现从情绪培养向感情培养的转变，以便使时代青年从内心深处认同社会责任，把承担社会责任作为自己的本职工作。如何实现这种转变？需要从意向走向态度，从态度走向信仰。因此，时代青年社会责任感情培养包括以下三部分。一是意向培养。意向，即：意念的指向，心之所向，是个体对客观事物反应倾向，是行为的准备状态，表现为人们的欲望、希望、愿望等反应，是对行为的内在意识过程，这一过程是对行为目标的关注。社会责任意向是人们把自己的所思所感所为指向社会责任这一领域，并为承担社会责任进行的人、财、物方面的准备。时代青年社会责任意向培养主要任务就是聚焦时代青年对社会责任的关注。二是态度培养。态度是指人们对特定对象所持有的一种稳定心理倾向。这种心理倾向蕴含着人们的主观评价。可见，态度具有一定的稳定性和可评性。只有稳定性，才能发挥持久作用，只有稳定性才方便被评价，只有被评价，才能扬长避短，不断进步发展。时代青年只有形成对那份社会责任所持的良好态度，才能始终如一地承担起社会责任，才有可能获得来自社会对自己的评价，一方面从正面评价中获得成就感和满足感，坚定继续承担社会责任的信心，另一方面从负面评价中得知自身的短处和需要完善之处，以便及时改进。这样反过来有利于良好的社会责任态度的培养。三是信仰培养。信仰是指人们对某种思想或宗教以及对某人某物的信奉和敬仰，把某种思想作为自己的人生指导思想，把某人作为自己的行为准则和榜样，即使遇到困难时，也能尽自己最大努力，甚至不惜一切代价克服困难，继续前进。信仰带有理智的主观色彩。信仰的力量是伟大的，因为有理智做基础。时代青年应该把社会责任信仰作为自己的人生指导，把在承担社会责任中表现良好的同学、朋友作为自己学习的榜样。同时，用习近平新时代中国特色社会主义思想夯实自己的理智，使信仰在承担社会责任中发挥巨大的潜能。

（三）时代青年社会责任行为塑造

行为是认知与感情的外化表达，行为是探知认知与感情的路径。时代青年社会责任行为是社会责任认知与社会责任情感的外化表达，社会责任行为是探知社会责任认知与社会责任感情的路径。时代青年社会责任行为塑造具体包括以下两方面的内容：

1. 时代青年社会责任行为塑造的心理学考察

从心理学角度考察，行为塑造是指通过各种强化手段来矫正人们的行为，使之逐渐接近某种适应性行为模式的强化手段，是根据斯金纳的操作条件反射研究结果而设计的。行为主义理论认为学习即"刺激—反应"之间联结的加强，教学的艺术在于如何安排强化。责任与道德形成的关键在于学习与强化。当积极的责任行为发生时，应该加以正强化，如鼓励、表扬、奖励等，使积极行为持续下去；当消极的不负责任行为发生时，应加以负强化，如批评、惩罚等，使消极行为减少。通过强化过程，能够对个体的责任行为进行塑造。在行为塑造过程中，多采用正强化的手段，正强化是一种鼓励，鼓励正确行为的产生。一旦符合人们需要的行为出现，就立即给予正强化，直到一种新的习惯性正确行为产生。必要时也可采取负强化，负强化是一种惩罚，惩罚错误行为的产生。一旦不符合人们需要的行为出现，就立即给予负强化，直到一种旧的习惯性错误行为消失。在行为塑造过程中，应该根据行为人和环境的具体情况，将正强化与负强化结合起来使用。因此，应该结合中国特色社会主义进入新时代这一大环境以及时代青年的特点，通过正强化和负强化的结合来塑造他们的社会责任行为。在时代青年社会责任行为塑造过程中要注意以下两点。一是注意行为塑造方法的选择。在社会责任行为塑造过程中，要根据行为塑造的不同目标，行为塑造内容的不同特点，以及时代青年在承担社会责任中问题的性质、存在方式、产生的原因等情况，运用适当的方法，做到方法的针对性、创造性和综合性。时代青年社会责任行为塑造方法的针对性就是从实际出发，实事求是，用不同方法完成时代青年社会责任行为塑造这一任务，其实质是要求时代青年社会责任行为塑造方法的运用合乎时代青年社会责任行为塑造过程的客观规律，合乎时代青年社会责任感，社会责任道德，社会责任中"知""情""意""行"的客观发展规律。时代青年社会责任行为塑造方法的创新性就是要解放思想，与时俱进，以增强时代青年社会责任行为塑造的实效性为基本要求，自觉研究时代青年社会责任行为塑造中的新情况、新问题和新方法，综合运用哲学、教育学、心理学等相关学科所取得的研究成果，丰富和发展适应新时代要求的时代青年社会责任行为塑造的科学方法论体系，运用微信、微博、直播等多媒体的普及，互联网的迅速发展，现代科学技术成果，实现时代青年社会责任行为塑造手段的现代化。时代青年社会责任行为塑造方法的综合性就是教育者根据新时代中国特色社会主义发展和时代青年思想活动的特点在实施社会责任行为塑造过程中，综合分析时代青年社会责任行为塑造体系内部各要素的特点以及环境复杂性特点，同时或先后使用一种以上行为塑造方法，使这些方法之间构成协调、有序的关系，形成塑造合力，从而使时代青年社会责任行为塑造产生综合效果。二是注意行为塑造的过程。在社会责任行为塑造过程中，包括五个步骤。首先，定义目标行为。目标是行为的动力和方向，目标的确定应该不能脱离目标实施者的实际能力，目标太高太难，会使得目标实施者有"难以登天，干脆放弃"的思想，最终放弃目标，目标太低太易，会使得目标实施者有"不屑一顾"之想，即使目标实现也很少会给目标实施者带来较大成就感，对目标实施者各方面的提高效果不大。因此，目标的确定应该在目标实施者的最近发展区之内，达到"跳一跳就能摘到桃子"的效果。所以，要合理确定时代青年社会责任行为塑造的目标行为。接着，确认初始行为。初始行为即个体已有的、与目标行为有关的行为。在这些初始行为当中，有的初始行为与目标行为保持一致，有的初始行为则偏离目标行为。对于与目标行为保持一致的初始行为，主要从加强行为动力入手，加强正强化，对于偏离目标行为的初始行为，主要从改正行为指向入手，加强负强化。由于成长经历、知识储备、生活体验、家庭环境、教育情况等方面的不同，大学生进入大学之后的各自初始行为存在差异，责任感，做事认真程度有强有弱，有的有正义感，有的则没有，有的意志坚强，有的意志薄弱。因此，在塑造时代青年社会责任行为要对照目标行为及时纠正偏离目标的初始行为。其次，选择塑造步骤。在时代青年社会责任行为塑造过程中，各个步骤之间所体现的社会责任行为的改变应恰当，步子太小会费事，步子太大可能导致停滞不前。再次，确定强化刺激物。由美国心理学家斯金纳提出的强化理论认为：人的行为是对其所获刺激的函数。如果这种刺激对他有利，则这种行为就会重复出现；若对他不利，则这种行为就会减弱直至消失。正强化指某一刺激物在个体做出某种反应后出现，并且增强了该行为发生的概率，这一刺激物被称为正强化物。负强化指某一刺激物在个体做出某种反应后出现，并且降低了该行为发生的概率，这一刺激物被称为负强化物。强化物大体分为物质强化物和精神强化物。时代青年有着物质需求和精神需求，应合理使用物质强化物和精神强化物，主要在精神上满足他们。

2. 时代青年社会责任行为塑造的实践考察

责任实践既是对责任意识的落实，又是对责任意识的丰富和补充，还是深化责任认识、提高责任能力、增强责任意识、调节责任情绪、增进责任感情的有效途径。人们的责任行为不仅仅是体现在职业活动中，还体现在家庭生活、个人的学习生活、休闲逸乐活动中；也体现在交朋结友和思维活动中。责任是全方位的。个人责任是与政治责任、信仰责任、职业责任联系在一起的。人是一个有机的整体，在行为主体的大脑中，各种活动是四通八达、互相关联、互相影响的。时代青年社会责任行为塑造的实践包括多方面。一是理论与实践互动型实践。大学生社会责任的理论性实践表现在运用大学之前掌握的知识来进一步加强大学期间的理论学习，包括技术学习、思想学习、政治学习等等。随着中国特色社会主义建设进入新时代，时代青年更要加强社会责任有关论述的学习。实践性实践指的是对某一实践活动的实践，即：某一实践活动不是理论上的说道，而是实践层面的具体实施。时代青年社会责任行为塑造不是仅仅让他们从理论上知道所以然，还要从一件件具体事情中去落实，在此基础上不断总结经验教训，实现时代青年社会责任行为塑造的理论与实践互动型实践。二是整体全面型实践。马克思主义从分析现实的人和现实的社会生产关系入手，阐述了关于人的发展学说。其学说的主题是人的整体全面发展。人的整体发展指人的各种最基本或最基础的素质必须整体发展。人的全面发展指人的德、智、体、美、劳等方面的发展。就社会责任来说，时代青年只有具备大公无私、奉献社会的高尚品德才有愿意承担社会责任的意向，只有掌握好科学文化知识才有承担社会责任的能力，只有具备健康的身体才能有承担社会责任的基础，只有养成热爱劳动、尊重劳动果实、艰苦奋斗的习惯才能有承担社会责任的实践基础和可能。

二、时代青年社会责任教育的重要内容

时代青年要有文化自信，尤其是责任文化自信，并在此基础上树立新时代中国特色社会主义新理想，在立德树人的育人理念下，夯实自己的家国情怀，做一个新时代负有责任意识、责任理想和承担责任能力的时代青年。

（一）时代青年社会责任文化教育

中国传统文化中的社会责任文化，体现在中国古代历史当中的一些开明朝廷官员中，也体现在中国古代历史中涌现出的许许多多民族英雄当中。他

们以高度的社会责任感践行着承担社会责任的行为，这种行为激励着中国近现代历史中出现的包括爱国华侨在内的一批批仁人志士在改变中国的行动中体现着社会责任文化。可以说，时代青年社会责任文化源于中国传统社会责任文化，发展于中国近现代社会责任文化，并借鉴国外社会责任文化。因此，时代青年社会责任文化教育包括以下内容。

第一，中国传统社会责任文化教育。我国的传统文化历史悠久，包含着极为丰富的社会责任文化，每一个社会成员都处于一种相互交织的社会责任关系中。在诸多中国传统社会责任文化中，强调的"以天下为己任""内圣外王""修己济世"的社会责任文化思想广泛地渗入到中国人日常生活中。中国传统社会责任文化源远流长，在后来的发展中，中国传统社会责任文化得到进一步发展。中国近现代革命文化，中国建设文化，中国改革文化等等。无论革命、建设，还是改革，都体现了一代一代共产党人所承担的改造社会的责任。

第二，国外社会责任文化教育。新时代也意味着中国对外交往进入一个新时代，交往深度、广度、效度更加明显。时代青年也要有新时代中国外交的参与意识，要有世界眼光，积极学习、借鉴国外一切优秀文化成果，为我所用。因此，时代青年社会责任文化教育除了要进行中国的社会责任文化教育，还要进行国外社会责任文化教育。国外社会责任教育主要是公民责任教育。我们可以从理论与实践两个方面通过分析国外公民责任教育文化来分析国外社会责任文化教育所包含的内容。

1. 国外社会责任的理论文化教育

国外社会责任的理论文化包括国外公民责任教育的自由理论文化、共和理论文化、社群理论文化和多元理论文化。自由理论文化提倡以公益为目的的积极自由，经济上的机会平等与经济福利高于个人自由，国家干预要明智，主张平等的自由。虽然自由理论在不同阶段有不同侧重点，但都有着"自由至上""有限政府""宽容""平等""正义"等核心理念。因此，国外公民教育注重个人自决能力，中立与平等价值观及以勇敢、礼貌、容忍、守法、独立、批判力为内容的公民政治自由美德的培养。共和理论文化强调国家统治的法治性、权衡性，政治制度的公共性、公平性，公民美德的正义性、崇高性。因此，国外公民教育还注重公民美德教育，包括爱国主义教育，公益参与教育，公共精神教育等。社群理论文化主张个人在社群中的自由以个人对社群的义务为基础，并能在社群中获得奉献、利他、互助、正直等好品德，注重社群公民资格的认证和培养。可见，外国社群理论文化强调公民责任教育要通过社群政治参与实践活动来培养公民的社群认同感、归属感和责任感，做一名合格的社群公民。多元理论文化提倡宗教、行会、城市、国家等团体都是平等的权利主体，国家与其他团体无本质区别，反对国家独掌所有权力，主张国家与其他各团体共同掌权。公民责任教育注重公民不同文化、价值观的认同教育，培养他们宽容态度，普世伦理理念。

2. 国外社会责任的实践文化教育

社会责任重在实践，在社会责任实践中形成的全部精神活动及其产品称为社会责任实践文化。美国高校一直重视大学生个体责任和社会责任的培养。美国学校的公民教育主要通过包含人类学、历史学、政治学、社会学等内容在内的"社会研究"这门综合课程来实施，旨在培养学生的独立实践意识和责任感，带有很强的政治教育性质，包括政府及其职能教育，美国民主政治教育，美国公民文化教育等方面。这种课程除了以《社会科课程标准：卓越的期望》为大纲，在主题轴课程理念指导下，朝着一体化、综合性、开放性发展，"还积极鼓励各种形式的社会实践"。英国学校的公民教育主要通过宗教教育和道德教育的途径来进行，以"公民科""历史科"为核心课程，以"个人、社会与健康教育"为外围课程。这一课程基于这一认识："哲学是灵魂和主脑，它帮助人们树立基本的世界观和方法论，居于课程体系的核心位置，由此往外推及，依次分别是公民知识、公民意识、公民技能、公民德行和公民实践。"可见，培养全面发展的公民是英国公民教育的目标。法国学校的公民教育受到本国以"激进、彻底"为特征的政治文化传统影响，由国家干预，注重"构建共同价值观念，如自由、平等、博爱、世俗化、社会公正、消除种族歧视等；强调推动学生道德认知、批判精神、个体与集体责任感的形成与发展。"同时，注重公民资格和人权的教育。其课程先后有"共和国公民的伦理与道德""公民爱国教育""公民道德教育""公民、法律及政治教育"等，采取的方法有差异教学法、辩论教学法、社会参与教学法等。在德国，"公民教育应教育公民具有坚强的意志，具有宽容的品德，具有民主思想，具有人道主义的精神，具有科学人文的修养，具有高尚的信仰"，强调公民的责任和义务教育，政治养成教育和伦理道德教育，注重历史尤其是德国纳粹大屠杀历史教育，培养学生反对错误的勇气和新的民族精神。新加坡学校的公民教育以新加坡精神为底蕴，以《好公民》为教材，以"新公民学""公民与道德"为课程，通过日常行为规范教育，课外活动，社区活动，"挖掘他们的潜力，培养他们成为良好的公民，让他们意识到对家庭、社区和国家的责任"，为他们生活、就业做准备。可见，国外公民责任教育实践普遍注重课程设置的综合性，公民素质的全面性，实践活动的参与性，文化差异的理解性。

（二）时代青年社会责任理想教育

时代青年社会责任理想是时代青年在承担社会责任的有关实践中形成的、有可能实现的一种追求。这种追求既包括通过承担社会责任使自身的学习、工作、生活达到自己的理想目标，又包括通过承担社会责任使社会各方面达到一种令人满意的状况。时代青年社会责任理想可以分为大学生个体的社会责任理想和大学生群体的社会责任理想。作为处于青年时期的时代青年更要接受社会责任理想教育。有理想才有行动的持久力，有社会责任理想才有承担社会责任行动的持久力。因此，社会责任理想教育对于时代青年承担社会责任有重要意义。强调社会责任，必然要涉及个人与社会的关系。如何承担社会责任？首先要信仰马克思主义。社会责任也是一种建设好中国特色社会主义的责任，并且也承担着建设好未来共产主义的责任。因此，可以从以下方面来分析时代青年社会责任理想教育的内容。

第一，个人理想与社会理想统一教育。个人理想是个体在一定历史条件下和社会关系中对于自己未来的物质生活、精神生活所产生的向往和追求。社会理想是全体社会成员对未来生活的共同向往和追求。个人理想和社会理想的关系是个人与社会关系在理想层面的反映。根据历史唯物主义，社会发展的道路是客观的，不是由单个人决定的，是由一个个单个个体共同决定的，是一个个单个个体合力的结果。社会理想也是一个个个人理想的合力结果。个人理想有时与社会理想不一致。这样，人们在承担社会责任的时候有时力不从心，把精力更多地投入到个人事情中。因此，要通过个人理想与社会理想相统一教育，让时代青年深刻明白个人理想与社会理想的统一性，从而自觉承担起相应的社会责任。首先，社会责任理想指引着个人责任理想。时代青年社会责任教育要发挥社会责任理想的指引作用。一个人的责任可以大体分为这个人对整个社会的责任和这个人对自己的责任。对整个社会的责任，关注的是社会公共生活领域，体现着一个人的社会责任理想，对自己的责任，关注的是个人生活领域，体现着一个人的个人责任。个人责任理想的实现，必须以社会责任理想的实现为前提和基础。其次，社会责任理想是对个人责任理想的升华。社会是由个人组成的，个人依赖社会。社会责任也是由个人责任组成的。一个人只有首先对自己承担责任，包括生命责任、学习责任、生活责任、家庭责任，才能承担起对社会的责任。责任理想是责任行动的动力，只有提升个人责任理想的境界，才能树立崇高的社会责任理想，也就会付诸行动。

第二，马克思主义教育。马克思主义是我们立党立国的根本指导思想，是近代以来中国历史发展的必然结果，是中国人民长期探索的历史选择。时代青年只有确立马克思主义的科学信仰，才能真正树立崇高的理想，从而为树立马克思主义视域下的社会责任理想奠定基础。作为马克思主义教育中内容之一的马克思主义视域下社会责任理想教育主要包括以下部分：一是马克思主义者社会责任教育。中外伟大的马克思主义者都是有社会责任感的伟大人物，他们所进行的伟大革命事业都充分体现了强大的社会责任感。二是马克思主义社会责任理想特征教育。马克思主义中关于无产阶级推翻资产阶级建立社会主义，并在全世界实现共产主义这一论说，实际上是指出了无产阶级自带的社会责任。这一社会责任是人类迄今为止最先进、最伟大、最艰巨、最崇高的社会责任。马克思主义社会责任理想特征源于马克思主义特征。我们知道马克思主义是科学性和革命性的统一，具有鲜明的实践品格和持久的生命力。那么，马克思主义社会责任理想也具备以上特征。马克思主义社会责任理想正确揭示了自然界、人类社会和人类思维发展的普遍规律，为人类社会进步指明了正确的发展方向。

第三，中国特色社会主义理想教育。中国特色社会主义不是什么别的社会主义，是科学社会主义，是改革开放以来党的全部理论和实践的主题，既坚持了科学社会主义的基本原则，又根据时代条件赋予其鲜明的中国特色。中国特色社会主义也成为中国共产党历次代表大会报告的内容。如：党的十三大提到"沿着中国特色社会主义道路前进"，党的十四大提到"加快改革开放和现代化建设步伐，夺取中国特色社会主义事业的更大胜利"，党的十五大提到"高举邓小平理论伟大旗帜，把建设中国特色社会主义事业全面推向二十一世纪"，党的十六大提到"全面建设小康社会，开创中国特色社会主义事业新局面"，党的十七大提到"高举中国特色社会主义伟大旗帜，为夺取全面建设小康社会新胜利而奋斗"，党的十八大提到"坚定不移沿着中国特色社会主义道路前进，为全面建成小康社会而奋斗"，党的十九大提出"决胜全面建成小康社会，夺取新时代中国特色社会主义伟大胜利"。可见，中国特色社会主义建设是中国共产党一以贯之的中心工作。时代青年要坚持和发展中国特色社会主义，就是要实现社会主义现代化和中华民族的伟大复兴，在 21 世纪中叶建成富强民主文明和谐美丽的社会主义现代化强国。时代青年在推进中国特色社会主义伟大事业前进过程中，要树立对中国特色社会主义制度、理论、道路、文化等方面的自信心。

第四，共产主义理想教育。共产主义社会只有在社会主义社会充分发展的基础上才能实现，而我国现在还处于社会主义初级阶段。可见，共产主义社会的实现是一个漫长、艰辛的历史过程，需要一代又一代人付出艰苦的努力。时代青年要正确认识共产主义远大理想和中国特色社会主义共同理想之间的关系，树立共产主义责任理想。在共产主义理想教育中，共产主义责任理想教育是重要内容。共产主义的长期性要求时代青年树立相关责任意识，落实相关责任行动。

（三）时代青年社会道德责任教育

社会是人与人在相互交往中形成的一个联系体，在这个联系体当中，有"人——人"联系体、"人——组织"联系体、"组织——组织"联系体，其中人是最基本单位，因此，"人——人"联系体是一切其他联系体的基础。人与人在交往中时常会产生矛盾冲突，当这种矛盾冲突不能依靠自身力量解决的时候，就需要靠一种外在的力量来解决。这种外在力量有两种：一种是刚性力量，一种是柔性力量。刚性力量就是指法制，柔性力量就是道德。教育是一种"春风化雨"的工作，教师是人类灵魂的工程师，教师的教育事业也是一种做"人"的工作。同时，"立德树人"又是时代青年教育的目标。所以，做"人"的工作，首要的是做人的"道德"的工作。道德广泛地存在于社会之中，是调节人与人之间、人与社会之间、组织与组织之间的柔性力量。这种道德的柔性力量是促进社会和谐稳定发展的根本力量。社会道德责任也是社会责任中一项重要内容。时代青年要承担起提升自己社会道德水平的责任。时代青年社会道德责任教育属于时代青年社会责任教育的一部分，它具体包括以下部分。

第一，马克思主义经典作家的道德教育思想。大学生比起其他阶段的学生具有较强的成熟性、自主性、独立性。时代青年更应该具备自我学习、自我教育、自我提升的意识和能力。道德教育不是简单的道德知识的传授和灌输，而是道德责任的内化和外化，将道德责任融入自己的世界观、人生观、价值观当中，使之成为自己性格的一部分，将道德责任体现在人们的日常生活当中。时代青年社会道德责任教育是一种思想政治教育，而思想政治教育中的一个重要任务是进行马克思主义理论的教育与传播。因此，时代青年社会责任道德教育应该让时代青年了解马克思主义经典作家关于道德教育的思想，以便指导自身的社会道德责任教育，提高社会道德责任的自我教育能力。以马克思为例，马克思认为道德教育具有阶级性。马克思指出："我们拒绝想把任何道德教条当作永恒的、终极的、从此不变的伦理规律强加给我们的一切无理要求，这种要求的借口是，道德世界也有凌驾于历史和民族差别之上的不便的原则。相反，我们断定，一切以往的道德论归根结底都是当时的社会经济状况的产物。而社会直到现在是在阶级对立中运动的，所以道德始终是阶级的道德；它或者为统治阶级的统治和利益辩护，或者当被压迫阶级变得足够强大时，代表被压迫者对这个统治的反抗和他们的未来利益。"可见，马克思鲜明地反对把道德当作永恒不变的东西，主张道德具有阶级性。因此，社会道德责任教育也要根据时代的变化而变化，时代青年社会责任教育要根据新时代中国特色社会主义的特点来进行，并始终如一地坚持中国特色社会主义道德教育原则。以马克思主义关于道德教育思想，指导着时代青年社会道德责任教育，使他们"将来走上工作岗位，成为有很高的政治责任心和集体主义精神，有坚定的革命思想和实事求是、群众路线的工作作风，严守纪律，专心致志地为人民积极工作的劳动者"和负有高度社会责任感的新时代中国特色社会主义建设者和接班人。

第二，社会公共道德责任教育。社会生活领域包括社会中的个人生活领域和社会生活中的公共生活领域。社会道德责任包括社会中个人生活领域中的道德责任和社会公共生活领域中的道德责任。个人生活领域中的道德责任包括个人的家庭道德责任，个人对自己朋友、同事的道德责任，个人对自己所从事的事业的道德责任。社会公共生活领域中的道德责任存在于文明礼貌、助人为乐、爱护公物、保护环境、遵纪守法等社会公共道德之中。公民社会公共道德素质的高低直接影响着一个社会公共道德水平的高低，从而影响着一个国家整体的社会生活秩序、社会风气风貌和社会凝聚力，是一个社会文明程度高低与否的重要标志。时代青年是新时代中国特色社会主义建设的重要力量，他们对社会公共道德的恪守和对社会公共道德责任的承担直接影响着新时代中国的道德风尚和精神面貌。所以，时代青年接受社会公共道德责任教育显得十分重要。进行时代青年社会公共道德责任教育，就是要积极引导时代青年发扬新时代中国特色社会主义人道主义精神，积极参与学校和社会公益事业；帮助时代青年遵守社会公共生活秩序，维护社会安定团结；倡导诚实守信，尊重他人，相互礼让；引导时代青年以主人翁的态度参与到学校和社会公共生活中各项事业的治理；提倡人人讲究卫生，保护生态环境，建设美丽中国。进行时代青年社会公共道德责任教育，首先，要大力提高全国大学生的思想道德素质，道德责任感和文明程度。这是一项长期性、基础性、治本性、固本性的道德责任教育工作，因为提高了全国大学生的思想道德素质，道德责任感和文明程度，就能促使他们更好地承担起遵守社会公共道德的责任。其次，要明确社会公共道德责任规范，使时代青年们有所遵循。社会公共道德责任规范是人们社会公共道德责任行为和社会公共道德责任关系的最基本的规则，因此它是最明确的规范。明确的社会公共道德责任规范是进行时代青年社会公共道德责任教育的前提之一。再次，要运用专题教学、社会实践、自我评价等多种方式，通过学校、社区、社团、大众传媒等多种渠道对时代青年进行社会公共道德责任教育，以对他们产生潜移默化的作用。最后要营造承担社会公共道德责任的良好氛围。凡是承担社会公共道德责任的大学生，都应该得到赞扬和肯定；凡是没有承担社会公共道德责任的大学生，都应该受到谴责和批评。另外，时代青年要承担起对社会公共道德责任学、守、传的责任，使时代青年在学习社会公共道德的基础上遵守社会公共道德，在遵守公共道德基础上传播社会公共道德。

（四）时代青年家国情怀教育

中国素有"家是最小国，国是千万家"的家国情怀。家国情怀源于"家国一体"思想。"家国一体"思想是中国古代国家架构与治理的重要理论来源之一，使中国社会弥漫着浓浓的家国情怀。家国情怀是我国传统责任伦理中一个重要的维度。在我国传统社会个体特别是知识分子的价值观念中，修身、齐家、治国、平天下的人生理想是人伦责任的升华。个体要以天下为己任，通过修身、齐家进而承担起天下的责任。如："先天下之忧而忧，后天下之乐而乐""居庙堂之高则忧其民，处江湖之远则忧其君""天下兴亡，匹夫有责""苟利国家生死以，岂因祸福避趋之。""我自横刀向天笑，去留肝胆两昆仑"。家国情怀是中国优秀传统文化的一个重要范畴，是增强民族认同感、国家认同感的重要体现，是增强民族凝聚力的重要思想保证，是中华民族伟大精神的重要组成部分，是中华民族几千年历史的情操沉淀，是民族认同的情感归属，是中华民族的价值追求和责任担当，是爱国主义的深厚感情。我国传统的家国情怀思想为中国共产党家国情怀教育提供了丰富的素材。2014年3月，教育部印发的《完善中华优秀传统文化教育指导纲要》将开展以天下兴亡、匹夫有责为重点的家国情怀教育放在首要位置，凸显了党和政府对家国情怀教育的高度重视。家国情怀在学生群体中的培育和塑造将成为思想政治教育领域中的研究重点之一。《完善中华优秀传统文化教育指导纲要》指出，加强对青少年学生的中华优秀传统文化教育，要以弘扬爱国主义精神为核心，以家国情怀教育、社会关爱教育和人格修养教育为重点，着力完善青少年学生的道德品质，培育理想人格，提升政治素养。时代青年家国情怀教育包括以下内容。

1. 家国情怀内涵教育

要想培养时代青年的家国情怀，首先要了解家国情怀的内涵。家国情怀的基本内涵包括家国同构、共同体意识（小到以集体主义为原则，大到以人类共同体意识为原则）、仁爱之情（利他助人，用发展解决问题）等因素。总体而言，家国情怀内涵包括以下两方面：一是家国情怀的理论内涵。家国情怀蕴涵着深厚的中华传统优秀文化积淀，基于"天下观"的传统家国情怀具有鲜明的中华传统文化特质。家国情怀的内涵主要体现在人们对故土的至深热爱、对共同文化信仰的执着、对天下苍生的朴素情感、对普遍价值准则的认同固守等方面。这些都构成了中华传统优秀文化的价值源流，与中华传统优秀文化"讲仁爱、重民本、守诚信、崇正义、尚和合、求大同"的时代价值是相吻合的。近代以来，传统家国情怀在内涵与形式方面均发生了重要变迁，表征着中华民族意识的觉醒与国家主权概念的确立。新时代，做好家国情怀的传承和培育是弘扬社会主义核心价值观的应有之义，也是加强时代青年社会责任教育的主要内容之一。教育部在《完善中华优秀文化教育指导纲要》这一文件中把家国情怀教育的重点定位为"天下兴亡、匹夫有责"就能说明这一点。二是家国情怀的实践内涵。家国情怀的实践内涵分为两种：一种是个体层面的实践，另一种是群体层面的实践。个体层面的实践是指个体在慈爱之心，悲悯之情方面的实践，体现为对家庭的爱、责任，对亲人、朋友的关怀，进而推己及人，这是家国情怀实践的基础。群体层面的实践是关注国家和社会的发展，是爱国主义方面的实践，是一种使国家民族纵然处于危难之中而终能屹立不败的精神凝聚力，是家国情怀实践的升华。"家国情怀"虽古已有之，却一直有名无实，近代鸦片战争以后才真正兴起。面对国破家亡、民族危机，中华民族开始自省和奋起，"家国情怀"思潮应运而生。在家国情怀的历史发展中，家国情怀展现出了具有民族性又超越民族性，具有阶级性又超越阶级性，具有时代性又超越时代性的历史特征。这些特征也赋予家国情怀独特的信仰魅力。在中国传统文化中，中国社会没有宗教的外在超越，更多依靠的是一种"人文信仰"。家国情怀就是这种人文信仰。"家国情怀"正是以一种特有的信仰魅力，超越种族和民族、宗族和地域、阶级和阶层、政党和意识形态，是中华民族历经磨难，百折不挠，生生不息的不竭动力。

2. 家国情怀价值教育

家国情怀的价值更多体现在家国情怀的教育价值方面。时代青年家国情怀教育最现实和最迫切的任务是凝聚为一种价值共识，进而转化为一种能力，最终目标要将家国情怀转化为家国治理能力。时代青年家国情怀教育要力图通过对时代青年的教育引导，注重彰显出时代青年对国家发展的忧患意识，表达出时代青年对中国特色社会主义的自信，进而塑造出一种现实力量。这种力量最终反映在时代青年中以爱国主义为核心的民族精神和以改革创新为核心的时代精神当中。要培养时代青年伟大的民族精神和时代精神，家国情怀教育就要以变化了的世情、国情、党情为时代背景，发挥时代青年的主动性和创造性，使他们永远具有"逢山开路、遇河搭桥，锐意进取，大胆探索"的精神，以"天下兴亡"为己任，针对学习、工作、生活中和现实社会发展中迫切需要解决的问题，不断有所发现、有所创造、有所前进，不断推进中国特色社会主义事业获得长足进展。可以说，由价值培育到能力转化是时代青年家国情怀教育的重要内在目标，也是推进国家治理体系和治理能力现代化的意蕴所在。另外，家国情怀教育能增强时代青年对国家的认同。国家认同是指公民对自己所属国家的一种认可与评价，并且忠诚于国家和愿意为此效力的一种心理和行为，它主要包括政治认同、文化认同、制度认同等多方面的内容。国家认同是一个国家的软实力，是一个国家凝聚力的重要体现。家国情怀是民族精神的本源，为增强时代青年国家认同提供心理基础；家国情怀是传统文化的主旋律，为增强时代青年国家认同提供文化根基；家国情怀蕴含现代公民意识，为增强时代青年国家认同提供内在动力。

3. 家国情怀实现教育

马斯洛需求层次理论认为人类价值体系存在两类不同的需要，一类是沿生物谱系上升方向逐渐变弱的本能或冲动，称为低级需要和生理需要。一类是随着生物进化而逐渐显现的潜能或需要，称为高级需要。人的需求从低级到高级分别为：生理需求、安全需求、归属需求、尊重需求、自我实现需求。其中，自我实现需求是最高级的需求。时代青年应该要以"自我实现"为目标。家国情怀的实现应该成为时代青年的最高需求。那么，如何实现？一是强调个人正心、修身、慎独。中华传统思想强调提高个人道德，"老吾老，以及人之老；幼吾幼，以及人之幼，天下可运于掌。"意思是告诫人们在孝敬赡养自己的父母等其他长辈时，也要孝敬赡养与自己没有血缘关系的长辈；在抚养教育自己的小孩等晚辈的时候，也要时刻惦记着周围邻居等别人的小孩及其他晚辈，这样天下也就能在自己的掌控之下。这是一种"推己及人"的大爱思想。这一思想跟"修身齐家治国平天下"有相同之处，都是先从自己出发，在涉及他者。从自己出发，就是要通过正心，修身来关爱自己家人以及其他人家，使自己融入"家"的氛围当中，从而在"家"的氛围当中培养"家"的情怀。在此基础上再涉及他者，把"家"的情怀投射到"国"的情怀，也就是古人所说的先修身、后齐家、再治国，最后达到天下太平。这实际上也就指出了家国情怀实现的路径，即：由自己对自己的情怀到自己对家庭的情怀，再到自己对国家的情怀，最后到自己对天下的情怀。可见，家国情怀中包括了"家"的情怀和"国"的情怀以及由"家"向"国"的过渡性情怀。这种过渡性情怀需要人们正确处理好内心的矛盾。因为，并非所有人都能顺利实现由"家"向"国"的过渡。二是强调亲情，与人和睦相处。亲情是天下最真实、最珍贵的感情，是其他感情的基础。一个自小有着亲情陪伴的人，身心会得到健康发展，也会与他人和睦相处。《中庸》曰："仁者，人也，亲亲为大。"意思是"仁"也就是人，把"仁"等同于"人"，这说明仁是人的题中之义。从构字角度看。"仁"字意味着"二人"，也就是指仁义道德发生在人与人之间而不是单个人身上。在人与人之间那种和谐友好关系中，与自己亲人之间的关系最重要。"仁"的最大体现也是在与亲人的关系上。三是要有心怀天下的抱负和责任。"心怀天下"是家国情怀的升华。在中国历史上涌现出了许许多多有远大抱负和社会责任感的人物。有"天下兴亡，匹夫有责"的顾炎武，有"先天下之忧而忧，后天下之乐而乐"的范仲淹，有"为中华之崛起而读书"的周恩来。他们都以各自的天下情怀践行着各自的社会责任，诠释着各自的家国情怀。这种家国情怀不仅仅限于"家"和"国"的范围，而是对"家"和"国"的突破和超越，在范围上扩大到"天下"。中国古代的这些思想对时代青年家国情怀教育有重要启示。随着我国国际影响力的增大，我国国际交往也越来越频繁，面临的国际机遇与挑战也越来越多，同时，承担的国际责任也越来越多。时代青年要有国际视野，既要对自己的国家充满情怀，又要对国际社会充满情怀，承担起国际责任。总之，在时代青年家国情怀教育当中要把握好家国情怀中传承中华民族传统文化这一本质载体；把握好家国情怀中胸怀天下，环视全球这一外延拓展；把握好家国情怀中爱国、敬业、诚信、友善等核心价值这一新的内涵；把握好家国情怀中勇于奉献，恪尽职守这一责任担当。还要增强民族认同的情感归属，实现中华民族的价值追求和责任担当，培养爱国主义的深厚感情，以此夯实家国情怀的文化底蕴。传承"在家尽孝"与"为国尽忠"的文化精髓，重构以感恩情怀和勇于担当为核心的价值观念；传承"国家认同"与"家庭自律"文化精髓，重构公共空间意识与内部自律意识；传承"以民为本"与"天下为公"的文化精髓，重构民生为先和国家为重的现代准则。同时，要把以德修身作为培育家国情怀的立足点，把为政以德作为家国情怀的政治信念，把仁政爱民作为家国情怀的责任担当，以此筑牢家国情怀的道德根基。还要把必须坚定崇高的理想信念，必须坚持德才兼备以德为先的基本要求，必须坚持执政为民的政治责任这三个"必须"作为家国情怀的现实追求。

第七章 大学生思想政治教育内涵解读

思想政治教育工作是高校教育的重要工作之一，高校思想政治教育工作开展的成效如何直接关系着学生未来的发展。如何进行高校大学生的思想政治教育一直是当前思想政治教育的重点。

第一节 大学生思想政治教育的历史与发展

思想政治教育是国家和社会采用一定的教育形式，将有助于维护社会和谐稳定和主流意识形态认同的教育内容传递给社会成员，以使其形成符合社会发展要求的思想政治品德的社会实践活动。这项活动是人类社会自阶级和国家产生以来就已客观存在的社会实践的一个重要方面。高校是培养社会主义现代化建设者和接班人的重要阵地，故而大学生的思想政治教育一直是党和政府关注的重点。大学生思想政治教育以大学生为教育对象，目的在于培养大学生形成符合社会发展要求的思想观念、政治观点和道德行为。1949年中华人民共和国成立后，大学生思想政治教育经历了漫长和艰辛的探索历程，大致经历了1949—1965年的初步探索阶段、1966—1976年的严重挫折阶段、1977—1989年的恢复和发展阶段、1990—2003年的加强和改进阶段、2004年至今的系统发展阶段。在这个历史进程中，思想政治教育这一实践活动的名称经历了一个不断变化的过程。

一、大学生思想政治教育的初步探索阶段

1949—1965年是大学生思想政治教育的初步探索阶段。《中国人民政治协商会议共同纲领》中明确提出"人民政府的文化教育工作，应以提高人民文化水平，培养国家建设人才"为主要任务，强调要"有计划有步骤地实行普及教育，加强中等教育和高等教育"。钱俊瑞同志在1949年第一次全国教育工作会议上作的总结报告中强调"新区学校安顿后的主要工作，是进行政

治与思想教育""有计划、有步骤地在教师和青年学生中进行政治与思想教育，其主要目的乃是逐步地建立革命的人生观"。如何有计划、有步骤地开展思想政治教育成为中华人民共和国成立后高等学校各项工作的重要内容。

思想政治教育这一实践活动在这个阶段出现了"政治与思想教育""思想政治教育""政治思想工作""政治教育""政治教育和思想教育"等名称。这一阶段大学生思想政治教育的特点主要体现在以下方面：

（一）重视对学生政治思想工作的组织领导

"教育是改造旧社会和建设新社会的强有力的工具之一。"高校必须在党的领导下，加强学生政治思想工作的组织领导。为此，各大学校规定校长或副校长中必须有一人经常负责领导组织学生的政治思想工作。各学校通过制订统一的政治思想教育工作计划，有效地组织了教学行政干部、政治工作干部、党组织、青年团、政治理论课教师等教育力量，协调了教育步骤；选用了一批马克思主义理论水平较高的干部在高校领导政治助教的理论学习，选派了大量教师参加马克思列宁主义研究班，培养了一批政治思想教育工作者。在开展了一段时间的政治与思想教育工作后，各地不同程度地出现了师资力量严重短缺、教师系统理论知识及政策水平不足、不能有效解决学生实际存在的思想问题、思想政治理论课教学中讲授重点不明确、思想政治教育方法单一等问题。针对这些问题，高校内或校际组织思想政治教育工作者通过教学研讨、师资培训、经验交流等方式，对大学生思想政治教育进行了不断的探索。

（二）教育目的针对性强

中华人民共和国成立初期，国家处在国内外阶级敌人以各种形式企图摧毁新生人民政权的内忧外患的艰难境地，高校政治思想工作将矛头直接指向买办的、封建的、法西斯主义的思想，目的在于引导青年学生树立为人民服务的崇高理想。在全国高等学校结合"三反"运动成功肃清封建买办法西斯思想后，开展系统的马克思列宁主义理论教育成为必要。教育部对全国高等学校的马克思列宁主义课程从课程设立种类到上课时间做出了明确规定，系统的马克思列宁主义理论教育有序地展开起来。在从新民主主义向社会主义改造的过渡时期总路线贯彻实行过程中，高等学校思想政治工作紧紧围绕社会主义建设开展，开设了"社会主义经济建设"课程，引导学生认识了解苏联社会主义国家工业化、农业合作化和社会主义改造的基本经验，使学生深刻了解我国社会主义改造的任务、途径和步骤，培养有社会主义觉悟的知识分子。1956 年年底，随着社会主义改造的基本完成，全国高等院校普遍开设"社会主义教育"课程，引导学生正确认识和处理社会主义建设中出现的问题和困难，努力培养"一支数以千万计的又红又专的工人阶级知识分子的队伍"，鼓励学生积极参加生产劳动，成长为既有政治觉悟又有文化素质，既能从事脑力劳动又能从事体力劳动的社会主义建设者。

（三）强调政治理论教育

政治理论教育是高校思想政治工作的重要环节，是高等学校进行经常性思想政治教育的基本形式。教育相关部门针对政治理论课的设置及具体安排多次出台文件，如 1949 年的《华北专科以上学校一九四九年度公共必修课过渡时期实施暂行办法》、1951 年的《教育部关于华北区各高等学校 1951 年度上学期进行"辩证唯物论与历史唯物论"等课教学工作的指示》、1952 年的《教育部关于全国高等学校马克思列宁主义、毛泽东思想课程的指示》、1956 年的《中华人民共和国高等教育部关于高等学校政治理论课程的规定（试行方案）》、1961 年的《改进高等学校共同政治理论课程教学的意见》、1962 年的《中华人民共和国教育部关于高等学校共同政治理论课教学安排的几点意见》等。这些文件根据社会建设的实际情况，对每一阶段政治理论课的课程安排进行了详细规定。如：1949 年 10 月 8 日，华北人民政府高等教育委员会出台的《华北专科以上学校一九四九年度公共必修课过渡时期实施暂行办法》中对大学各年级的公共必修课及相应学时、学分做了规定，具体如下："辩证唯物论与历史唯物论"（包括社会发展史）每周三小时，共三学分；"新民主主义论"（包括近代中国革命运动史）每周三小时，共三学分；"政治经济学"每周三小时，年学完，共六学分。1961 年的《改进高等学校共同政治理论课程教学的意见》对文科各专业、理工农医各专业、艺术院校、体育院校和专科学校马克思列宁主义基础理论课程开设的门数、学期、使用教材等提出了具体要求。这些规定和要求明确具体，操作性强。同时，各高校根据教育部要求结合具体情况，成立了思想政治课教学的专门机构。1950 年成立的政治课教学委员会或教学研究指导组，1951 年根据各课程调整为辩证唯物论与历史唯物论教学研究指导组、新民主主义教学研究指导组、政治经济学教学研究指导组。这些机构的主要工作是探讨、制订教学计划与教学大纲，研究教学内容，针对学生思想实际开展教学工作。

（四）逐步开展"形势与任务"课程教学

中华人民共和国成立初期，高校并没有开设专门介绍党的决议、政策和国内外重大时事的课程。这些内容或多或少地体现在"马列主义基础""中国革命史"等课程的教学中。20 世纪 50 年代中期，一些学校开始注意进行时事教育，组织学生学习党和国家的各项重要政策，特别是深入地宣传党在过渡时期的总路线，引导学生正确认识过渡时期采取的各项方针、政策。有些学校结合国际国内的重大事件和国家的重大方针政策不定期地举行各种各样的活动，如专题演讲、时事座谈、小型展览会等，起到了很好的教育效果。这个阶段，学生对国内外形势政策的学习主要是在课外进行，不占用课内学习时间。1958 年 4 月出台的《对高等学校政治教育工作的几点意见》明确指出："对党的重要方针、政策、任务，毛主席的著作和国内外重大时事，应当占用政治课的正课时间及时进行教学。"自此，形势与政策等内容正式列入课程教学计划。1961 年 4 月 8 日出台的《改进高等学校共同政治理论课程教学的意见》规定，高等学校共同政治理论课包括马克思列宁主义基础理论、形势和任务两部分，其中"形势和任务课为各专业、各年级的必修课程（主要内容是讲解国内外形势，党和国家的任务、方针、政策）"，并规定"形势和任务"课的课堂教学时间一般为平均每周 1~2 个学时。这个阶段进行的"形势和任务"有些文件中涉及的"思想政治教育报告"性质与这个课程大体一致，只是名称不同，如 1963 年《中华人民共和国教育部试行"关于高等学校研究生政治理论课的规定"（草案）的通知》课程教学为这之后开展的相关教育活动积累了丰富的经验。

（五）强调社会实践

党的教育工作方针，是教育为无产阶级的政治服务，教育与生产劳动结合。为了有效地推动高校政治思想教育，教育者必须将系统的理论知识讲授和学生的思想实际相结合。运用疏通引导、批评与自我批评、社会实践等方法，着力解决学生中存在的主要思想问题，引导其确立革命的人生观。其中，参加社会实践是这个阶段强调使用的一种重要的教育方法。"培养有社会主义觉悟的有文化的劳动者"是党在这个时期提出的口号。这一口号突出脑力劳动与体力劳动相结合，强调高等学校教育不仅要提高学生的知识水平，还要提高学生的实践能力，培养"又红又专"的社会主义革命和社会主义建设的接班人。学生参加群众斗争、参观解放军军营、参加校办工厂和农场劳动、勤工俭学是这个阶段高校锻炼学生实践能力的重要方法。高校还将学生参加生产活动的实际行动作为衡量学生思想政治素质的重要依据。在实践中出现了学生因参加生产劳动过多而耽误课程学习的问题，相关教育部门在对北京市部分高等学校进行调研后，采取措施调整学生生产劳动量，有效解决了这问题。

从 1949 年 10 月中华人民共和国成立到 1965 年年底，中国共产党领导人民群众完成了社会主义改造，进行了社会主义全面建设的艰辛探索。这一阶段大学生思想政治教育紧紧结合社会主义改造和社会主义建设各个阶段的重点开展工作，有力地配合了国家的建设。

二、大学生思想政治教育的恢复和发展阶段

1977—1989 年是大学生思想政治教育的恢复和发展阶段。1977 年，在邓小平的推动下，国务院批准了全国高等学校招生工作会议通过的《关于一九七七年高等学校招生工作的意见》，高考制度的恢复为青年知识分子敞开了求学之门，也为高校选拔了大量优秀的学生。自此，大学生思想政治教育的发展迎来了新的春天。

这个阶段思想政治教育这一实践活动的名称出现了"思想政治教育""思想教育""思想政治工作""政治思想工作"等提法。随着 20 世纪 80 年代思想政治教育逐步形成一门独立的学科，这一实践活动的名称逐渐统一到"思想政治教育"这个提法上，但在一些报纸、文件中也偶尔会出现"思想政治工作"这样的表述。严格来讲，思想政治工作与思想政治教育是有区别的，但人们在实践中往往不加区分地加以使用。这一阶段大学生思想政治教育的特点主要有以下几点。

（一）坚持大学生思想政治教育的社会主义方向

由于国内外敌对势力总是力图在高等学校找到他们反对社会主义的代言人，所以他们把高校作为"和平演变"的重要场所，试图把资产阶级思想渗透到每一个高等学校学生头脑中。鉴于这样的形势，大学生思想政治教育必须坚持坚定的社会主义方向，把学生培养成具有坚定的政治方向、拥护中国共产党的领导、努力为人民服务、自觉遵纪守法的社会主义现代化建设者和接班人。"我国高等教育的培养目标是把学生培养成有社会主义觉悟的德智体全面发展的又红又专的专门人才。"1980 年《教育部、共青团中央关于加强高等学校学生思想政治工作的意见》明确指出："社会主义大学与资本主义大学的本质区别，就在于它培养出来的学生具有社会主义觉悟。"社会主义道路是中国人民历史的选择，培养具有社会主义觉悟的知识分子是中华人民共和国应对国内外复杂局势、保证安定团结的社会主义现代化建设局势、提高国际影响力、坚持社会主义性质的重要保证。1986 年年底，资产阶级自由化思潮严重侵袭高等学校，影响了少数高校正常的教学秩序。党中央、国务院敏锐

觉察到这严峻形势，明确指出：高等学校的"思想政治工作要以坚持四项基本原则、反对资产阶级自由化为重点"。资产阶级自由化思潮鼓吹西方资本主义国家的自由、民主，否定社会主义，否定党的领导，目标直指四项基本原则。为了应对这一来势汹汹的错误思潮，大学生思想政治教育坚持社会主义方向，通过各种形式引导大学生认识社会主义是中国历史发展的必然，引导大学生认识社会主义现代化建设必须坚持人民民主专政，必须坚持共产党的领导，必须坚持马列主义、毛泽东思想。最后，虽经历了波折，但这一阶段大学生思想政治教育在坚持社会主义方向上做了很多努力，最终取得了很大成效。

（二）突出马列主义理论课的重要地位

高等学校马列主义理论课的目的在于培养学生树立无产阶级的世界观、人生观和价值观，在于提高学生运用正确的立场、观点、方法认识问题和解决问题的能力。1949 年新中国成立以来，政府相关部门就非常重视马列主义课程在高等学校的设置。在这一阶段，政府相关部门多次对马列主义理论课的地位进行了明确表述。1978 年 4 月，《教育部办公厅关于加强高等学校马列主义理论教育的意见》中强调，"开设马列主义理论课，是新中国大学区别于旧中国大学，社会主义高等学校区别于资本主义高等学校的一个重要标志"。

1980 年 4 月《教育部、共青团中央关于加强高等学校学生思想政治工作的意见》中同样指出"开设马列主义理论课，是社会主义大学的特点之一"。1979 年的《高等学校政治理论课的基本情况和存在问题》、1980 年的《改进和加强高等学校马列主义课的试行办法》和 1984 年的《关于加强和改进高等院校马列主义理论教育的若干规定》中也有相类似的表述。高等学校马列主义理论课的强调突出了马列主义、毛泽东思想作为党和国家的指导思想和理论基础在培养有理想、有道德、有文化、有纪律的社会主义知识分子方面的重要作用。高等学校对马列主义理论课的重视，在有效引导学生完整准确地理解马克思列宁主义理论体系、掌握科学的世界观和方法论、提高社会主义觉悟、自觉为社会主义现代化建设服务方面起了重要作用。

（三）强调理想教育

理想是一个人奋发图强的精神原动力。理想教育是增强民族凝聚力、提高综合国力的一条重要途径。一个民族、一个国家如同一个人一样，要自强、要发展，没有远大的理想是不行的。中国要屹立于世界民族之林，"就要有共同的理想和坚定的信念"。我们这么大一个国家，怎样才能团结起来，组织起来呢？"一靠理想，二靠纪律。组织起来就有力量。没有理想，没有纪律，就会像一盘散沙，那我们的革命怎么能够成功？我们的建设怎么能够成功？"高校"要大力进行革命理想教育，教育学生把个人的理想同祖国的四个现代化建设联系起来，树雄心，立壮志，刻苦读书，把全部聪明才智贡献给壮丽的社会主义、共产主义事业"。这是实行改革开放的新形势对大学生思想政治教育提出的要求。改革开放给社会带来了全新的活力，但随之而来的拜金主义、极端利己主义等也在侵蚀着人们的思想。加强大学生的革命理想教育，用社会主义、共产主义思想引导大学生摆脱各种错误思潮的干扰，从社会、从人民的大局出发，为实现共产主义理想贡献自己的一份力量，是这个阶段大学生思想政治教育的一个重要特点。一些高校为了加强对大学生的共产主义教育，在 20 世纪 70 年代末就开始尝试开设共产主义思想品德课，有计划、有步骤地对学生进行共产主义人生观教育和共产主义道德教育，收到了良好的效果。1982 年，教育部发文要求在高等学校逐步开设共产主义思想品德课程。各高校根据这一精神，深入研究不同地区、不同专业、不同年级学生的思想政治状况，根据学生的不同特点具体规定共产主义思想品德课的教学内容，在大学生明确学习目的、树立革命理想、培养共产主义道德品质等方面取得了很好的效果。

（四）开设"法律基础课"

1985 年，按照中共中央、国务院转发《关于向全体公民基本普及法律常识的五年规划》的通知，国家教育委员会向全国各高等学校发出开设"法律基础课"的通知。这是根据改革开放进程中以法律制度规范市场主体行为的规则，向培养未来社会主义现代化建设者的高等教育提出的要求。开设"法律基础课"的目的在于使学生深刻认识社会主义法制的本质和作用，理解宪法的重要性，掌握我国刑法、民法通则的有关规定，使之"知法守法，增强法制观念，为建设具有高度的社会主义民主和健全的社会主义法制的现代化强国而努力"。这阶段，"法律基础课"进行法律基础知识的教学主要通过三个途径：一是在公共政治理论课"中国社会主义建设"中介绍人民民主专政的国家制度、建设高度的社会主义民主、建设健全的社会主义法制的课堂教学；二是介绍法律的本质和作用、我国公民的基本权利和义务、犯罪和刑罚、婚姻和继承等的专题讲座；三是开设与专业相关的专门法律的选修课。这个时期设有法律专业的高等学校只有三十多所，而且大多数学校缺少讲授法律基础课的教师，一些院校邀请外校法律专业的教师和政法系统的法律专业人员到校授课。为了解决该课程教学师资严重短缺的问题，一些学校积极主动采取措施培养自己的教师队伍，最普遍的做法是对本校的政治理论课教师进行法律知识的专业培训，使他们逐步地承担起法律基础课的教学任务。

（五）加强和改进研究生的思想政治教育

研究生作为在某专业领域进行科学研究的专门人才，是知识分子中具有较高知识修养和科研能力的群体，这个群体某种程度上直接地影响着一个国家的科学技术水平，影响着一个国家的综合国力。改节开放以来，党和国家非常重视这部分精英知识分子的思想政治教育。这阶段，研究生的思想理论教育主要采取课内学习与课外学习相结合、学生自学与专题辅导相结合的方式进行。根据国家教育委员会的要求，拥有硕士点的各高等学校针对硕士研究生（不分文理工农医科）开设了"科学社会主义的理论与实践"课程，针对文科各专业的硕士研究生和理工农医科各专业的硕士研究生分别开设了"马克思主义经典著作选读"课程和"自然辩证法概论"课程；拥有博士点的各高等学校针对博士研究生（不分文理工农医科）开设了马克思主义理论课，针对文科各专业的博士研究生和理上农医科各专业的博士研究生分别开设了"马克思主义与当代社会思潮"课程和"现代科学技术革命与马克思主义"课程。这些课程是在《中共中央关于改节学校思想品德和政治理论课程教学的通知》中指出的"研究生阶段的思想理论教育，应当在大学本科的基础上继续提高，并注意与专业学习适当地结合起来"基本精神的指导下设置的。这些课程的设置考虑了研究生思想政治教育与专业学习的结合，调动了研究生结合科学研究提高自身思想政治素质的自觉性，培养了他们自觉运用马克思主义世界观指导科学研究的能力。自改革开放以来，中国社会发生了很大的变化，这直接地反映在人们的思想上，也必然地影响到大学生思想的变化。高校针对大学生思想上发生的各种变化，旗帜鲜明地提出坚持社会主义方向的基本要求，并在课程开设、教学内容上全面体现培养"又红又专"的具有社会主义觉悟的专门人才的目标，取得了一定的教育效果。

三、大学生思想政治教育的加强和改进阶段

1990—2003 年是大学生思想政治教育的加强和改进阶段。邓小平在1989 年两次对我们以往的思想政治教育做了深刻反思。一次是在 1989 年 3 月 4 目的讲话中指出："十年来我们的最大失误是在教育方面，对青年的政治思想教育抓得不够，教育发展不够。"另一次是在同年 3 月 23 日的讲话中指出："我们最近十年的发展是很好的。我们最大的失误是在教育方面，思

想政治工作薄弱了，教育发展不够。我们经过冷静考虑，认为这方面的失误比通货膨胀等问题更大。"虽然党和国家在青年良好的思想政治品德培养方而做了很多工作，也取得了一些成绩，但依然存在不足。以江泽民为核心的第三代领导集体继承了前两代领导集体重视思想政治教育的传统，同时又根据新的国际形势和我国社会主义现代化建设中遇到的新情况、新问题进行了建设性发展，为我国大学生思想政治教育在新的历史进程中开拓创新指明了航向。

这个阶段大学生思想政治教育在继承以往思想政治教育实践经验的基础上不断改进，其特点主要有以下几个方面。

（一）强调大学生思想政治教育的重要地位

早在 1955 年，毛泽东就提出："政治工作是一切经济工作的生命线。在社会经济制度发生根本变化的时期，尤其是这样。思想政治教育能够有力地加强党的领导，振奋民族精神，凝结战斗力。抓好思想政治教育，搞好思想政治工作，是一切工作的生命线，事关建设中国特色社会主义事业的大局。大学生思想政治教育能提高大学生的思想政治素质，提高大学生学习科学文化知识的自觉性，提高大学生对各种新生事物的辨别力。因此，"越是改革开放，发展社会主义市场经济，越是加快高等教育的改革与发展，越要加强党对高等学校的领导，加强和改进党的建设和思想政治工作"。大学生思想政治教育搞不好，培养出来的人才就不能很好地为社会主义现代化建设服务，党的领导就会削弱，就会严重影响我们进行现代化建设的进程。

（二）以新时期的马克思主义——邓小平理论，指导大学生思想政治教育

马克思主义是我们党的指导思想，是我们进行社会主义现代化各项建设的根，是进行大学生思想政治教育首先必须坚持的原则。马克思主义是科学的世界观，是随着人类社会的发展而不断发展着的科学，是我们在长期的革命和建设过程中始终坚持发扬的优良传统。用新时期的马克思主义——邓小平理论，指导大学生思想政治教育，将马克思主义理论同中国社会主义现代化建设的实践结合，是大学生思想政治教育的指导方针，发展了适合我国现阶段基本国情的大学生思想政治教育理念。"要重视学习，善于学，兴起一个学习马列主义、毛泽东思想、邓小平理论的新高潮。"邓小平理论是以邓小平为核心的第二代领导集体在领导全国人民进行改节开放和社会主义现代化建设的过程中，运用马克思主义的立场、观点和方法，在总结历史经验教训和

不断探索的基础上形成的，是马列主义、毛泽东思想在新时期的新体现。以邓小平理论指导大学生思想政治教育，实质上就是用发展了的马列主义、毛泽东思想来指导我们在新形势下应对新情况、处理新问题，从而推动经济建设健康和谐发展。

（三）经济建设开展与大学生思想政治教育相结合

"经济工作是当前最大的政治，经济问题是压倒一切的政治问题。"以经济建设为中心，是我们党在社会主义建设新时期对各项工作提出的重要要求，也是大学生思想政治教育工作在新形势下长期以来贯彻的一个宗旨。思想政治教育围绕经济建设展开，本身蕴含了极其丰富的经济价值。思想政治教育要求人们掌握正确的政治方向，可以提高人的政治素质，从而认识到经济建设的重要性及其实现的艰巨性，为经济建设打下坚实的群众基础；思想政治教育激励人们胸怀祖国、刻苦学习，可以提高人的文化素质，从而为经济建设提供精神动力和智力支持；思想政治教育强调与时俱进的发展模式和科技强国的现代意识，可以提高人的创新意识和科技意识，为经济建设提供发展动力。高等学校是为社会培养高级专门人才的场所，大学生思想政治教育通过提高大学生的政治素质、文化素质、创新意识和科技意识，为经济发展培养了大批能担当重任的建设主体。

（四）价值取向多元化和价值导向一元化相结合

市场经济取代计划经济从而形成国家宏观调控下的社会主义市场经济体制是整个中国社会在很长一段时期内为之奋斗不息的一件大事。当这种新的经济体制行将完善而又尚未完善、原有的利益格局已被打破而新的利益格局又尚未完全确立的情况下，社会必将处与一种多种利益相互冲突的变动之中。社会经济成分、物质利益、就业形式日益多样化，涤荡在市场经济中的大学生的思想不再受制于传统计划经济体制，产生出顺应时代发展的开拓创新意识、竞争意识效率意识和民主法律意识等，同时也滋生出一些资本主义腐朽思想。尊重大学生价值取向多元化的同时，强调价值导向一元化，把握大学生思想政治教育总航向，是大学生思想政治教育在这一时期的特点。大学生思想政治教育者引导大学生正确认识出现各种思想观念的社会环境，剖析隐藏在这些现象后面的社会原因，坚持"以科学的理论武装人，以正确的舆论引导人，以高尚的精神塑造人，以优秀的作品鼓舞人"，弘扬社会主义主旋律，培养大学生形成符合人类社会发展要求的科学的世界观、人生观和价值观。

（五）突出学生党员的模范带头作用

马克思指出："整个人类的发展是指向人的自由而全面发展的，代替那存在着阶级和阶级对立的资产阶级旧社会的，将是这样一个联合体，在那里，每个人的自由发展是一切人的自由发展的条件。"我们进行社会主义现代化的经济、文教、卫生、科技建设，最终都是为了推进社会发展，为人的自由而全面的发展提供条件。每个个体的发展是社会发展的最终目标，但整个社会在同一时间无差别地同步发展是不可能的。大学生思想政治教育按照"三个代表"重要思想的要求加强学校党组织的建设，坚持用高标准严格要求大学生党员，要求学生党员能始终发扬党的三大优良作风，充分发挥榜样示范的作用，通过点带动面，全面地提高整个大学生群体的思想政治品德水平。

（六）充分运用现代传播媒介

开展思想政治教育要根据教育对象的特点及其所处的环境、所遇到的问题，因人、因时因地、因事采取不同的措施，将科学的方法、有效的载体加以灵活运用，才能使教育起到事半功倍的效果。由于社会的进步和科学技术的发展，现代传媒在人们生活中的作用日益增大随时随地影响着群众的思想和行为。大学生思想政治教育抓住这一契机，充分运用了校报和网络等交流平台，坚持在大学生中宣传党的路线、方针和政策，以多样的形式和丰富的内容真正地将思想政治教育渗透到大学生的生活中。

邓小平理论是马克思主义和中国社会主义现代化建设相结合形成的理论成果，以邓小平理论指导大学生思想政治教育是时代提出的要求，也是高校自身寻求科学、稳定发展的内在需求。大学生思想政治教育在这一理论的指导下，有效地引导学生运用马克思主义基本理论正确分析改革开放以来出现的各种社会问题，提高了学生的思想觉悟，增强了其对社会不良思潮的免疫力。

四、大学生思想政治教育的系统发展阶段

2004 年至今是大学生思想政治教育的系统发展阶段。2004 年 8 月 26 日，中共中央、国务院发出的《关于进一步加强和改进大学生思想政治教育的意见》（中发 [2004] 16 号）对以往的大学生思想政治教育理论及实践进行了科学认识，为进一步加强和改进大学生思想政治教育提出了指导意见，成为新时期大学生思想政治教育的指针。随着思想政治教育学科的进一步完善，国内学者对大学生思想政治教育的研究不断深入，取得了丰硕的研究成果。总体来讲，这一阶段大学生思想政治教育体系已基本形成，逐步进入系统的完

善发展阶段。

（一）对加强和改进大学生想政治教育进行了系统论述

中共中央、国务院《关于进一步加强和改进大学生思想政治教育的意见》（以下简称《意见》）在系统总结以往大学生思想政治教育实践经验的基础上，对进一步加强和改进大学生思想政治教育提出了指导。《意见》共分九部分：（1）加强和改进大学生思想政治教育是一项重大而紧迫的战略任务；（2）加强和改进大学生思想政治教育的指导思想和基本原则；（3）加强和改进大学生思想政治教育的主要任务；（4）充分发挥课堂教学在大学生思想政治教育中的主导作用；（5）努力拓展新形势下大学生思想政治教育的有效途径；（6）充分发挥党团组织在大学生思想政治教育中的重要作用；（7）大力加强大学生思想政治教育工作队伍建设；（8）努力营造大学生思想政治教育工作的良好社会环境；（9）切实加强对大学生思想政治教育工作的领导。《意见》从指导思想、主要任务、基本原则、有效途径、队伍建设等方面系统地对大学生思想政治教育的各个要素提出了具体要求，实际上也是对以往大学生思想政治教育的经验进行了系统表述，为高校进一步开展思想政治教育提供了具体指导。

（二）思想政治教育专业和学科建设进一步成熟

早在20世纪80年代初，中共中央批准了《国营企业职工思想政治工作纲要（试行）》的文件，要求各高校有条件地要增设政治工作专业或政治工作进修班。1984年，教育部发文批准南开大学、复旦大学、武汉大学、东北师范大学、陕西师范大学、华东师范大学、华中师范学院、西南师范学院、清华大学、北京钢铁学院、上海交通大学、大连工学院12所高校增设思想政治教育专业，采取正规化的方法培养大专生、本科生和第二学士生等各种规格的思想政治工作专门人才。思想政治教育专业建设和学科建设正式起步。在多年的思想政治教育专业和学科建设中，思想政治教育（1997年与马克思主义理论教育合并为马克思主义理论与思想政治教育学科）一直属于法学门类下政治学级学科，其学科性质、研究对象、培养目标等存在界定模糊的问题。根据中共中央《关于进一步繁荣发展哲学社会科学的意见》（中发2004）3号）和中共中央、国务院《关于进一步加强和改进大学生思想政治教育的意见》（中发〔2004〕16号）文件精神，2005年国务院学位委员会、教育部发出《关于调整增设马克思主义理论一级学科及所属二级学科的通知》，增设马克思主义理论一级学科，下设五个二级学科（马克思主义基本原理、马克思主义发展史、马克思主义中国化研究、国外马克思主义研究、思想政治教育，2008年又增设了一个二级学科：中国近现代史基本问题研究）。独立的马克思主义理论学科的建立，为进一步在马克思主义理论指导下开展思想政治教育理论与实践的研究提供了平台。大学生思想政治教育一直是学术界研究的一个热点，思想政治教育二级学科培养目标、业务范围的明确定位，为更好地开展高校学生思想政治教育与管理工作研究提供了机遇。

（三）关注大学生心理健康教育

随着经济成分和经济利益格局多样化、社会生活多样化、社会组织形式多样化、就业岗位和就业形式多样化的深入发展，新世纪的大学生，不得不面对高等教育从精英教育向大众教育转变给他们带来的压力。原有的就业分配制度被完全打破，很多大学生一入大学校门甚至还未入大学校门，就在考虑未来的毕业去向。就业成为大学生心理压力的主要来源。这个压力伴随着大学生的学习和生活，直接诱发了一系列心理问题。同时，直接来自人际关系、经济、学习等方面的压力，也是导致大学生出现心理问题的重要来源。为了更好地引导大学生正确认识就业形势，科学分析学习和生活中遇到的困难，积极有效调整心理压力，高校采取了设立心理咨询室、开展网上咨询、组织心理知识竞赛、利用校园媒体进行心理知识宣传等方式，不断向大学生传递心理健康知识，传授心理调适方法，帮助大学生解析心理现象、减少心理压力，推动其健康积极向上心理的发展。

（四）重视高校辅导员队伍建设

辅导员队伍建设是高等学校教师队伍建设和管理队伍建设的重要组成部分。作为开展大学生思想政治教育的重要力量，辅导员是大学生良好政治观点、思想观念、道德行为形成的引导者和推动者，扮演着学生的人生导师和知心朋友的重要角色。2006年教育部发布《普通高等学校辅导员队伍建设规定》，对辅导员的工作要求与主要职责、配备与选聘、培养与发展、管理与考核提出了明确要求。辅导员以班级建设与管理为平台，直接介入学生日常生活开展思想政治教育，因此辅导员的选拔必须严格。具备本科以上学历、思想政治教育相关学科专业背景，具备较强的语言、文字表达能力和组织管理能力是应聘辅导员岗位的基本要求，而要上岗必须要接受系统的上岗培训并取得合格证书。为了更好地开展大学生思想政治教育，各高校在辅导员选聘工作上都提出了比较高的要求，也确实为高校选择了一批过硬的思想政治教育工作人员。结合辅导员工作的性质和对学生了解比较深入的实际情况，一些高校通过岗前集中培训，逐步由辅导员承担心理健康教育、就业指导、形势与政策等相关课程的教学工作。这样，一方面有效地调动了辅导员主动深入学生实际了解学生思想政治状况的积极性；另一方面使这些课程的教学更贴近实际、贴近生活、贴近学生，教学效果明显

（五）关于大学生思想政治教育的研究成果丰富

大学生是国家建设的宝贵人才，大学生思想政治教育一直是党和国家关注的重点，也是学术界和实践领域研究和探讨比较多的问题。这一阶段关于大学生思想政治教育研究的成果非常多，有以论文形式体现的，也有以著作形式体现的。研究内容主要集中在以下几个方面：一是对大学生思想政治教育基础理论的研究，比如分析大学生思想政治教育的主体、剖析大学生思想政治教育的内容、界定大学生思想政治教育的原则、探讨大学生思想政治教育的评价体系等；二是对大学生思想政治状况的调查研究，比如对大学生择业观的调查研究、对研究生学术道德与学术规范状况的调查研究、对大学生心理健康状况的调查研究、对大学生党员思想政治状况的调查研究等；三是对大学生思想政治教育队伍的研究，比如对辅导员队伍的研究、对思想政治理论课教学队伍的研究等；四是结合国内外大背景对大学生思想政治教育的研究，比如结合经济全球化的国际大背景研究大学生思想政治教育、结合构建和谐社会的国内大背景研究大学生思想政治教育、结合互联网时代的背景研究大学生思想政治教育等。这些研究成果既包括对以往大学生思想政治教育实践经验的概括、归纳和总结，也包括对实践中遇到的各种问题的理性分析，对今后大学生思想政治教育工作的开展能起到很好的启示作用。

随着国际国内形势的发展变化，大学生的思想也在不断地发生改变，这给新时期的思想政治教育带来了一系列新课题。新时期的思想政治教育任重而道远，不断地加强和改进大学生思想政治教育，提高大学生的思想政治素质是每一位高校教育工作者的责任。

第二节 大学生思想政治教育的文化内涵

从教育的根本性质和根本目标来看，思想政治教育具有一种系统性、基础性和全程性的鲜明特征。不同于其他学科专业教育的分科化技能化要求，思想政治教育是以培养学生正确的思想政治立场、良好的人文思想素质、行为品德以及思维方式为目的的。因此，思想政治教育的内涵完全超出了学科

专业的规定，从而体现出它所固有的文化性。

一、大学生思想政治教育的文化属性

教育是一种广义的文化活动，因而具有十分鲜明的文化属性，其文化内涵是显而易见的。同理，思想政治教育也是一种文化活动，不过其文化属性和文化内涵带有一定的意识形态特征。然而，思想政治教育的意识形态特征也是在文化层面上的，最终不能脱离它的文化属性。所以，思想政治教育绝不是简单地开设几门公共政治理论课，简单地用说教方式讲一些政治道理。事实上，思想政治教育直接关系到教育树人的百年大计，关系到建设中国特色社会主义和实现中华民族伟大复兴。如何回归思想政治教育的文化属性？如何深化和完善思想政治教育的文化内涵？这是摆在当前大学生思想政治教育工作面前的重要任务。习近平在全国高校思想政治工作会议上指出："要遵循思想政治工作规律，遵循教书育人规律，遵循学生成长规律，不断提高工作能力和水平。要用好课堂教学这个主渠道，思想政治理论课要坚持在改进中加强，提升思想政治教育的亲和力和针对性，满足学生成长发展需求和期待。"这个讲话不仅指明了思想政治教育的改革发展方向，而且提出了思想政治教育创新的根本要求。我们可以看到，讲话的基本精神是要求遵循教书育人的规律来改进思想政治教育，增强亲和力和针对性以适应学生的成长需求。根据这个讲话精神，思想政治教育如要实现全程育人和全方位育人的教育目标，就必须进一步强化思想政治教育的文化属性和文化内涵，确实从文化载体上着眼创新思想政治教育的方式方法。为了有效解决大学生思想政治教育工作中存在的不平衡不充分等问题，教育部 2017 年组织力量对全国所有普通高校的思想政治理论课程展开了专题调研，并将 2017 年确定为"高校思想政治理论课教学质量年"，印发了《高校思想政治工作质量提升工程实施纲要》，强调要按照习近平提出的任务使命和改革要求，促使大学生思想政治教育工作上台阶，推进高校思想政治理论课有所作为有所创新。

关于思想政治教育的本质归属，引发过不少理论观点上的争论。有研究者将这些争论归纳为"灌输论、教育论、社会化论、交往互动论、精神生产论、以人为本论、铸魂育人论、思想掌握群众论、属性论、综合本质论。"这些争论抓住了思想政治教育的某些方面，突出了思想政治教育的某些特征，但是忽视了思想政治教育的文化内涵，因而没有看到"以文化人"和"文化育人"才是思想政治教育的本质归属。近些年来，关于思想政治教育文化内涵的讨论，在不少学者中间取得了一些共识。不少研究论著围绕着思想政治教育的文化属性、文化功能、文化自觉、文化使命、文化融入、文化环境、文化载体等方面，比较深入地分析了思想政治教育所固有的文化内涵。如果我们只是片面地理解思想政治教育的政治使命和意识形态特征，只是将思想政治教育等同为简单的和空洞的政治说教，归结为口号式和教条式的政治灌输，就看不到其中的文化性问题，而简单灌输式的思想政治教育在教学过程中也就没有亲和力。因此，要寻求思想政治教育的有效性创新，将其完全融入育人过程之中，就需要关注其文化内涵的效力作用。

思想政治教育的文化内涵，主要体现为它是一个综合性的和全程性的人才培养过程。它所要完成的政治信念教育、思想品德教育、心理人格教育、文化素质教育、历史传统教育等教学目标内容，必须始终与政治立场、价值取向、现实判断、社会环境、文化品位直至心理成长、个人趣味和校园文化等多个要素环节结合起来。培养社会主义的建设者和接班人，必须始终坚持全程育人和全方位育人的理念，这也是完全符合马克思主义基本原理的。马克思在《关于费尔巴哈的提纲》中明确指出："人的本质不是单个人所固有的抽象物，在其现实性上，它是一切社会关系的总和。"这一论述肯定了人是社会的产物，人是在一定的社会经济条件、社会阶级状况以及社会文化思想中形成的。人的本质不是抽象的观念东西，而是实实在在的社会总和。关键是如何理解这个"总和"，它绝不是各种社会因素的简单相加，而是一种社会化的合力作用。这种社会合力作用是将经济、政治、科技、传统等要素融为一体，而完成这个融合过程则是由文化来担当的。尽管马克思恩格斯没有对文化问题做过详尽的论述，但是，从马克思主义固有的社会整体观出发，我们依然可以得出这样一个判断，即培养社会人必须把他作为具有尽可能丰富的属性和联系的人，因而具有尽可能广泛的发展需要的人生产出来，或者把他作为尽可能完整的和全面的社会产品生产出来。这个生产过程就是一个文化生产过程，或者说是"以文化人"的塑造过程。

中文里所说的"文化"明确传达出了易经中的"观乎人文，以化成天下"的基本意义。在中文语境中使用的"文化"一词，其意义和作用主要在于人的培养和发展，在于一个知书达理的人品修养，在于一个社会人的基本塑造。英语里面所说的"文化"（culture），其拉丁语的词源本身就有耕作、种植、栽培、培育等意思，最初指向的是自然物的栽培过程，后来逐渐地增加了对于人的教养和培育等含义。事实上，无论是在中文里面还是在西语里面，文化都不仅用作名词来表示观念性和思想性的内容，如哲学、科学、文学艺术等，而且也用作动词指向"以文化人"和"文化育人"的过程。文化与人的发展具有完全的共生性。无论从种族角度还是从个体角度看，人的发展都是无法与文化活动分离开来的。人创造文化的同时，文化又塑造了人自身。在人类历史发展的长河中，在任何一个民族国家的建构过程中，文化都担负起了培养人格和塑造民族的基础性作用，而这一切正是通过各种各样的教育形式来实现的。

立足于教育自身固有的文化属性，作为教育的重要组成部分的思想政治教育需要真正回归到其文化属性上面。然而在现有的思想政治教育实践中，无论是我们的教学大纲设计还是我们的课堂教学方法，往往都偏重于政治思想说教，在不同程度上忽视和回避了思想政治教育的文化内涵，由此导致了思想政治教育在内容和形式上面的浅层化和单一化。教学缺少厚度和深度，也缺少宽度和广度，使得思想政治教育缺乏亲和力和有效性。在这一方面，我们可以向其他国家学习，比如，韩国在实施其"国民精神教育"（类似于我们的思想政治教育）中，就将文化修养放在首位，既要培养学生的大局观念（正确处理家庭、社会、国家三位一体的关系），也要教育学生学会尊重他人和杜绝暴力等做人的道德规范。尽管国外没有"思想政治教育"一说，但是，他们所全面推行的公民教育、道德教育、法制教育、宗教教育、历史教育、国家教育等内容，基本上都是属于"思想政治教育"的范畴。不过，他们的课程教学内容及其方式更多地体现了思想政治教育的文化内涵，因而具有一种细雨润无声的效力。

二、大学生思想政治教育的文化融入

习近平指出："思想政治工作从根本上说是做人的工作，只有围绕学生、关照学生、服务学生，在解疑释惑、凝聚共识中不断给学生以思想启迪和文化滋养，才能培育德才兼备、全面发展的人才。"从培养社会主义建设者和接班人的根本目标着眼，高校当然要以思想政治教育作为大学人才培养的立足点和出发点。在思想政治教育中，必然要体现一定阶级的思想观念、政治观点和道德规范。思想政治教育具有鲜明的意识形态特征和政治立场。它要求把立德树人作为中心环节，把思想政治教育工作贯穿教育教学全过程。但它终究还是一个"以文化人"的教育过程。我们必须看到，思想政治教育具有综合性和整体性的教育实践特征，它是以深厚的文化内涵作为支撑点的。思想政治教育绝不只是向学生灌输几句口号式的教条，或者是一些公式化的观念，而是必须始终遵循学生的思想、品德、人格和心理等发展规律，将思想政治教育融入丰厚的和鲜活的文化思想资源中，使之成为全面的和有效的思想文化素质教育。为了真正做到"以文化人"和"以文育人"，思想政治教育就始终面临一个文化融入问题。

文化融入或者文化资源的充分利用，是当前大学生思想政治教育提升质量首先需要面对的一个改革创新任务。事实上，从大学生思想政治教育的基本课程内容出发就可以看到，思想政治教育就是一种文化政治教育。我们讲授马克思主义的基本原理，当然离不开马克思主义的思想发展史，更不能脱离马克思主义形成发展的文化历史背景。我们讲授中国共产党党史，讲授毛泽东思想和邓小平理论，当然离不开中国共产党的优良革命传统，更不能脱离中华民族近现代以来的革命历程。我们讲授中国特色社会主义，当然离不开中国的具体国情和我们党所开辟的中国特色社会主义发展道路。在思想政治教育所涉及的文化观念系统中，既包括有占据主导地位的马克思主义思想文化、中国共产党红色文化和当代中国特色社会主义文化，也包括有几千年以来的中华民族优秀传统文化以及先进的外来文化和西方文化，还包括现代化和全球化所带来的新兴文化和流行文化等内容。在整合运用这些丰富的文化资源过程中，我们当然应该坚持其中应有的政治意识、历史意识、开放意识和批判意识。

思想政治教育的教学内容首先必须吸取马克思主义的思想文化来源，必须立足于中国共产党的红色文化传统。马克思主义基本原理的传授，不能仅靠教科书上面的那些概念表述和经典名言，还需要深入到马克思主义形成发展的具体思想环境及其历史文化条件中，也就是回到马克思主义得以产生的文化背景。讲解中国特色社会主义理论体系，也不能局限在现成的那些理论陈述，还必须从中国共产党的形成和发展史着眼，从近现代以来中国社会发展的大背景着眼，结合中国共产党的领导地位和建设中国特色社会主义的历史必然性，也就是要融入红色文化作为思想政治教育的基础。中国革命传统教育或者说红色文化教育，就是最为鲜活的理想信念教育和爱国主义教育的文化资源。在培育集体主义精神和服务人民为国奉献精神的过程中，红色文化不仅具有强烈的感染力和说服力，而且本身还具有非常鲜明的价值导向作用。革命领袖、革命烈士、英雄人物、劳动模范、道德标兵等先进人物的事迹都是最为有效的思想政治教育资源。

培养青年学生的"四个自信"（即理论自信、制度自信、道路自信、文化自信），无疑是思想政治教育的核心所在。其中，文化自信又是支撑其他三个自信的基石。文化自信的培养，当然需要立足于中华优秀传统文化。事实上，如果脱离中华优秀传统文化的传承和弘扬，缺少优秀传统文化的融入，宣扬社会主义核心价值观就只能成为无源之水和无本之木的空洞说教。习近平指出："对历史文化特别是先人传承下来的价值理念和道德规范，要坚持古为今用、推陈出新，有鉴别地加以对待，有扬弃地予以继承，努力用中华民族创造的一切精神财富来以文化人、以文育人。"他强调，培育和弘扬社会主义核心价值观必须立足中华优秀传统文化，并在不同场合指出中国传统文化博大精深，学习和掌握其中的各种思想精华，对树立正确的世界观、人生观、价值观很有益处。为了贯彻这一讲话精神，教育部颁布了《完善中国优秀传统文化指导纲要》。在国学热和开展经典阅读等复兴优秀传统文化的大背景下，近些年来，大学生思想政治教育与中华传统文化教育相融合的趋势愈加明显。具体说来，一是有不少学者开始专注于研究传统文化在思想政治教育中的重要作用及其结合路径；二是许多高校开始着手建立将传统文化融入思想政治教育之中的体制机制，组织相关教材的编写，为实施传统文化教育提供保障；三是不少任课教师积极发掘和利用传统文化的丰富资源，将思想政治教育融入爱国、敬业、诚信、友善等传统美德的传承之中；四是学生对于中华优秀传统文化的关注和兴趣也在不断增强，广泛开展了《论语》、《道德经》、《周易》等古代经典的阅读活动。中华优秀传统文化不仅是博物馆里面的老古董和文物摆设，而是至今没有中断的中华民族血脉。正如习近平所指出的，"老子、孔子、墨子等思想家上究天文、下穷地理，广泛探讨人与人、人与社会、人与自然关系的真谛，提出了博大精深的思想体系。他们提出的很多理念，如孝悌忠信、礼义廉耻、仁者爱人、与人为善、天人合一、道法自然、自强不息等，至今仍然深深地影响着中国人的生活。"

在思想政治教育的文化融入过程中，当然还有那些不可或缺的外来文化（尤其是西方文化）以及当下的各种大众流行文化。在我们课堂上传授的知识体系大多来自西方文化，可以说在不同程度上西方等外来文化已经构成了中国近现代文化的一部分。不可否认，西方文化可以打破我们文化的封闭性和局限性，可以为我们的创新发展注入新鲜血液。然而，面对着比较强势的西方现代文化，思想政治教育一方面要向学生传递那些先进的思想观念，让学生了解更多全球化和信息化时代的科技思想，另一方面又必须引导学生自觉抵制西方文化中那些错误的思想观念和价值取向，不能不加辨别地接受所有西方外来文化思潮，要让学生能够分清哪些是有益于思想健康发展的东西，哪些是有悖于马克思主义思想和中国特色社会主义核心价值观的东西。在主流文化之外，大众文化和青年亚文化也是不可小看的思想力量。况且，青年学生更加容易受到这些新潮的流行时尚文化的影响和左右。思想政治教育在融入和吸取这些文化要素的同时，更为重要的还有一个引导学生如何去辨识其中优劣的教育任务。

三、大学生思想政治教育的文化载体

以往的思想政治教育在教育方式方法上往往流于简单的课堂灌输，很少利用丰富多彩的文化形式。因为我们总是"习惯于通过课堂教学灌输政治与道德知识，因而不断增加政治课、德育课的门数，而不善于寓德于人文、社会以及自然科学课程的教学之中；习惯于通过号召虚张声势，而不善于做深入细致、有针对性的思想工作；习惯于通过批评、禁止等行政管理手段来规范学生的行为，而不善于形成集体舆论、文化氛围对学生进行熏陶；习惯于居高临下从社会的需要对学生提出种种要求，而不善于从学生的角度进行心理分析，以心理咨询的方法引导学生。"事实上，灌输式和说教式的思想政治教育难以达到应有的效果，这已经是教师学生以及上级主管部门的共识。因此，中共中央国务院在《关于进一步加强和改进大学生思想政治教育的意见》中明确提出，要求"大力加强大学生文化素质教育，开展丰富多彩、积极向上的学术、科技、体育、艺术和娱乐活动，把德育与智育、体育、美育有机结合起来，寓教于文化活动之中。"思想政治教育的文化载体建设，绝不是一个可有可无的形式手段问题，也不是可重可轻的方式方法问题，而是一个涉及如何深入推进文化育人的有效性问题。

思想政治教育既要重视各类文化资源的融入和整合，同时也要积极发挥各种文化载体的中介作用。思想政治教育不仅仅需要紧扣内容充实内容，而且也需要注重形式丰富形式。这里不是说要让形式大于内容，而是要让形式更好地服务于内容，让内容最大限度地发挥其有效性和影响力。如何能够做到让思想政治教育对学生产生吸引力和亲和力，从而能够有效地把正确的思想观念内化成学生的认知行为和自觉意识，除了课堂上教师自身的讲授方法和讲授艺术之外，还需要借助于各种有助于提高课堂教学效果的传达方式，也就是思想政治教育的相应文化载体。所谓文化载体是指那些通过运用文化手段而产生的各种有效启发手段和调动形式，如影视作品、小说、戏剧、诗歌、散文、音乐、绘画、知识竞赛、演讲比赛、电视广播、大众传媒、参观展览等等。尤其是在今天我们所处的这个信息化和网络化时代，大众传媒和网络这种文化载体更是发挥着不可估量的教育影响作用，在某种程度上它们的影响或许超过了课堂教学和教材内容。因此，从思想政治教育的亲和力和实效性出发，充分运用各种为青年学生喜闻乐见的文化载体进行教育改革创新，乃是提升思想政治教育有效性的重要举措。

针对当代大学生的知识结构和心理行为特征，思想政治教育的文化载体建设必须要跟上时代的变化步伐。思想政治教育工作者首先要熟悉和掌握一些基本的文化传播方法，能够比较充分地利用影视文学等形式将思想政治教育的基本内容寓于文化欣赏活动之中。其次还要确立一种综观式的文化育人理念，不是说为了娱乐而娱乐地采用文化载体。事实上，"大学生思想政治素质是具有整体性的有机存在，思想政治素质既包含认知、体验、实践、自我教育等能力要素，又包括知、情、意、行等个性要素，还包括世界观、人生观、价值观、道德观等社会关系要素，体现了人的自然属性、社会属性、精神属性的有机统一。大学生思想政治素质的全面、协调和可持续发展，就是要求大学生的能力素质、个性素质、社会关系素质的全面、协调和持续提升。"既然学生思想政治素质的培养是一个全方位和全过程的育人工程，因而也对如何运用思想政治教育的文化载体提出了更多更高的要求。

首先，结合高校学生专业学习的实际情况，结合各门专业学科的特点，将思想政治教育与各个专业学科学习结合起来，无论是文科的哲学、文学、艺术、历史学、政治学、经济学、心理学，还是理工科的物理学、数学、建筑学、计算机学等，都可以成为思想政治教育最为有效的文化载体。与专业化的科学知识和科学思想结合起来，开展思想政治教育就有了非常牢固的科学基础，从而对学生产生更有效的理论说服力。其次，可以充分运用那些具有感染性的文化产品，比如，电影、电视、戏剧、音乐舞蹈、绘画、体育等就可以起到寓教于乐的作用。在高校开展社会主义核心价值观教育、社会主义先进文化教育的主题活动中，通过现代声光电媒体形式的传播过程，显然会产生比单纯课堂授课更好的效果。在帮助学生了解中国历史和中国共产党历史的教学目标上，一方面，需要推进中华优秀传统文化教育，通过"中华经典诵读工程"和"中国传统节日振兴工程"以及传统文化和传统戏曲进校园等文化活动，培养学生的民族文化自信和爱国主义情怀；另一方面，让学生走出校园参观考察红色文化摇篮和革命教育基地，切身体会新中国来之不易的伟大成就和中国共产党领导地位的历史必然性。最后，营造良好的文化环境和文化氛围，尤其是校园文化建设这个环节有着更加直接的影响作用。如何将政治意识形态的宣讲内容寓于校园生活和社会环境的方方面面，这是一个大学生思想政治教育工作的必要举措。

事实上，校园以及社会的文化环境和文化氛围，对于青年学生的影响要远远超过课堂教学方面的影响。无论是校园文化还是社会流行文化都会渗透到学生的思想观念之中。正是因为其影响发生在日常生活中，这些无处不在的文化影响往往起到了事半功倍的教育效果，在这个方面国外的教育方式值得借鉴。日本所实施的思想政治教育大多是通过强化校园文化建设，旨在培养和强化学生的认同感、归属感和集体精神。新加坡培养"国家意识"的做法是从儿童抓起的循序渐进方式，着力塑造"国家至上，社会优先"的公民意识。"西方国家的思想政治教育作为一种'隐性'的存在，主要体现在一般的教育论述中，体现在公民教育、政治教育、道德教育等各项活动之中，体现在日常的社会生活之中……他们将意识形态的内容寓于社会生活的方方面面，体现在社会舆论、宗教活动、社会管理、日常交往、公共设施等见得到、摸得着的一切事物和一切活动之中，渗透到学校教育的各门学科、各项活动之中，使人们在任何时候都能够不知不觉地接受一定的政治意识形态的熏陶。"如美国各高校开设有"美国史"这门课程，"这门课程不仅讲授美国建国史、成就史和美国历史上著名人物的奋斗史等历史，还向学生灌输美国主流的政治观和价值观，宣扬资本主义和美国政治经济体制的优越性。同时，美国高校还经常举办政治制度、政治思想、政治伦理等方面的专题讲座。美国的政治家、政治名人和官员到高校进行演讲，也是美国高校开展政治教育的一个传统。"文化载体所营造出来的文化环境和文化氛围，确实能够有效地实施思想政治教育。从国外已有的教育经验看，从近些年国内大学生思想政治教育改革经验看，思想政治教育确实需要采用更多综合性和渗透性的文化教育方式，才能真正达到润物细无声的教育效果。只要我们确实认识到思想政治教育乃是一个"以文化人"的综合教育过程，只要我们确实把握住思想政治教育的文化内涵，就为思想政治教育的改革创新奠定了认识基础，从而能够更加有效地推进大学生思想政治教育的全面发展。

四、大学生思想政治教育的文化功能

教育是文化系统的重要组成部分，文化要靠教育来传播、保存、创新。没有教育，人类世世代代积累的文化就不可能保存下来，也不可能推向前进。正因为人类可以通过教育的方式，使过去取得的文化成果传递给未来的世代，所以人类改造自然的能力越来越强，人类越来越脱离自然状态而显示其人之为人的木性。教育不仅属于文化的精神层面，也属于文化的制度层面。教育通过一系列的手段使文化成果在新的一代人中间得到传承发扬。与知识性的教育不同，思想政治教育的主要任务是传承和发扬人类在精神领域的文明成果，用精神文化成果来陶冶下一代人使他们拥有较高的思想道德水平。

（一）思想政治教育具有文化传承功能

教育的任务就是系统地将文化成果传递给下一代人，教育也就是文化积累和传播的过程。"学校教育的诞生，加快了人类文化积累的进程，因为它不仅通过语言传达清晰明白的意义，交流思想和感情，传授系统化了的知识和经验，使文化在一代代延续中保存下来，而且还可借助于文字，将文字刻之于书简，印之于丝帛、纸张，使文化跨时代地积累和长存。"人类的文化是以社会遗传的方式，通过教育往下传播。教育使文化的传承有系统性、稳定性、持续性，保持了文化的延续性，否则文化的传播往往容易中断。发达的文化体系往往拥有发达的教育系统，在中华民族这一点尤为突出，中华文化绵延五千年，中国的教育系统也自先秦开始，夏代就有称为序的学校。重视教育是中华民族的优良传统。庞大的教育体系为中华文化的传承建立了不朽的功勋。思想政治教育主要传承的是文化系统里面的精神部分，如伦理道德、理想信念、价值观念等。思想政治教育把过去留下的文化的精彩部分加以传递，让新一代内化于心、外化于行。

（二）思想政治教育具有文化选择功能

教育把文化成果传给下一代人，但是这一种传递并不是没有选择地全部传递给下一代人。教育总是把文化成果中精华的部分，有选择性地传递给下一代方面，这是因为前代人创造的文化总是精华与糟粕并存，不得不进行一番去粗取精、去伪存真的功夫；另一方面，人类文化的成果太丰富了，即使是优秀的文化成果，随着一代代的积累，其数量也是巨大的，每一代人的时间精力都是有限的，只能选择那些优秀成果中的精华部分，优中选优地进行传递。这也就是为什么教育内容永远是最经典的内容。教育也就是一种文化的选择和重新构建。思想政治教育同样如此，思想政治教育按照先进的文化理想选择那些符合未来发展方向、具有恒久生命力的文化成果传递给下一代人。在选择传递的文化对象时也就是对文化进行选择，将先进文化保存下来，而将那些落后的文化淘汰。思想政治教育选择何种价值观进行传递，直接决定了社会与人存在和发展的方向。新中国成立以来，思想政治教育以马克思主义理论、共产主义伦理道德、社会主义理想信念等先进文化为主要传递内容，就把过去三纲五常、读书做官的落后文化给淘汰了。思想政治教育是我国文化建设的重要组成部分。创造新文化、扬弃旧文化，在这一点上思想政治教育起到重要的作用

（三）思想政治教育具有文化创造功能

文化是人类的创造物，人类的这个创造物反过来塑造人。文化是人创造的"第二自然"。从出生起，人就处在这个第二自然的包围之下。"每一代人对他们自己的文化都有一个重新发现和理解的过程。每一代人不仅学习自己的文化，而且重新建构自己的文化。"每一代人不可能原封不动地只是继承前人的文化，在继承的过程中都会加上自己的新东西，这也就是一个文化创造的过程。教育过程既是一个文化传播、积累、选择的过程，同时也是一个文

化创造的过程。孔子以六艺教学生，六艺在孔子以前就存在，但是经过孔子的整理用作教育，也就更加凸显其文化价值和文化功能。进行文化的再生产再创造是思想政治教育的自觉和不自觉的历史过程。一方面，思想政治教育采用对个体思想道德素质发展和社会发展进步最有利的内容进行思想政治教育，这本身就是一个有意识的文化选择与重新创造的过程。要想让人们接受思想政治教育，就必须创新思想政治教育教育的内容、方法、手段，这是一个对已有文化继承与创造的过程。另一方面，这也是一个文化价值观的再生产过程，把已有先进文化传播到那些尚未掌握文化的人手中，让自然人变成文化人、社会人，这也是一种创造。通过创造掌握先进文化的人，可以进一步推进文化的创新。

大学生思想政治教育是高校按照一定的社会要求，有目的、有计划、有组织地对大学生的思想品德、政治素质和心理素质进行教育，把大学生培养成社会主义合格接班人。

第三节 大学生思想政治教育的特点和目标

大学生思想政治教育生活化是落实党和国家的教育方针、适应时代发展需求、实现思想政治教育目标的重要理念和重要方式。

一、大学生思想政治教育的特点

（一）大学生思想政治教育环境特点

1. 现代化事业蓬勃发展下的浮躁社会环境

目前我国正处在全面实现小康社会的攻坚期，随着40年改革开放步伐的稳步迈进，我国的生产力和各项事业蓬勃发展，免除农业税、实行义务教育制度、实现城镇医保和养老保险全覆盖等，上述政策、制度、措施的实施，充分彰显了社会主义制度的优越性。但是，当人们在享受改革红利的同时也必须相应承担现代化事业蓬勃发展的负面效应——资源消耗殆尽，环境污染严重，生态系统恶化，地质灾害频发……即使如此，现代化建设带给物质世界的时空转换力度，还是不及对人们主观精神领域的影响。改革和发展实质上是一场社会各层次人群利益关系的再分配，从某种意义上说，正是改革和发展唤起了人们内心深处对于满足物质欲望的需求。表现在社会上，就是经商热、创业热、赚钱热，迫切想要成功，梦想一夜发财致富，在心态上轻浮、急躁，急功近利。折射到大学校园，就表现为大学生追求金钱至上、享乐人生，不重视打基础，无法静心读书，学习动力不足。在部分大学生看来知识只是充实脑子空虚的精神食粮，却不能填补肚子的空白，钱才是第一位的，因而放松了对知识的学习，导致了大学生中厌学情绪的盛行；还有部分大学生只关心眼前利益，耗费太多时间和精力去做兼职，浪费了宝贵的学习机会；更有个别学生，贪图眼前享乐，为了一己私欲，不惜拿青春赌明天，做起了违反法律、违反道德的事情，着实令人扼腕叹息。

2. 社会过渡转型期下的信仰危机环境

转型是指事物的结构形态、运转模式和人们的价值观念根本性的转变过程。社会转型是指新兴科技推动下社会生产生活方式的根本改变。新中国成立前我国长期处于农业、半农业社会，生产工具落后，生产效率低下。新中国成立后，在共产党人的领导下，开始向工业化转型，终过半个世纪的社会主义建设，工业化转型任务基本完成，且前正在向信息化社会迈进。由于压缩了发展空间，许多制度建设没有跟上，眼下的中国社会明显带有"过渡"痕迹——风险与机遇并存，社会矛盾凸显。"物质矛盾与文化性矛盾、政治性矛盾并存，简单矛盾向复杂矛盾转变，接触性矛盾向非接触性矛盾延伸，隐性矛盾向显性矛盾发展。"随着社会矛盾的日益加剧，贫富差距问题、社会公平问题、物价问题同步涌现，既深度考验着共产党人的执政能力、危机处理艺术，也严重挑战着当代大学生群体对于社会主义道路和共产主义的信仰。

3. 多元文化背景下的价值多元文化环境

"一切价值观念都是一定社会实践的产物。"中国人民改革开放的求富实践，既引来了西方先进的科技和管理经验，也接纳了西方文化背后的价值标准和道德准则，传统与现代的碰撞，国际与国内的融合，导致国内出现了东方文化与西方文化、主流文化和非主流文化、传统文化与现代文化的多元格局。同时，随着社会改革力度不断加大，政治、经济、文化体制改革同步推进，阶级、阶层等利益主体逐渐分化，在全社会逐步形成了思想观念多样、阶层利益多元、文化环境多变的复杂社会结构。在如此结构作用力下，渐渐衍生放大出许多对大学生影响巨大的社会思潮。比如，民主社会主义思潮、民族虚无主义思潮、历史虚无主义思潮、新自由主义思潮、私有化思潮以及低俗文化享乐主义思潮等。这些思潮裹挟着各型各色的价值观一股脑地涌向了"三观"尚未确立的大学生，使他们善伪不分，真假难辨，在人生观的选择方向上迷了路。在多元化文化轮番冲击下，很多大学生不经过理性思考、调查研究，就轻易放弃了中国的传统文化和现代社会主义理念，就盲目选择皈依了资本主义的生活方式、文化理念以及价值观，虽然只是小部分人的个人行为，却也值得引起我们高校思想教育工作者的警醒。

　　（二）大学生思想政治教育对象特点

　　在社会转型和改革开放的时代背景下，由于经济、政治、文化环境的迅速变化和科学技术的迅猛发展，大学生这一思想活跃、易接受新鲜事物、充满生机与活力的群体呈现出了与以往不同的特征。

　　1. 受新时代社会思潮影响的大学生特征

　　高校聚集着一大批年轻有为、富有探究精神并朝气蓬勃的大学生，国外社会思潮的传入、国内社会变革的深入以及大学生个人成长的需求使当代大学校园成为各种社会思潮传播的集散地。当前高校思想文化领域的主流是积极健康的，马克思主义的指导地位不断巩固，中国特色社会主义理论体系深入人心。但是我们也应该清醒地认识到，依然有大量消极的社会思潮正在侵蚀着大学生的心灵，如性解放、拜金主义、享乐主义、攀比风气等等。各类社会思潮抢滩高校校园，对大学生的影响可谓正负交织，意义重大，关键在于引导和交流。对大学生的思想政治教育既不能忽视社会思潮反映社会现象和现实，帮助大学生了解社会丰富性和复杂性的镜鉴作用；也不能忽视各种消极有害的社会思潮冲击我们现有的思想政治教育月的和成果。只有立足这样的现实，才能顺畅地与大学生开展交流与沟通，准确地掌握大学生当前的思想动态。如果偏执某一方面，势必造成与教育者与被教育者之间交流隔阂，乃至于情感障碍。

　　2. 由经济独立带来的大学生人格独立性特征

　　存在是哲学的基范畴，存在方式是指物质与精神的高度统一，通俗理解就是生活方式。从非市场经济转向市场经济，人的存在方式发生了全面变化，对此，马克思的概括是从人对人的依附性的存在转向以物的依赖性为基础的人的独立性的存在。在社会主义市场经济的潮流下，企业和个人成为独立主体使得人们从以往的人身依附关系中解脱出来，平等意识加强，主体性日益突出。这一现实趋势势必会在当代大学生身上产生直接或者间接的影响，与以前的大学生相比，如今的大学生主体意识提高，独立意识加强，自我意识突显，视野更开阔，法律意识更强，同时冲破了自我认识的局限性，追求前卫，个性张扬。很多大学生利用课余时间，通过勤工俭学或是做兼职赚取外快来贴补生活，合开店铺或是倒买倒卖的经济行为在课堂外屡见不鲜，大学生的经济自主化日益突出。但这种由经济独立换来的人格独立，很多时候，并没有给大学生带来如约而来的幸福，或者说获得过度的不可驾驭的自由权利只会徒增不必要的负担和痛苦。

3.高新科技、新媒体应用引发的大学生特征

科学技术的迅猛发展，网络新媒体的异军突起，正改变着人们的生活方式、沟通方式和知识获取方式。网络技术的逐步成熟，使其成为一种时尚的信息传递方式，作为新兴科技助推下成长起来的新新人类，大学生势必会站在时尚生活的最前沿。他们第一时间适应了新的生活、沟通、学习方式，对计算机、手机中涵盖的各类软件驾轻就熟，对于网络购物、网络支付、电子商务等新型商务方式推崇备至，并将是否会使用QQ、飞信、微信、微博等不断推陈出新的交互手段，作为评判时尚与否的标准。大学生对网络的依赖提出了加强大学生网络思想政治教育的新要求。然而，自网络媒体兴起以来，由于其缺乏必要的监管和引导，导致网络上良莠不分、藏污纳垢，暴力、恐怖和色情的信息猖獗，网络文化泥沙俱下，净化网络环境对于为大学生创造良好的沟通平台迫在眉睫。与此同时，大学生所崇尚的时尚生活方式也日益走向虚拟化，虚拟生活、虚拟世界、虚拟角色正把社会化过程中的大学生带向虚无的深渊，许多大学生在虚拟世界中迷失自我，简单地遵循着快乐原则，追求着感官的刺激，大学生越来越"宅"，越来越缺乏面与面的对话、心与心的沟通，网络道德移位，人文关怀缺失，大学生们内心深处自由开放与明目张胆的性格特点被无形地放大，越轨行为频频发生。这些都呼吁网络精神家园的建设，呼吁人们以积极的态度、创新的精神，大力加强互联网建设，进步发展和传播健康向上的网络文化，使之成为传播社会主义先进文化的新途径、成为广大大学生精神文化生活的健康新空间。

4.大学生教育效果需要层次性不同的特征

需求是人类有意识行为的内在动机和外在指向，不同时代、不同人生阶段、不同生活环境，人们的需求层次不同，理想是在现实反思的基础上对于现实需求的超越，属于高层次需求，如果按照马斯洛的需要层次图分类，应该属于自我实现的需要。需求的层次决定理想的高度。大学生思想政治教育的目的从实现全面发展的人角度说，主要功能就是提升大学生的理想诉求层次，为理想诉求的实现提供精神援助和动力支持。当代大学生是一个承载家庭、学校、社会高期望值的群体。大学阶段是学生生理和心理走向成熟的重要阶段，也是世界观、价值观、人生观形成的关键阶段。由于各自家庭背景、学习经历、志向兴趣、人际关系、生活境遇因素的不同，使得他们对社会主义制度的信奉不同，对国家、社会、学校的感情不同，对自身的定位和要求不同，选择了不同的需求满足方式，难免会相应分化出不同层次的思想政治教育效果。

二、大学生思想政治教育的目标

（一）大学生思想政治教育目标的内涵

目标是对预期达到结果的主观预设，在头脑中规划的主观意识，是活动的指向标，也是维系和凝聚各方面关系的核心力。具备以下三个特征：一是目标的社会性，目标的制定受到政治制度、经济制度和文化传统的影响；二是目标的层次性，除了具备总目标和分目标之外，还有目标的主要方面和次要方面以及短期、中期和长期目标的制定；三是目标的可测性，要对目标进行量化，定性目标的达成还需定量目标的实现作为辅助支撑。另外，目标的制定既要具备挑战性还要预估达成目标的可能性，在激励动员的同时还要注意实时的反馈调整，要切实可行，不能是空洞抽象、可望而不可及的。

思想政治教育目标的概念众说纷纭，不同的学者都对其进行研探。陆庆壬认为，是"思想政治教育者，在一定时期内进行的各项活动，在受教育者的思想和行为方面所要达到的预想结果就是思想政治教育目标。"陈秉公指出，"思想政治教育目标就是在一定时期内，进行各项思想政治教育活动，在受教育者思想品质、心理素质及行为（人格）方面所要达到的预想效果。"张耀灿认为，是"一定时期内实施思想政治教育活动所要达到的预期结果。"相较这几种定义，个人比较倾向于陈秉公的说法，即通过思想政治教育工作者为主导，运用多种教育媒介和活动形式，使得受教育者的思想意识、道德品性、人格心理等活动得到改观和重塑，思想政治教育目标是主客体运用一定的媒介共同作用的结果。同时，考虑到客体的基础和条件，预期目标的确定要有综合性的考量，充分意识到客体的思想认识、文化涵养、品性格局等的差异性。因此，思想政治教育的目标绝非是单一体，而是集合体，是一个多维综合的目标体系。

参照之前定义的逻辑，我们可以说大学生思想政治教育的目标指的是："一定时期内实施大学生思想政治教育活动所要达到的预期结果。"在每一个阶段，中央的指导性政策文件都会对其进行阐释并且根据时代的要求做出相应的调整，它表明国家对大学生这一特定群体在思想意识、道德品性、人格心理等方面的要求，是一种对共性的追求，执着于统一的标准。综上，我们可以做如下定义：在不同的时期，党和国家依据社会发展的要求，遵循大学生成长成才规律，通过思想政治教育这一实践活动，对特定大学生群体在思想意识、道德品性、人格心理等方面所达到的具有共性的预期设想和规定。

（二）大学生思想政治教育目标的实然发展

人的全面发展是思想政治教育的最高价值取向和理想追求，也是思想政治教育目标的精神实质，"人应当把人的全面发展看作是自己生命存在的真正的、神圣的归宿，从而把完善自我的一切努力看作是走向归宿的路。也许这一归宿并不一定能够完全达到，但其意义恰恰在于通过人们的一步步现实努力，实现着自己的进步和逐渐趋于全面的发展。"马克思恩格斯在阐述共产党人的根本目标时说："代替那存在着阶级和阶级对立的资产阶级旧社会的，将是这样一个联合体，在那里，每个人的自由发展是一切人的自由发展的条件。"社会主义思想政治教育的根本目标就是为实现"每个人的自由而全面的发展"。这一总体价值取向应当是理解中国特色思想政治教育目标及其具体内涵不断丰富和发展的前提。

我国的思想政治教育是具有中国特色的思想政治教育，"大学生思想政治教育工作关系高校培养什么样的人，如何培养人以及为谁培养人这个根本问题。""党总是根据不同历史时期的中心任务确定这一时期大学生思想政治教育目标的总体指向，并在这一总体指向的统领下结合这一历史时期不同发展阶段的具体需要赋予大学生思想政治教育目标以具体内涵。"新中国成立前，为推翻"三座大山"，争取民族独立和人民解放，思想政治教育的主要目标是培养具有坚定的革命斗争精神、爱国主义精神和共产主义理想信念的革命先锋者。新中国建立后，党的根本任务由解放生产力变为发展生产力，大学生思想政治教育目标随之调整为培养"又红又专"的，"有社会主义觉悟的、有文化的、身体健康的劳动者。"改革开放之后，国家的工作重心从"以阶级斗争为纲"到以经济建设为中心进行社会主义现代化建设，大学生思想政治教育也在拨乱反正中逐步走上正轨，其总体目标逐渐明晰化，最终调整为"为社会主义现代化建设服务、为人民服务"，"培养德智体美全面发展的社会主义合格建设者和可靠接班人"。

十八大以来的新时期，是比历史上任何时期都更接近中华民族伟大复兴的时期，是实现国家富强、民族振兴、人民幸福的关键期。面对新的"世情、国情、党情"，党和国家对高校思想政治工作寄予新要求，对大学生寄予新希望。党的十八大报告明确提出要"把立德树人作为教育的根本任务，培养德智体美全面发展的社会主义建设者和接班人"，随后习近平在全国高校思想政治工作会议上再次提出"要把立德树人作为中心环节"。可见，新时期我们的思想政治教育总目标增添了新表述新要求，那就是"立德树人"，在这一根本任务的指引下大学生思想政治教育具体目标也增添了新的时代内容。具体表现为：在同各界优秀青年代表座谈时习近平对广大青年提出了"五个一定要"，即"广大青年一定要坚定理想信念，一定要练就过硬本领，一定要勇于创新创造、一定要矢志艰苦奋斗、一定要锤炼高尚品格。"在北京大学师生座谈会上习近平强调青年要树立和培育社会主义核心价值观，要勤学、修德、明辨、笃实；他在全国高校思想政治工作会议上指出，"思想政治工作从根本上说是做人的工作，必须围绕学生、关照学生、服务学生，不断提高学生思想水平、政治觉悟、道德品质、文化素养，让学生成为德才兼备、全面发展的人才，"并要教育引导学生，树立"四个正确认识"。青年大学生是中国特色社会主义事业的建设者和接班人，是国家和民族复兴发展的中国力量，习近平对广大青年的殷切希望和关怀，为新时期大学生思想政治教育指明了方向，增添了新的目标任务和要求。

思想政治教育作为社会总系统中的有机组成部分，其发展方向要同我国发展的现实目标和未来方向相一致，其目标的确立和发展要以党在不同时期的路线、方针和奋斗目标为根本依据。十八大以来，党和国家的奋斗目标就是全面建成小康社会、加快推进社会主义现代化实现中华民族的伟大复兴。当然我们的最终目标是实现共产主义，实现人的自由而全面的发展。大学生思想政治教育必须紧跟当前党和国家的奋斗目标及时进行目标调整和定位，以保证新时期大学生思想政治教育目标的确定和有效实施，保证其质的稳定性和发展的连续性。新时期新阶段，在"立德树人""培养德智体美全面发展的社会主义事业建设者和接班人"根本任务和总目标的指引下，在理解领会党和国家对青年学生的殷切希望下，大学生思想政治教育应着重对学生的理想信念、政治觉悟、道德品质、文化素养等方面进行培育和引导。这是新时期大学生思想政治教育目标的纵向承接、横向拓展、"因时而进、因势而新"，顺应时代变化发展、民族文化进步的要求，符合学生主体价值实现的需要，力争使青年学生成为"德才兼备、全面发展"的人才。

第八章 大学生思想政治教育理论与实践课的建设

第一节 大学生思想政治教育理论课的建设

大学生思想政治教育理论课是中国特色社会主义教育事业的重要组成部分，是对大学生系统进行马克思主义理论教育的主渠道和主阵地，在培养中国特色社会主义现代化建设事业的合格人才和社会主义事业接班人方面发挥着积极的作用。

一、大学生思想政治教育理论课概述

高校在积极探索思想政治理论课改革的实验过程中，越来越认识到思想政治理论课教学的重要作用。

（一）大学生思想政治理论课教学的地位

1. 中国特色社会主义建设事业中的一项统揽全局的根本性工作

理论教育是中国特色社会主义建设事业的重要内容，更是胜利推进这一事业的重要保证。"一个党、一个国家、一个民族，特别是像我们这样的大党，这样的大国，这样人口众多的民族，如果没有正确的理论为指示，如果没有以正确理论为基础的强大精神支柱，那么，我们的党、国家和民族将是不可想象的，就会成为一盘散沙，就谈不上凝聚力、战斗力、创造力，就不会有美好的未来。"

建设中国特色社会主义这一全新视野，不仅需要科学理论的指导，而且必然产生富有指导意义的创新理论。改革开放40多年来，在中国特色社会主义理论体系引领下，当代中国共产党人和中国人民以勇往直前的进取精神和波澜壮阔的创新实践，不断推进改革开放的历史进程，打开了社会主义现代

化建设的新局面，推动了我国以世界上少有的速度持续快速地发展。中国共产党第十八次全国代表大会的召开标志着我国进入全面建成小康社会决定性的阶段，要高举中国特色社会主义伟大旗帜，解放思想，改革开放，凝聚力量，攻坚克难，坚定不移沿着中国特色社会主义道路前进，为全面建成小康社会而奋斗。

2. 培养一大批德才兼备的社会主义现代化事业的建设者和接班人的重要途径

当代中国的大学生是国家宝贵的人才资源，是民族的希望、社会的栋梁和祖国的未来。要将当代大学生培养成为社会主义现代化所需要的人才，必须通过加强思想政治理论课程建设，营造良好的政治文化氛围和良好的校园人文环境，使高校真正成为"以科学的理论武装人，以正确的舆论引导人，以高尚的精神塑造人，以优秀的作品鼓舞人"的重要场所。高校马克思主义思想政治理论课的增开，就是为了让高校学生通过学校的教育，提高自身的思想政治素质，使自己成为一个合格的社会主义的忠实信徒，让自己可以成为社会主义的建设者和接班人。思想政治理论课的开设就是为了确保我国可以有源源不断的社会主义信仰者，可以使社会主义事业在后辈人的于中得以传承和发扬。

大学生思想政治理论课程的教学过程，是进行以社会主义核心价值体系为内容的先进文化的教学过程。马克思主义指导思想、中国特色社会主义共同理想、以爱国主义为核心的民族精神和以改革创新为核心的时代精神、社会主义荣辱观，共同构成社会主义核心价值体系的基本内容。当代大学生掌握了以社会主义核心价值体系为内容的先进文化，就能够自觉地朝着德、智、体、美的方向，按照真善美相统一的价值尺度实现人的全面发展。

3. 思想政治理论课教学在德育体系中的地位是由其课程的内容特点决定的

学校以教学为主，课堂教学是教学的基本形式。这是学校教育区别于其他社会组织的显著特点。所以，课堂教学是学校实施素质教育，培养全面发展人才的基本途径，也是学校实施德育的基本途径。高等院校的思想政治理论课教学是学校对学生进行思想品德教育的主要学科，它起着其他学科所不能起到的独特作用，它比其他学科更有目的、有计划、有系统地向学生灌输马列主义的基本理论和基础知识，按学生身心发展的顺序性和阶段性及学生的认识规律，对不同年龄的学生进行深浅程度不同的教学，使学生学会运用马列主义立场、观点、方法，去正确认识我们党和国家的一系列重大问题，运用已掌握的共产主义道德规范正确评价自己和别人，正确理解个人和集体的关系、生活和劳动的意义，以及一个社会主义国家公民必须具备的思想品德，培养学生良好的思想品质和行为习惯，为逐步形成科学世界观打下良好的基础。

（二）大学生思想政治理论课教学的功能

1. 导向功能

导向功能是思想政治教育的目的性、意识形态性的体现，是思想政治教育的基本功能思想政治教育的导向包括理想信念导向、奋斗目标导向、行为方式导向，其功能在内容和方式上是随着社会和人的发展而不断发展的。思想政治理论教育的实施过程，实质上是把社会主导的价值观念转化为学生个体思想政治观念的过程。这样，理论教育有助于强化学生思想政治教育观念，帮助学生按照社会所期望的方向发展。理想信念导向就是通过思想政治教育帮助学生形成正确的理想信念，并通过理想信念来凝聚社会、激发动力、指导行为。

理想信念具有指间性、确信性、稳定性的特点。学生总是根据自己的理想信念所遵循的价值观准则来分析问题、评价事物、选择态度和行为。对符合自己理想信念的各种事物和思想行为给予肯定性评价和选择，对有悖于自己理想信念的各种事物和思想行为，则持否定的态度。奋斗目标导向是思想政治教育的重要导向，思想政治教育的目标导向，主要是运用社会发展目标和人的发展目标进行导向。把社会目标转化为人们的奋斗目标，这既是思想政治教育的任务，也是思想政治教育的目标。行为方式导向是指按照道德、法纪的准则、要求进行导向。理想信念导向奋斗目标导向、行为方式导向，是个不同层次的导向，这三个层次的导向既是相互区别，又是相互联系的统一整体。

2. 发展功能

思想政治理论课可以增进学生个体的发展，其有发展性功能。思想道德素质发展就是接受和选择社会价值并且把文化上升到公认的思想、情感和行为内化的过程。而个体人格和品德的发展对个人的素质发展起着十分重要的作用。现代化最主要的是人的现代化，它不是外加于人的社会现象，从根本上说，它不过是人自身的表现，是人的主体性表现。德育要为人的主体性发展服务。道德的规范性，作为对人自身的改造，其根 H 的不仅仅是为了限制，而是为了发展。因为人需要道德，不是限制人自身，而是为了使人摆脱自然必然性的控制，成为真正控制自己的自由人。只有道德才最终把人从动物中提升出来，成为文明人。

思想政治理论课程教育是使个体思想道德观念得到提升的最本质的力量。

从思想政治理论课程教育的社会性功能来看，理论是一种指导社会发展的力量和动力，任何一种社会实践活动，如果没有科学理论指导，必定是盲目的实践活动，只有在科学的理论指导下，才能使整个社会得到更好的发展

3. 享用功能

所谓德育的享用功能，即是说，可使每个个体实现其某种需要、愿望（主要是精神方面的），从中体验满足、快乐、幸福，获得一种精神上的享受。一般而言，通过德育形成了个体的一定的思想道德素质。这种凝聚了个体自身的思想道德，一方面具有它的工具价值，它使个体与他人、群体、社会的各种关系能得到协调发展，它为合理的人际关系、和谐的社会状态提供必要的条件，以满足社会、群体与他人发展之需要；另一方面，这种个体的思想道德素质还具有一种本体的价值，也即说各种德行本身就具有满足个体需要之价值。个体内在地把各种德行的形成、道德人格的发展作为自身的一种需求，通过德育使这种需求得到满足，这就是个体价值的体现。与德育的个体享用功能相同，思想政治理论课程的个体享用功能也体现在通过发展与完善人的思想道德素质，满足了人的一种精神需要。思想政治理论课程教育不仅能使大学生思想道德素质得到提升，而且使学生在学习思想政治理论课程内容过程中，获得审美的愉悦和灵魂的升华。

（三）大学生思想政治理论课教学的特征

大学生思想政治理论课不仅突出了现代思想政治教育模式中理论课教学的重要地位，也突出了其区别于传统思想政治教育模式的基本特点，主要表现如下。

1. 教学的课程性

与其他大学课程一样，作为培养学生运用理论观察社会、认识社会、思考人生重要能力的重要一环的大学生思想政治理论课教学，需要科学地计划和系统地培养。思想政治理论课教学作为大学生的必修课，其一切教学目标、教学方式都必须适合或者不能超越大学教育规律、教育体制本身，而且，其教育功能必然是在规范的教育功能实现的基础上才能得以实现。由此，从课程的视角米设置、开展思想政治理论课教学，才能保障其不被边缘化，发挥其育人的各项功能。

2. 教学内容的非技能性

大学生思想政治理论课教学与专业课教学二者既严格区别，又相互联系。从实质上讲，专业课教学是学生认识界，掌握知识和技能的过程，主要解决学生认识世界和改造世界的能力问题；而思想政治理论课教学主要是通过向

学生系统地灌输马克思主义理论，解决学生对包括社会人生在内的客观事物所应采取的主观态度问题。

大学生思想政治理论课教学与其他专业课程是互相依赖、互相促进的。这主要表现在以下两个方面。

（1）大学生思想政治理论课教学给予学生强大的精神动力，为学生树立远大的社会理想提供目标指导。思想政治理论课教学为提高学生的学习热情提供强大的精神动力，以科学的世界观、人生观塑造学生的灵魂，坚定学生的政治信念。高尚的道德情操能够促使他们将理想目标和自己当前的专业学习任务有机地结合起来，从中产生无穷的精神动力，进而战胜主客观上存在的种种阻碍，最大限度地调动自己的内在潜力，发挥自己的智能，从而确保自己的学习热情旺盛而持久。

（2）思想政治理论课教学给予学生以科学的思维方法指导。思想政治理论课教学，尤其是马克思主义基本原理，可以使人们的思维从专业学科狭隘的视野和形而上学的思维方法中解放出来，用辩证的方法思考问题，从事物的发展过程中去全面、历史地研究问题，以促进自己的专业学习。我们必须把思想政治理论课教学和各门专业知识的学习有机地结合起来。充分发挥思想政治理论课对专业课教学的指导作用具有重要意义。

3. 理论课程教学的广泛性

思想政治理论课教学的形式是多样的，它不仅包括社会教学，也包括课堂教学、科研实战等多种形式。一般意义上的理论课实践教学包括实验、实习、社会实践课程设计、学年论文、毕业论文（设计）等，不同类型的教学坏节在教学计划中的地位、顺序、时间分配等方面要符合培养目标的要求，要和相关课程相匹配。

与一般课程比较而言，思想政治理论课是关于马克思主义理论与思想政治教育的一个课程集合体，是各个专业学生必修的公共理论课，其最主要的特点有两点：其一，面对的人数多，包括所有专业的大学本科生；其二，涉及的内容广，涵盖了社会政治、经济、文化各个方面，这就使得经常性的、有教师指导的外出实践极其困难。

二、大学生思想政治教育理论课的教学内容

大学生思想政治教育理论课和其他专业课不同，专业课主要是知识体系的传授，而思想政治教育理论课不仅要传授知识给学生，更重要的是要传授给学生一个正确的价值体系，帮助学生解决世界观、人生观、价值观和理想、信念等问题。

（一）大学生思想政治理论课教学内容的确立依据

1. 要坚持马克思主义立场

马克思主义不但是大学生思想政治理论课程研究的指导思想，而且是大学生思想政治理论课程教学内容设立的首要依据。马克思主义的立场、观点和方法的教育就是对青年大学生进行思想政治理论课程教学的目的之一。思想政治理论课程教学的观念指向和价值指向是显而易见的。马克思主义认为，思想政治理论是属于上层建筑，是观念的、意识形态的一部分。用思想政治理论课程教学的方式进行思想理论教育之所以成为可能和思想政治理论课程教学之所以这样必要，正是基于这一点。思想政治理论课程教学主要就是思想政治理论的教育和传输，所以思想政治理论课程内容的选用，课程的分配以及把思想政治理论的各种观点融入教学和实践中，就显得特别重要。然而，需要指出的是，突出思想政治理论课程教学绝不能简单地理解为目的论；不能错误地认为意识形态教育就可以随意地剪裁思想政治理论课程内容，也不能不加选择、不加编排地把杂乱的理论观点和历史事实倾倒给学生。要知道它是在马克思主义历史与唯物主义理论的指导下，以现实提出的问题为前提，以事实为基础，有选择地赋予思想政治理论课程以有意义、有价值的内容，对思想政治理论课程教学做出合理的安排，使青年大学生认识中国社会历史发展规律，认识到思想政治理论课程教学的必要性和现实的合理性，增强青年大学生的社会认同和对政治的支持。

2. 要坚持现阶段党的基本路线

现阶段党的基本路线即"一个中心，两个基本点"，其最核心的内容是以经济建设为中心。在马克思主义的观点看来，经济是基础，政治是经济的集中表现，生产力是社会发展最根本的决定因素。在全党集中力量进行社会主义现代化建设的历史时期，发展社会生产力是党的最根本任务、最大的政治任务。离开了经济建设这个中心和发展生产力这个根本任务，党的建设也就失去了正确的方向。虽然高校不完全是经济生产单位，但是要想发展经济就必须依靠教育，因为要使生产力得到又好又快发展，首要就是提高劳动者的素质。

3. 立足我国的现实和未来发展

（1）立足我国的现实状况

经过 70 多年尤其是改革开放以来的努力，我国生产力水平有了很大提高，综合国力达到可观程度，社会发展基本达到小康水平。然而总的来说，我国人口多，底子薄，地区发展不平衡，生产力不发达的状况没有从根本上得到改变，我国现在仍然处于并将长期处社会主义初级阶段。我国必须在社会主义条件下经历一个相当长的历史阶段，去实现发达国家用了二三百年才实现的工业化和经济的社会化、市场化、现代化。思想政治理论课程的教学内容要立足于我国现实状况，进而帮助学生清醒地认识自己肩负的国家富强、民族振兴的重任，使他们以国家繁荣、民族昌盛为已任，珍惜每一刻时间，把握每一个机会，发奋读书，立志成才，做社会主义现代化事业的建设者和接班人。

（2）着眼未来发展趋势

未来社会将比今天更进步、更文明，这是历史发展的必然。当今世界文明进步首先表现在科学技术的迅猛发展上。世界科技发展速度惊人，新的技术不断地涌现，并影响着人类的生活。社会实战证明，当今科技的发展不仅是经济增长的决定因素，而且影响着我国的综合用力和社会经济结构以及人民生活水平，并改变着人们认识客观世界的手段、方式和能力，以至于对哲学、社会科学也带来巨大冲击。大学生思想政治理论课必须让大学生深知，未来的科技发展神速，未来的社会千变万化，要使中华民族自立于世界民族之林，不但要具有高度发达的科学技术，而且要具备高度发达的思维创造能力。人们的意识在适应形势发展的同时，还要对未来的发展做出前瞻性的预测。

4. 从高校大学生的实际情况出发

伴随着对外开放和经济体制改革的不断深化，社会的政治、经济、文化生活发生了翻天覆地的变化，个体的发展空间得以大幅度地扩大。大学生思想活跃，博览群书。在市场经济的价值取向的氛围中，脑力劳动和体力劳动的巨大反差，社会经济、政治、文化生活的巨大变化，曾经高不可攀的思想境界在现实生活中被击得粉碎。就业、工资、物价等现实问题成为大学生议论的热门话题。面对着日趋激烈的社会竞争，他们更加崇尚求真务实：通过各种形式深入工厂、农村、城镇等社会生活的各个领域，了解社会的政治、经济、文化及人们生活的发展状况，亲身实践，力求从思想上、行动上赶上时代的步伐。能者多劳，真正体现按劳分配的经济法则教会了当代大学生更注重知识的学和能力的培养，注重自我价值、自我设计的实现，以便在未来的市场竞争中确立自己的支点。这时如果仍按过去一成不变的思想政治理论内容和方法进行教育，脱离市场经济条件下大学生关注的热点，会引起大学生的轻视甚至反感。只有从大学生的思想实际出发，从大学生的切身利益出发，建立在大学生关注热点基础上的思想政治理论教育教学才会受到大学生的欢迎，进而也才能达到思想政治理论教学的目的。

（二）大学生思想政治理论课程教学的主要内容

大学生思想政治教育理论课的主要内容包括马克思主义教育，基本国情和形势政策教育，党的基本理论与基本教育经验教育，世界观、人生观和价值观教育，道德观和法制观教育以及历史观教育等等。

1. 马克思主义教育

大学生思想政治教育理论课的与马克思主义教育包括马克思主义立场教育、马克思主义的观点和方法教育等。

（1）马克思主义立场教育

在当前社会主义市场经济条件下，马克思主义立场教育主要是用马克思主义占领高校思想政治理论课程教学的阵地，坚定社会主义信念。

马克思主义是无产阶级和人民群众的思想武器，充分体现了无产阶级和人民群众的利益。在纷杂多变的社会生活中要始终坚持用马克思主义占领思想阵地，把巩固发展社会主义意识形态的任务落到实处。

在社会主义初级阶段，马克思主义与反马克思主义、唯物主义与唯心主义、无神论与有神论、科学与伪科学的斗争将是长期的、复杂的，有时是很激烈的。在思想理论领域，对事关政治原则、政治方向的问题，必须旗帜鲜明、立场坚定、分清是非。我们要密切关注社会政治方向，分析各种错误思潮形成、传播、蔓延的现象，不断提高我们政治敏锐性和鉴别力，坚决同各种错误思潮和封建迷信、伪科学等社会丑恶现象做斗争。

（2）马克思主义的观点和方法教育

辩正唯物主义和历史唯物主义的世界观是马克思主义观点的集中体现，而用这种观点看待事物、分析和解决问题，就是方法论。在此，观点与方法是高度统一的。进行马克思主义观点和方法的教育，当前最重要的是树立辩证思维的观念，，帮助大学生端正各种思想认识，实现思想政治理论课程教学的观念创新。

在思想政治理论课程教学中，无论是对旧观念的否定还是对新观念的肯定，都切忌绝对化。应当看到新观念与旧观念虽有质的区别，但却有着千丝万缕的联系。旧观念中包含着对新观念形成了积极意义的东西，新观念也有可能转化成旧观念。因此，应当运用辩证思维方法，科学地去粗取精、去伪存真，才能实现观念的创新。

2. 基本国情和形势与政策教育

形势政策教育，不但是历来党的思想政治理论课程教学的一个重要内容，而且是我党思想政治理论课程教学的优良传统。形势教育主要包括国内形势教育和国际形势教育。形势教育可以使人们学会正确认识和分析形势，正确理解党的路线、方针、政策，坚决完成党和国家的各项任务，增强对社会主义事业的信心。

（1）当前基本国情和形势教育

我们要持有一种辩证的态度来看待当前的基本国情和形势。既不能妄自尊大、盲目乐观，又不能悲观失望、缺乏信心。改革开放以来，由于我国经济实力的迅速增强，国内和国际面临的形势总体上是好的。然而，当前中国经济社会的发展也存在一些难题："发展中不平衡、不协调、不可持续问题依然突出，科技创新能力不强，产业结构不合理，农业基础依然薄弱，资源环境约束加剧，制约科学发展的体制机制障碍较多，深化改革开放和转变经济发展方式任务艰巨；社会矛盾明显增多，教育、就业、社会保障、医疗、住房、生态环境、食品药品安全、社会治安、执法司法等关系群众切身利益的问题较多。

（2）坚持党的领导

"新形势下，党面临的执政考验、改革开放考验、市场经济考验、外部环境考验是长期的、复杂的、严峻的。精神懈怠危险、能力不足危险、脱离群众危险、消极腐败危险更加尖锐地摆在全党面前。不断提高党的领导水平和执政水平、提高拒腐防变和抵御风险能力，是党巩固执政地位、实现执政使命必须解决好的重大课题。全党要增强紧迫感和责任感，牢牢把握加强党的执政能力建设、先进性和纯洁性建设这条主线，坚持解放思想、改革创新，坚持党要管党、从严治党，全面加强党的思想建设、组织建设、作风建设、反腐倡廉建设、制度建设，增强自我净化、自我完善、自我革新能力，建设学习型服务型、创新型的马克思主义执政党，确保党始终成为中国特色社会主义事业的坚强领导核心。

（3）道德和法制教育

道德观是一定社会条件下人们关于道德问题的基本认识和观点。道德作为一种社会意识形态是一定历史条件的产物，是一定社会存在的反映。作为人们共同生活准则和规范综合的道德一旦形成，便会对社会生活产生重大的影响。对经济的发展和政权的巩固具有巨大的反作用。当前，我们要弘扬振兴优秀的中华民族精神。引导人们努力攀登道德的更高阶梯，用共产主义道德武装全党和全国人民。

而法制观教育是指人们对统治阶级所制定的各种法律制度的基本认识和看法。法制是统治阶级根据自己的意志，通过政权机关而建立起来的，它包括法律的制定、执行和遵守。法制一旦建立，就具有权威性、强制性，要求所有公民服从和遵守。因此，进行法制观念的教育是思想政治理论课程教学的一项重要内容。

（4）历史观教育

历史是一面镜子。古人云："以铜为鉴，可以正衣冠；以人为鉴，可以明得失；以史为鉴可以知兴替。"这里的"史"包括我国的历史和世界各国的历史。历史记录和积淀着人类的知识和智慧，承载着人类文化的进步与发展，是人类文明得以不断前进的前提。世界各国政府无不重视对自己的国家史、民族史的研究和教育。重视历史，以史为鉴，积极弘扬民族的文化遗产以促进社会的进步，这是中华民族的优良传统。历史教育主要就是历史观的教育，所以大学生思想政治理论课教育的历史观教育，必须充分认识到：思想政治理论课程教学各门课的整体性和体系性特征，各门课程从不同的侧面和方向，殊途同归，共同达到同一个目的：向青年学生展现中国近现代史的发展主线，帮助青年学生正确地认识现实。

三、大学生思想政治教育理论课建设的现状

正视新形势下的各种挑战以及由此产生的一些困境，是实事求是地评估大学生思想政治理论课建设成败得失，促进大学生思想政治理论课建设进一步创新的保证。

（一）当前思想政治理论课教学存在的问题

1. 大学生思想政治理论课主体存在的问题

一般认为，教师是思想政治理论课的主体，学生是思想收治理论课的客体。事实上，教师与学生都应该被当作是思想政治理论课的主体，"双主体论"认为，无论是教育者还是受教育者都是实践、认识、学习活动的人，都是主体，而不是客体。但无论是教师还是学生，在思想政治理论课的教学创新中都表现出了一定的问题。

（1）学生方面存在的问题

①积极性不够，对思想政治理论课漠不关心。思想政治理论课在学生方面出现的问题最明显的就是学生的学习积极性不够高。一部分学生，在教师不点名的情况下，出勤率很低。即使到教室里上课，也很少做笔记或认真听课。针对思想政治理论课中采取的各方面的创新形式和内容，部分学生也表现出漠不关心的态度。

②认可度不高，对各种思想政治理论课要求不配合。随着社会主义市场

经济体制的建立，以及西方一些所谓的"自由""人权"思想的影响，一部分学生对马克思主义理论的基本内容出现了不认同感。他们或是受实用主义的影响，认为思想政治理论只是一种空洞的口号、理论，或是结合社会中看到的一些表面现象以及社会中出现的问题，对社会主义的体制产生了怀疑，从而对思想政治理论课的教学内容产生了不认同感。

③无法坚持到底，对思想政治理论课的认知随波逐流。根据调查显示，一部分学生对思想政治理论课起初非常感兴趣，上课前能按时到教室，上课时认真听讲，积极回答问题，课后也能按要求完成作业。但随着时间的推移，往往会有学生产生厌学情绪，课上看其他书籍或漫不经心，旷课、迟到早退情况也比较多。大多时候都是教师在"唱独角戏"，学生对思想政治理论课的兴趣无法坚持到底。

（2）教师方面存在的问题

①舍本逐末，违背了思想政治理论课的教学目的。"本"即指思想政治理论课的主要内容，也可以是思想政治理论课所采用的教材。"末"是指教材中没有而又必不可少的内容。在思想政治理论课的教学创新过程中，教师往往增加一些教材中没有的东西来调动学生的积极性。这种教学方法无可非议，也有利于扩大学生的知识面，培养学生对某些问题的洞察力。但是过于侧重"末"，而逐渐忽视了"本"，或是任由"本"被"末"掩盖，便不可取了。这违背了思想政治理论课的教学目的。"舍本逐末"在大学生思想政治理论课的教学创新中，还表现为思想政治理论课教师单纯追求教学形式的创新，而忽视了教学内容的整理与优化，以至于思想政治理论课教学创新达不到预定的目标。

②自导自演，忽视了学生的配合。思想政治理论课的教学创新是需要师生互动完成的。虽然近几年来，开始注重采用互动式教学，发挥学生在课堂上的积极作用。但是我们发现，思想政治理论课的课堂教学还是属于教师的"独角戏"。很多时候都是教师在讲台上讲得天花乱坠，学生在下面却无动于衷，没有丝毫反应。另外，有些教师对师生互动的理解局限于"提出问题——回答问题"，单纯地提出问题让学生回答，并不考虑学生的知识基础和关注焦点，最终陷于自导自演的境地，即平时所谓的"冷场"。另外，自导自演也表现为思想政治理论课教师只追求形式，而忽视了学生在教学过程的及时反馈和表现出来的问题。

③重言传轻身教，教学流于形式。人们常说"言传身教"，可见，"言传"与"身教"是教学理念中不可或缺的两部分内容。但是，在很多情况下，人们往往重视"言传"而忽视了"身教"。在思想政治理论课中，人们往往认为

教师只需要口头宣传党的理论、方针和政策。其实，教师的"身教"，以道德楷模的方式来对学生进行引导，比口头宣传更具有说服力，也更容易让学生接受。有的思想政治理论课教师甚至自己都不相信马克思主义理论，又怎能达到教育学生的目的呢？

2. 大学生思想政治理论课教学存在的问题

（1）教学方法简单

在传统的思想政治理论课的课堂上，教师单纯地借助口头语言，进行"填鸭式"的教学。现代的思想政治理论课课堂，虽然出现了采用多媒体课件等现代的教学方式，但内容也只是把教材上的文字放到课件中，课件制作质量不高，难以全方位激发学生的兴趣。同时现有的思想政治理论课课堂忽视了实践教学的运用，缺乏说服力。

（2）教材适用性差

首先，思想政治理论课是一门实效性很强的学科，它的教材内容必须紧跟时代的发展。其次，针对不同专业、不同基础、不同地域的学生，采用统一教材，忽视了个性的差异。

（3）教学内容重复陈旧

思想收治理论课教学的内容有许多在中学课本上就已经具有，到了大学仍然存在，大学老师所教授的内容在高中时期很多都已经讲过。因此，学生听到大学老师念经般的授课，自然会形成倍感无味的淡漠心理，甚至导致厌烦情绪的产生。同时，思想政治教育理论课教育的内容虽然具有普遍的指导意义，但是面对当前的社会和经济发展形势已经不能满足教学的需求，如果还继续使用旧内容进行课程安排，其能够起到的作用我们可想而知。总结起来目前思想政治教育理论的内容老旧主要体现在以下三点之中。

第一，缺乏理论课教育应用，缺乏新视角、新手法，不能充分发挥思想政治教育理论课的主渠道作用。

第二，当今的社会较之前已经发生了很大的变化，而思想政治教育理论课教育的内容却没有及时进行更新，一些新的原理和观点没有及时被吸收进来。

第三，新兴学科、交叉学科以及边缘学科的相关知识与思想政治教育理论教育联系甚为紧密，但是当前的思想政治理论课教育中却没有对这些知识进行充分的利用。

（4）理论教学与实践教学割裂

大学生思想政治理论课是由两个部分组成的，它不仅包括思想政治教育理论课堂教育的部分，还包括实践教学部分。在进行大学生思想政治教育理论课教育的过程中要充分结合实践教学的优点，提高大学生思想政治教育的效果。

①理论教学。就理论教学的开展状况来看，思想政治教育课已在我国所有高校中开设，其覆盖面积和执行状况都处于比较理想的状态。只有加强理论教育，以课堂教育为基础，才能不断开发和尝试大学生思想政治教育的其他教学方式。

②实践教学。实践教学是巩固课堂理论教育的重要途径，也是对课堂理论知识的延伸和深化，如果学校在教育中不重视实践教学，那么大学生思想政治教育只能停留在理论阶段，并不能体现出思想政治教育的作用。就目前我国大学生开展社会实践的状况来看，多数高校没有有效地执行，也没有形成一套具有针对性的实践教学体系，实践教育的状况不容乐观。

（二）当前思想政治理论课教学面临着很多挑战

1. 来自国际环境变化的挑战

经济全球化的发展使得不同国家和地区之间的联系日益紧密，彼此之间的互补与合作，使得彼此间的依赖程度越来越高，世界经济正在日渐成为一个整体。但是，由于政治立场、经济制度等因素的差异，国家之间的矛盾冲突并没有随着一体化的趋势而消除，世界政治呈现出了多极化发展的趋势。

（1）要充分认识经济全球化、政治多极化给社会主义核心价值体系的构建带来的重大影响。

经济全球化、政治多极化是当今国际经济与政治的基本形式，也代表着未来一段时间内，世界经济与政治的发展走向。在这一基本趋势的影响下，各国文化既相互融合又相互碰撞，不同国家和地区之间的思想交流空前繁荣。随着改革开放的进行，我国开启了国际化的进程，并逐渐与世界经济、文化和政治生活接轨。

随着我国对外交流的日益频繁，西方的各种文化思想开始传入我国，在带来先进文化与认识的同时，实用主义、拜金主义、享乐主义等消极的思想观念也随之进入我国，并对一部分人产生了影响。对于当代大学生来说，由于他们价值观念还不成熟，容易受到这些不良思想的侵蚀，这也加剧了一部分大学生的堕落，因此在复杂国际环境与国内环境中，必须加强对大学生的思想政治教育，帮助他们树立正确的人生观和价值观，提高他们对不良思想的防御能力，促进大学生的健康发展。

（2）要充分认识到当代教育的终身化和人本化趋势对大学生思想政治理论课的影响

21世纪是终身教育的世纪，也是人本教育理念繁盛的世纪。人类在21

世纪致力的方向之一就是实现教育的终身化和人本化。所谓教育的终身化就是把教育当作发展人的生命的过程，当作与人的生实践相伴随，与人在身体上、精神上的成长共始终的过程化活动。所谓教育的人本化就是把教育当作人发展自我的手段，人所接受的所有教育以及教育的所有方法都是以人自身为出发点的。相比较而言，中国的教育目前还并不发达，但推进教育的终身化和人本化却是不可回避的趋势。思想政治教育必须与党和国家的教育目标、教育战略相适应，因此也必须大力推进思想政治教育的终身化和人本化，其基本要求就是在思想政治教育课程的价值取向上推动科学精神与人文精神的融合，在思想政治教育课程的目标上要关注以思想政治素质为核心的综合素质，关注人与社会的和谐进步，构建针对思想政治教育的终身学习理念和终身教育系统。

2. 来自国内环境变化的挑战

就国内环境而言，随着改革开放的推进，中国社会经济发展快速，社会主义市场经济日趋成熟，经济主体向多元化发展，经济利益、社会生活方式、社会组织形式、就业形式呈现多样化的趋势。各种社会的不良现象给大学生的内心世界和思想观念带来了强烈的冲击，对思想政治理论课建设产生了不可忽视的负面影响。

四、大学生思想政治教育理论课建设的方法与途径

大学生思想政治教育理论课建设是一个边实战边改革的过程，善于分析时代特征，预测未来形势，才能找到深化改革的基点和方向。展望理论课发展的未来，其建设需要从以下方而去努力。

（一）有效贯彻以人为本的教育理念

在思想政治教育主渠道建设中坚持以人为本，就是要坚持以大学生为本。"以大学生全面发展为目标，解放思想、实事求是、与时俱进，坚持以人为本，贴近实际、贴近生活、贴近学生，努力提高思想政治教育的针对性、实效性和吸引力、感染力，培养德智体美全面发展的社会主义事业合格建设者和可靠接班人。"这就充分说明思想政治教育的目标是大学的全面发展，将他们培养成为社会主义事业合格的建设者和接班人，要实现这样的目标，必须以学生为主，贴近学生思想、学习和生活的实际，尊重学生、关心学生，引导帮助学生全面发展。

以人为本属于价值论的范畴，是要回答什么最重要、什么最根本、什么

最值得关注。在大学生思想政治教育主渠道建设中，坚持以学生为，必须认识到学生的思想政治素质有实质性的提高最重要；尊重学生在教学中的主体性是根本；学生的思想政治状况，学生关心的热点、难点，学生渴望解决的思想矛盾等最值得关注。要使这样的教育理念得到有效贯彻需要注意以下几点。

第一，在教材建设方面，要充分考虑到教材是对大学生进行马克思主义理论教育，在大学生中推动马克思主义大众化的有效载体。因此，要针对不同层次学生的知识文化素质和阅读能力编写教材，增强教材的时代性、可读性。

第二，在教学设计上，要充分考虑学生群体的差异，不同层次、不同专业背景，在知识文化素质、思维方式和兴趣点等方面的差异，根据不同层次的学生设计不同的教学方案，创建不同的教学模式。教师备课首先要考虑学生，增强教学的针对性，提高教学的实效性。

第三，在具体的教学活动中，要充分尊重学生的主体地位，采取多样化的形式吸引学生积极参与到教学活动中来，让学生有独立感悟、思考、探索的空间，让学生在主动参与过程中达到知识、情感和信念的统一与协调转化，提升自身的思想政治素质。

在贯彻以人为本的教学理念中，要防止过犹不及的做法。目前，有些教师在教学中放弃原则，处处迎合学生，在课堂上或舍本逐末，大讲奇异的事例以引起学生的兴趣，完全用事例代替理论分析和理论引导；或背弃思想政治理论课的主旨，上课发牢骚，以偏概全，用社会上出现的一些消极现象为依据大批社会、党和政府；或哗众取宠，对学生感兴趣的问题，如情感问题、网络问题，就大讲特讲，对需要完成的教学内容却简单几句带过；或不加强课堂管理，放任学生在课堂上做与课程无关的事情等。这些行为都没有体现以人为本的教学理念，不但不能提高学生的思想政治素质，还会给学生的健康成长带来负面影响。

（二）将社会主义核心价值体系贯彻教学始终

社会主义核心价值体系是社会主义意识的体现，也是我国意识形态的本质，从某种意义上来说，社会主义核心价值观对社会主义的发展模式、发展目标以及发展任务具有重要的作用和联系。在社会主义建设中，我们要充分利用核心价值观念的相关内容对社会主义现代化建设进行引领和指导，将其融入我国社会主义精神文明建设和物质文明建设的社会实践之中。在社会主义核心价值观的引领下，大学生个人的思想发展目标与社会发展目标相互协调，增强社会主义核心价值体系的吸引力和凝聚力。思想政治教育课是大学生思想政治教育的主渠道，是大学生思想政治教育的主要阵地，它必然要承担起开展核心价值体系教育，提高大学生思想政治教育理论课教育的效果。

1. 在马克思主义基础理论教学中融入社会主义核心价值

马克思主义基础理论教学是大学生思想政治教育的重要组成部分，更是政治理论课程教育的灵魂与核心，大学生马克思主义基础理论教育的目的是帮助大学生了解与认识马克思主义基本理论，深化对社会主义和共产主义的理解，学会运用科学的世界观和方法论认识世界、改造世界。在马克思主义基本理论的引导下，大学生可以建立起马克思主义性质的人生观和价值观，坚定他们对共产主义的信仰，增强他们进行社会主义现代化建设的信心。因此，马克思主义基础理论教学在大学生教育体系中占有重要的地位，并且是我国大学生思想政治教育的核心课程。

对马克思主义的理解我们应该从以下两个方来入手：

（1）准确完整地把握马克思主义

完整而准确地理解马克思主义，将马克思所有的理论与内容看作一个有机的整体，不能将各个部分拆开来进行理解与运用。马克思主义的基本原理与一般的马克思主义教育课程不同，有些马克思主义教育教材将马克思主义哲学、马克思主义政治经济学和科学社会主义分为三个独立的内容来进行说明，这种做法在大学生思想政治教育理论课中是不适用的，因为马克思主义基本原理的理解和运用必须将所有的内容联系起来，只有深刻理解它们内在的逻辑关系，才能真正地进行运用。

（2）强化实践的马克思主义的教育和运用

在加强对马克思主义经典文本的解读和对马克思主义整体把握的同时，必须着眼于时代的变化和实践的进展，明确哪些是必须长期坚持的马克思主义基本原理，哪些是必须澄清的附加在马克思主义名下的错误观点，哪些是必须破除的对马克思主义的教条式理解，哪些是必须结合新的时代和新的实践加以丰富和发展的理论判断。要用马克思主义的立场、观点和方法分析和回答重大的现实理论问题和实践难题。

2. 在道德修养与法律知识的教学中融入社会主义核心价值教育

道德修养和法律知识也是大学生思想政治素质教学中不可缺少的一个组成部分，它们是大学生思想政治理论课中的基础课程。开设道德修养与法律知识教育能够帮助大学生明确我国的法律、道德规范，约束大学生的日常行为，帮助大学生养成良好的行为习惯，提高他们的思想道德觉悟。在大学生的思想道德修养和法律的教育教学中，要着重突出对大学生民族精神、时代精神，紧紧围绕这些内容对大学生进行思想道德与法律知识教育。思想道德修养和法律知识教育这一课程，是大学新生的入门课程，主要针对大学生活不太熟悉的新生开展，目的是让他们在大学开始就养成良好的行为习惯，为更深层次的思想政治课程的开展打好基础。在开展道德修养和法律知识教育的过程中，教育者针对大学生成才设置专门的提高大学生个人素质的内容。

3. 在中国近代史教学中融入社会主义核心价值教育

中国近代历史是我国思想政治教育的重要组成部分，也是大学生思想政治教育体系中不可缺少的基础教学内容。从中学起，我们就开始逐渐接触我国的近代历史，在大学教育阶段，大部分学生对近代史的史实已经有了比较明确的认识，大学阶段主要培养大学生对发展规律的认识。此外，在大学生中国近代史知识的教育中，大学生还要加强对马克思主义是中国革命和建设的唯一出路，中国共产党领导中华民族取得新民主主义革命的胜利是历史的选择等问题的深刻理解与认识。

在中国近代史的教育、教学中，教育者应该从历史的角度出发，总结并借鉴相关经验，对我国社会主义现代化建设进行一定程度上的引申。中国近代史总结起来就是一部屈辱史、一部艰苦探索史、一部中国人民的救亡图存史。在中国近代史的教学中，相关课程的安排要将中华民族的伟大复兴作为基本线索，围绕这一主题开展中国近代史教育，从而帮助学生更深刻地理解中华民族的苦难，更深刻地理解马克思主义对于近代中国走出半殖民地半封建社会的重要意义

中国近代史的教育目的是让学生了解近代中国走向衰落的原因，理解马克思主义和中国共产党是历史的选择和必然，增强大学生对马克思主义和中国共产党的信心，增强其在社会主义建设道路上不畏风险、乘风破浪的勇气。在现阶段大学生要努力学习科学文化知识，将社会发展的目标与个人目标结合起来，明确奋斗目标，为中华民族的伟大复兴做出自己的贡献。

（三）加强教学方式方法的改革

事实上，人类的教育活动起源于交往，在一定意义上，教育是人类一种特殊的交往活动。况且，大学生正值青春期，其生理心理都发生了很大变化，自我意识、独立意识增强，要求与成年人平等相待。我们应该充分尊重大学生在该阶段的学习和生活特点，有针对性地对他们进行教育，充分调动他们参加教学活动的积极性和主动性。一般来说，发挥大学生的主体性和教师的主导性的特点，需要我们从以下几个方面入手。

1. 加强学生在学习中的主体地位

传统的教学方法注重教师在教学中的作用，各种措施也都是针对教学来制定的，这种做法片面地强调教师在教学中的作用和地位。我们知道教学是

个互动的过程，教师和学生缺少任何一方都不能构成教学活动，双方在教学中的地位是平等的。从这一点来看，传统的教学活动，完全忽视了生在教学中的主动性，将学生放在被动接受的教育地位之上。传统教育采用灌输式的教育方式，教学活动完全按照教育者的意愿进行，无论是教学过程的安排还是教学内容的设计都没有针对学生的特点来进行，造成教学效果欠佳。

我们知道每个人都是一个独特的个体，有自己的思想意识和行为想法，在教学过程中我们要充分尊重学生的个体性，尊重他们在教学中应该享有的地位。现代教学方法与传统教学方法的区别集中体现在学生在教学活动当中的地位和发挥的作用，现代教育追求最大限度地发挥学生在教学中的主体作用，发挥他们的积极性和主动性。

学习是一个不断认识、不断深化的知识内化活动，在整个学习过程当中，很多因素都会对学习的效果产生影响，比如个人的认识、对待某种事物的情感、学习者个人的意志和信念等，这些因素可能会在教学过程中以一种或者多种集合的方式出现，对教学活动造成一定的干扰。在教学互动中，学生要克服各种不利因素的影响，充分发挥自己的主观能动作用，最大限度地发掘自己在学习中的潜力和大赋。

2. 改进教学方法必须尊重学生的个性发展

马克思主义教育的目的是让每个人都获得符合其个性特点和特长的发展，解放人的个性，促进人的全面发展，这是马克思主义始终坚持的育人观点。个性是人最宝贵的品质，正是因为个性的存在才让我们这个社会多姿多彩，缺乏个性的教育是违背客观规律的，也是没有灵魂和创造力的。在教学过程中，教师要根据受教者的特点帮助他们获得最合适的教育，充分激发学生的潜力，从而达成我们的教学目的。

在新的社会发展形势和社会发展背景下，我们要充分尊重大学生思想政治教育状况的实际和大学生思想政治水平的现状，本着个性解放、多元发展的基本思路，根据当前的实际状况，对大学生思想政治教育的发展进行全面的规划。

在教学中，教师在改进教学方法的过程中有三个方面值得我们去注意。一是，从小处入手，放弃假大空的说辞和不切实际的目标，将思想政治教育理论课当作教育学生做人，鼓励他们前进的阵地。

二是，思想政治教育课要教会学生如何在大学生活中扮演好自己的角色，并培养他们离开校园进入社会为人、生活以及工作中需要的素质和品德。

三是，树立终身学习的目标，激发他们的学与兴趣与学欲望，充分激发他们的潜能。

3. 优化教学方式

思想政治理论课应从不同角度，结合具体的教学内容，精心设计，选择不同的教学方式。在教学方法上，每位教师要根据自己的能力、特长选择诸如提问启发思考、学生发问老师解答、理论宣讲、艺术感染、实践指导等教学方法。另外还可开展专题讲座、课堂讨论、热点评论、参观访问等等，使教学方式多样化、趣味化，给教学方式以最大的灵活性。

4. 以校园网络为平台拓展思想政治理论课的新载体

互联网的出现是人类历史上的一个奇迹，是人类智慧的结晶，通过互联网人们可以轻松地获得人类几千年积淀的知识和智慧，网络的出现使得大学生思想政治教育变得更加灵活，思想政治教育理论课也有了更大的发挥空间，与此同时互联网的出现对传统的课堂教育也是一个巨大的挑战。

思想政治教育理论课的开展可以与互联网相结合，二者的结合能够最大限度地发挥课堂教育以及网络教育的优点，克服他们在单独对大学生进行思想政治教育过程中的缺点和不足。理论课教育可以借助丰富的互联网资源，充实与丰富课堂教育的内容，同时也可以增强思想政治教育课的吸引力。网络是一柄双刃剑，如果不对大学生的网络行为进行管理与规范，会对大学生的成长带来很大的影响，通过思想政治教育理论课的筛选与约束，大学生可以更好地利用网络信息与网络知识，提升大学生思想政治教育的效果。

（四）继续强化思想政治教育学科建设

改革开放以来，思想政治教育学科建设取得了丰硕的成果。自 1978 年十一届三中全会以后，我国高等院校陆续设置了马克思主义哲学、政治经济学、中共党史、马克思主义基本原理、中国社会主义建设、中国革命史、世界政治经济与国际关系等课程；"98 方案"设置了马克思主义哲学原理、马克思主义政治经济学原理、毛泽东思想概论、邓小平理论、当代世界经济与政治课程；"05 方案"设置了马克思主义基本原理、大学生思想道德修养与法律基础、近现代史纲要、毛泽东思想邓小平理论"三个代表"重要思想课程。可以看出，从"98 方案"到"05 方案"，从毛泽东思想概论、邓小平理论到"三个代表"重要思想课程这一历史的演进，体现了马克思主义中国化的进程，反映了思想政治理论课与时俱进的理论品质。可以说，"学科建设是提高思想政治教育科学性的重要基础和平台"。

学科建设是个大平台，既标志着学校、学院办学和科研的水平，又承载着教师和研究人员的学术归属。尤其对于以教学、科研为重的高等学校，吸收新学科的知识，在原有的学科建设的背景下，整合新老资源，重整并加强马克思主义理论学科建设的力度，是继教学改革后又一个发展的重点。

学科建设的前进方向需要左右灯进行照明，教学与科研如"车之两轮、鸟之两翼"，必须要坚持实行教学与科研并举的措施，以科研促进教学、以教学带动科研。教学与科研两者均不可偏废。无论是为了取得教学还是科研的长足进步，都需要我们不断注入教书育人的责任心和在学术领域内的钻研精神。思想政治理论课教学要稳步发展，着力提高培养质量，要把思想政治教育贯彻到全校公共课的理论和实践教学中去。此外，还要加强科学研究，支持和营造科研氛围，以形成科研兴院、强院的新局面。这样做的目的是要扭转两个根本性的转变：一是要扭转单纯的教学模式，向教学与科研相互促进的方向转变；二是要扭转单纯的科研模式，向教学与科研并举、协同发展的方向转变。

第二节 大学生思想政治教育实践课的建设

一、大学生思想政治理论课实践教学的根本性原则

（一）大学生思想政治理论课实践教学改革的基本原则

在实践过程中，应该高举中国特色社会主义伟大旗帜，全面贯彻党的教育方针，落实立德树人根本任务，把高校思想政治理论课教学工作摆在更加突出的位置，更加重视加强和改进教学管理，更加重视提升教学质量，不断提升思想政治理论课的亲和力和针对性，培养德智体美全面发展的中国特色社会主义合格建设者和可靠接班人，培养担当民族复兴大任的时代新人。在坚持以上思想指导时，还应坚持下述两项原则。

1. 针对性原则

实践教学要充分体现我国改革开放和社会主义现代化建设的新情况、新要求，反映社会现实的发展和时代特征，针对当代大学生的心理特点、文化层次和思想意识，选择适宜的教学实践活动，在内容、形式、时间、规模上进行周密计划，保证实践教学的顺利开展和不断深化。

2. 发展性原则

高校思想政治理论课程始终面临着这样一个问题：教育者往往不考虑提出的社会要求是否得到学生的认同、接受，而简单地把学生视为社会要求的接收器。如在教育目标的确定上，往往只强调社会要求，忽视甚至否定学生

的内在需要；在教育功能的发挥上，往往只重视理论在促进社会发展方面的社会功能，忽视甚至贬低在促进个体发展方面的个体功能，致使学生对思想政治理论课的认同感较低，学习的愿望和需要不强，当然也就不可能把理论应用于实践，实践能力自然无从谈起。在信息社会条件下，教育者和受教育者之间的信息落差基本已经不存在，甚至有时候会出现作为受教育者的学生对作为教育者的教师的信息优势甚或强势，思想政治理论课程如果仍因循老路，使用老办法，不仅不能达到预期效果，还会造成学生强烈的逆反心理，摧毁思想政治理论课程本应具有的魅力。思想政治理论课程只有充分考虑学生自身的内在需要，才能不断增强自身的吸引力、感染力、感召力，进而保证将社会要求内化进学生的思想体系。思想政治理论课程实践教学环节正是要在充分考虑学生自身需要的前提下，激发学生强烈的参与意识，潜移默化地培养其理论联系实际的能力，参与社会实践的能力，通过隐性渗透达到显性目的。因而实践教学环节从组织设计、实施到评价的全过程都应始终注意尊重学生的个体需要，既考虑到活动的科学性，又考虑到趣味性、现实性；既要使学生领悟马克思主义理论本身的魅力，又能逐步认识到思想政治理论课对其自身发展的现实意义－思想政治理论课不单是一种党和国家愿望和要求的表达，也体现了整个社会对大学生的一种期待，同时，思想政治理论课程有助于学生提高自己的人文素质和综合能力

3. 实效性原则

实践教学要以提高素质、增强能力、服务社会为出发点，使学生能够把所学到的理论转化成科学的世界观和方法论，内化为自身的自觉行动，针对社会需要，用学校学到的知识服务社会，为社会发展做出贡献。

（二）大学生思想政治理论课实践教学改革的原则方法

思想政治理论实践教学不能漫无目的、毫无章法地进行，而应该坚持定的原则方法。简单说来，思想政治理论实践教学应遵循下述原则方法。

1. 理论与实践相结合

脱离实践，即使是再好的理论也难以发挥其作用，也不能得到发展。同样地，缺乏理论的指导，实践也难以得到发展。思想政治理论课是一门理论性很强的学科，这就要求我们不满足于单纯的理论学习，而是要将其与实践相结合，去指导实践，并在实践中发展

2. 学校与社会相结合

学校与社会是一种相互影响、互相作用的关系。社会是学校存在与发展的基础，社会能够为学校的发展提供物质条件，并且社会环境的好坏在一定

程度上影响学校的发展。同时，学校也为社会培养人才，以利于社会的发展。思想政治理论实践教学的社会性很强，学校不能够提供社会实践所需的各种条件与要求，因而学校发挥社会的巨大作用，为其提供各种条件，以满足其需求。同时，在社会为学校提供条件的同时，思想政治理论实践教学能更好地培养高素质、高水平的实践型人才，满足社会发展需要，推动社会实践的向前发展。

3. 指导性教育与自我教育相结合

思想政治理论实践教学是一种以学生为主体，充分发挥学生积极性，让学生参与其中的教学模式。它是学生的自我教育的一种方式。但是，思想政治理论实践教学并不是全面否定传统的教学模式，并不是意味着不需要教师的指导与帮助，而放任学生盲目、自由地学习。相反，思想政治理论实践教学更加需要发挥教师的指导性作用。它要求学生在教师的指导下，充分发挥主观能动性，进行自我教育的实践活动。只有将教师的指导性教育与学生的自我教育紧密结合，才能够更好地进行思想政治理论实践教学，也才能取得实质性的效果。

从理论上说，受教育者的主体地位已经得到普遍认同，但在教学实践中这种思想并未得到很好的贯彻。当前，各个高校的思想政治理论课程教学主要是采用大班授课，以教师和课本为中心，讲述为主。由于过分侧重理论内容的演绎、灌输，学生兴趣不大，不少学生产生枯燥感、厌倦感，对思想政治理论课程产生空泛感甚至逆反心理，这正是只强调教育者教育作用，忽视学生自我教育的作用的结果。而实践教学环节恰恰能够弥补这种不足。实践教学更好地遵循了内因外因关系的辩证法：教育作为一种外因，必须通过推动内因的矛盾运动，即通过充分发挥受教育主体的主观能动性，推动其进入自我教育过程来达到教育目的。即教育必须以自我教育为基础，而自我教育又需要教育来唤起、推动、发展。不可否认，传统理论课教学也能一定程度上实现教育与自我教育的辩证统一，也能综合运用多种形式促进理论与实际相结合，但由于教学空间的狭小——往往仅限于课堂—很难充分挖掘理论阐释现实、指导现实、引领发展的巨大作用。相比之下，实践教学就更具灵活性，更能营造广阔的教学空间，更能有力地应对几乎处在"突变"状态和发展趋势的社会现实和发展远景，更能适应学生主体性凸显并仍在不断增强的趋势，更能适应和引导学生发挥主体性、发展主体性、完善自己个性的需要。

4. 教师主导作用与学生主体作用相结合

从组织形式来说，课堂教学不仅是由思想政治理论课教师直接组织实施，而且是以思想政治理论课教师为主体开展教学。在这里教师的"主导"作用与"主体"地位是直接统的，而实践教学尽管也是由教师直接组织实施的，但教师只是作为"主导"者的身份出现，即负责全过程的设计、指导、总结、讲评等，学生才是整个活动的主体。在开展实践教学过程中，一定要特别重视发挥学生的主体作用，这样才能达到培养学生实践能力的目的。

（三）大学生思想政治理论课实践教学改革的基本方针

1. 坚持实践育人，完善社会实践教学培养体系

学校要坚持贯彻"实践育人"思想，加强对社会实践工作的领导，建立起一套完善的社会实践教学培养体系。把实践教学作为思想政治理论课教学改革的重要内容和巩固理论教学成果的重要环节，加强思想政治理论课实践教学的规范化、制度化和科学化建设。

2. 整合资源，夯实基础，加强社会实践基地建设

按照"合作共建、双向受益"的原则，从地方发展实际和促进大学生成长需要出发，建立数量充足、多种形式的社会实践基地。创新社会实践基地的模式、功能，确保大学生社会实践活动稳定、持续、健康地向前发展。

3. 创新内容和形式，增强实践教学的针对性和时效性

根据时代发展和社会需求，探索搭建实践活动载体，丰富实践内容，拓展实践途径，建立社会实践与专业学习、服务社会、勤工助学、择业就业、创新创业相结合的实践内容体系，进一步提升实践育人的实效性和针对性。注重实践教学的研究和探索，力争实现实践教学的常态化、规范化。

4. 完善实践教学考核评价机制

将统一考核与独立考核，结果考核与过程考核，定性方法和定量方法结合起来，全面真实地反映学生的社会实践成绩和教师的教学效果。建立完善一套促进社会实践有序运作、自我驱动、健康发展的科学激励机制。

5. 加强安全教育与管理

制订安全教育规章制度，认真做好安全防护工作。要对参加实践教育的学生进行安全教育，并签订必要的安全责任书，最大程度上避免发生安全事故。

二、大学生思想政治理论课实践教学要优化规范建设

（一）大学生思想政治理论课实践教学的操作规范

1. 明确目的，纳入计划

目的明确与否是实践教学能否收到预期效果的首要条件。针对思想政治

理论课程的社会实践有时与其他知识教育的社会实践并不是截然分开的，同一社会实践活动能够使学生在多方面有所收获。教育者不仅要通过实践教学使学生实践能力得到培养和提高，同时要帮助他们树立坚定正确的政治方向，培养其服务意识以及实事求是、艰苦奋斗的作风，引导学生树立正确的世界观、人生观、价值观。明确目的不仅对于学生很重要，对于教育者更为重要，因为组织实践要在明确目的的前提下呼应课堂的教学内容。在此基础上，把社会实践纳入学生教育和培养的正常环节，将社会实践活动由教学计划外的补充纳入教学内的计划安排，以学分制的形式出现，并作为必修课。只有这样，才能有效保证社会实践保质保量完成，真正达到实践的目的。

2. 齐抓共管，周密安排

高校应专门成立由校领导挂帅、校党委宣传部和教务处、总务处、团委以及各党（团）总支主要负责人组成的"学生社会实践活动领导小组"，全面负责和落实每年全校学生的社会实践活动，把学生的社会实践纳入年度工作计划精心设计，统筹安排，尤其要在经费上给予大力支持。实施实践教学计划，不仅要有相应机构，如教务处、团委和学生会去指导实施，更要有思想政治理论课程教师与学生一起加入学生的实践活动中，便于监督和随时引导、点拨。

3. 分清特点，选好形式

不同年级的大学生心理需求、思维方式、知识水平、实践能力是各不相同的。据此，我们应采用相应的实践教学形式。

低年级学生特别是新生具有强烈的好奇心，需要了解学校、了解他人、了解改革开放的时代，了解丰富多彩的社会生活，这是一方面；另一方面，他们以前多以书本为中心，社会经验甚少，独立活动能力较差，世界观和人生观还在形成当中。因此，对于他们，主要是组织他们开展一些参观活动（如游览参观革命圣地、文化古迹、工厂、农村）、服务活动（如学雷锋活动、植树活动、美化校园活动、敬老献爱心活动和义务劳动）、交往活动（如舞会活动、团队活动、兴趣小组活动、心理沙龙），从中，学生可以了解革命传统、文化遗产和改革开放的成果，深化对改革的路线、方针、政策的理解，培养奉献精神、爱心和责任感，增强人际交往的能力。

中年级的学生，具备了一定的专业知识和能力，对大学学习和生活也比较适应了，适当组织他们进行或者参与一些对某些社会热点、难点问题的调查，以培养学生的科学精神和科研能力；也可以组织学生进行一些竞赛、比赛，如辩论赛、演讲比赛、专题论坛等，以培养学生独立思考能力、辩证思维能力，这还有利于培养学生的集体责任感和荣誉感；还可以组织学生进行一些具有劳动收益的活动，如家教活动、卖报活动，帮助企业、学校、机关做些宣传、咨询活动，这不仅可以培养学生的劳动精神，而且可以部分改变一些学生的经济状况，有利于调动起学生参加社会实践活动的积极性。

高年级的学生，具备了较强的专业知识，处在适应社会，谋职就业的交叉点上，急待增强其实践能力，适于组织他们结合本专业特点进行相应的实习，如师范专业的学生可以到相应的中小学等学校进行教育实习，管理专业的学生可以到有关的公司企业工作一段时间，如此，可以对学生的知识和能力进行全面检阅，有助于学生更好地认识自我，有针对性地"查缺补漏"，为更快更好地适应社会打下坚实的基础。

种种实践教学形式的使用范围并不是绝对的，而往往是交叉使用，综合发生作用的。这就需要教育者有侧重地综合运用多种方法组织社会实践活动，制订出最优化的实践方案，力求达到最佳的教育效果。

4.认真总结，严格考评

实践过程结束，由课外转转到课内，由校外转到校内，但教育过程并未结束，教育者要有意识地把实践内容与相应的教学内容结合起来，实现教育者与学生和学生与学生的互动与交流，可以说这是整个实践活动的点睛之笔。

这是一方面；另一方面，还要建立必要的和规范的考核评价指标体系，使实践活动有规章可循，有制度可依，有内容可考，保障实践质量。规定每学年参加实践的次数，并有专门的实践活动档案，实践成绩合格，方可获得实践课学分，得到学分才可以拿到相应的实践证书，可以作为日后寻找工作的一项依据，同时可与评优挂钩，获得当年的实践学分可作为参与评优的前提条件。

（二）实践教学形式举例

现举例说明实践教学展开的具体过程

1.演讲比赛形式

各个思想政治理论课程可以围绕某一特定主题开展演讲比赛。每位学生都要准备演讲稿，参与初赛，经过复赛、决赛的层次选拔，评选出各等级奖项，并颁发奖品（奖金）及获奖证书。同时，在学生当中遴选初赛、复赛、决赛的主持人，在演讲比赛准备、进行的同时，主持人也有一个选拔评优的过程。撰写演讲稿要求主题鲜明，思想健康，内容充实，条理清晰，富有文采。演讲时要情感充沛，以情表意，富有感染力；语言准确、生动，普通话标准流畅，语速适中，抑扬顿挫；仪表大方，仪态自然，修饰得体。比赛之前，教师要进行认真的指导；比赛进行时，教师亲自或者委托学生做好会场布置、设备调试及现场协调工作；比赛之后，教师应进行全面的分析和讲评，特别是要与课堂的教学内容联系起来，使学生的感性认识上升到理性认识，强化影响学生思想体系建构的目的。举行主题演讲比赛，把课堂理论课教学与课外实践活动有机结合，能很好地激发学生参与活动的积极性和主动性，学生的学习能力、组织协调能力、写作能力、语言表达能力、辩证思维能力都能得到增强。同时，也有助于培养学生的集体主义精神，增强学生的集体荣誉感，丰富学生的校园文化生活，最终必然提高思想政治理论课程的针对性和实效性。

2. 诗词朗诵与赏析大赛形式

每门思想政治理论课程都可以举行不同主题的诗词朗诵与赏析大赛，学生既可以自己根据大赛主题创作诗词，也可以用现成的经典的切合主题的诗词参赛；既要进行朗诵，又要围绕诗词背景、内容及时代意义等进行赏析，这样才能更全面地增强学生的动手动脑能力，增强分析历史问题和现实问题的能力。诗词朗诵应语言连贯、流畅，抑扬顿挫；普通话清晰标准，音色甜美，富有感染力；应充分理解诗词内容，提出自己的感想；朗诵时可制作配套的幻灯片和背景音乐。在比赛中，也可穿插一些有关伟人事迹的音频、视频资料，开展相关的有奖知识问答。

3. 实践论文大赛形式

各门思想政治理论课程都可以组织学生开展各类主题的实践论文大赛。如，可以以"以人为本，构建和谐社会""尚德守法，成才之道"等为主题开展实践论文大赛。操作过程为：将学生按一定数量分组，各小组围绕主题自拟题目，拟定调研提纲并设计调查问卷，利用实践教学时间及课余时间展开调查，然后统计分析调查结果，撰写调查报告。调查报告既要呈现本小组本次实践的过程，又要有对调查结果的分析和总结，还要给出对策和建议；调查报告提出的论点必须有自己小组的调查数据支持，对数据分析要争取准确、全面，视角独特新颖；应体现清晰的思路、严谨的逻辑结构、较强的可操作性和一定的创新性。各小组成员要能够根据本小组的调查报告内容答辩。在答辩的基础上选出部分小组将调研成果报告制成幻灯片，各小组推选出一名代表参与调查成果的现场交流。评分除了依据调研报告、各组答辩情况和现场交流情况，还要考虑各组在调查的准备和开展以及撰写调研报告时是否全员参与、通力合作。最后，评选出优秀成果给予奖励。开展社会调查和撰写调研报告，不仅有利于增强学生对国情的了解，也有助于加深学生对自身、集体以至对自己专业的了解，学生的写作能力、语言表达能力、组织协调能力、自我控制能力、团队精神都能得到很好的锻炼。

实践证明，实践教学的教育效果是点滴渗透、潜移默化的，可以说是"润物细无声"。学生通过接触实际，了解社会，逐步学会运用辩证唯物主义的基本观点，全面、客观地去观察问题、分析问题和解决问题；运用历史唯物主义的观点和方法看待社会和人生，正确分析和评价现实生活中的政治、经济、文化、道德现象和各种社会思潮。在现实中认识自我，在认识国情中培养自己的社会责任感和历史使命感，从而树立正确的世界观、人生观、价值观。实践教学的开展能够有效地调动学生的积极性和主动性，极大地激发学生对思想政治理论课程学习的兴趣，同时，也有利于学生主动调整知识结构，锻炼多方面的能力，提高自身的综合素质，逐步缩小自身与社会期望值的差距。简言之，实践教学从思维方式、思维能力和实践能力等方面加速了高校学生的社会化进程，同时也能更好地培养和发展学生的个性，而这个过程也就是高校思想政治理论教育实现教育教学目标的过程。

三、大学生思想政治理论课实践教学要强化机制建设

机制是整体与部分之间相互作用的过程与方式。它反映了要素的结合方式及其体系的功能，要素功能之间相互联系。思想政治理论课教学机制依据不同的标准，可以分为多种形式。从思想政治理论课教学结构上可以分为外在机制、内在机制。从思想政治理论课教学的接受主体素质与接受图式入手，可分为思想政治理论课接受机制中自然遗传机制、社会文化机制、实践生成机制。从思想政治理论课教学接受的主客体要素间双向建构、发展分析，可以分为反应机制、选择机制、整合机制、内化机制、行为机制。从思想政治理论课教学传播的逻辑过程与心理过程来看，运用系统结构的方法，将思想政治理论课教学看成为一个整体的动态发展过程。从思想政治理论课教学发生发展的动力机制，确定目标后的目标机制，督促活动持续发展的保证机制。机制作为一定制度的下位概念，作为程序的上位概念，它的形成过程是制度的具体化过程，是程序的抽象化过程。思想政治理论课教学发展首先要在思想与理念上有所发展，然后就是要健全思想政治理论课教学机制，以保证理念与思想变革的实现，特别是思想政治教育课堂教学与社会化教育融合协调的长效机制。

（一）要推进思想政治教育社会化要素与课堂教学的融合与协调

1.要采取有效措施将社会化要素融入课堂教学，以强化课堂的主渠道作用

不断地认识和了解当代大学生特点，为课堂教学采取针对性措施提供依据；在教学内容方面，优化课堂教学内容，深化大学生已知理论，结合理论

传播，及时解读大学生关心的社会热点难点，积极引导；在教学方式和方法方面，鼓励大学生主动参与课堂教学，发挥课堂民主。同时积极采用社会资源，适当运用相关的图片、视频，这能有效弥补理论传播过程中的抽象性、理论性过强缺点，能快速带领学生进行时空转换，感受特定的历史情境。针对当前大学生的认知和思维特点，高校大多数思想政治课堂在传统的说理式教育的基础之上都能采用平等对话、案例分析等互动式教学方法，力求找准切入点，做到通俗易懂，使学生能够理解与接受。在教学活动中采取读（阅读思想政治理论原著等）、写（写论文）、看（看教学录像片）、议（课堂讨论）等相结合的教学形式，发展课堂民主，以便交流和引导，消弭歧见。同时引进社会资源进课堂，更多地贴近社会、贴近实际，增强学校思想政治教育的效果，如聘请专兼职教授、专家和党政干部为大学生做报告等。

2. 推进思想政治教育的时空延伸、内容延伸

配合思想政治教育的核心课程进行原著导读和开设选修课程。从 1998 年开始，我们在思想政治教育课程中实施"原著导读工程"，以厚实学生的理论基础，提高大学生的理论兴趣；提高学生利用所学知识分析问题、解决问题的能力，培养学生的创新意识、创新精神和理论创新能力。同时围绕思想政治教育核心课程开设众多的传统文化类、心理学类、经管类、艺术欣赏类等选修课程，在提高学生人文素质同时进一步提高思想政治道德素质，增强当代大学生的价值判断、价值选择能力。在此基础上，探索将思想政治素质培养融入专业课程，增强专业课程育人作用。

3. 倡导研究性、自主性学习政治理论

鼓励大学生参与研究性学习结合实验室、学生参与研究的课题（SRP 项目）、各种竞赛等，培养大学生创新能力和创新精神，鼓励学生通过调查研究了解社会和人生、通过实践得出思想政治方面的结论。除了利用 SRP 项目引导学生进行思想政治研究外，高校思想政治学院还可以拿出部分经费鼓励大学生进行思想政治教育调查研究、社会实践；引导和鼓励学生进行研究式的学习，选择一些题目，要求学生以组为单位，进行调查研究、理论探讨，运用正确的立场观点和方法，提出解决问题的对策，并要求学生在课堂中交流，回答老师和同学的提问，进一步增强大学生灵活运用科学理论的能力；鼓励教师开设教学博客，组织力量开办学习网站，进一步加强思想政治教育课程进网络的力度，加强自主学习课件的开发，以学生喜闻乐见的形式推进政治理论教育。

4. 促进思想政治课堂教学与社会实践对接，以课堂教学指社会导实践，同时以社会实践充实提升大学生思想觉悟和理论水平

通过课堂教学引导学生以理论指导实践，通过实践解决问题，提高理论

水平和觉悟，促进由知向行的转化。通过组织学生进行社会调查，积极引导学生认识社会、人生，引导学生将个人发展和社会发展结合起来，树立远大的目标和理想；使学生了解我国社会主义建设的成就，从而更加爱党爱国，使思想政治课程教学的针对性和实效性得到实实在在的提高。

5. 通过学生工作、社团活动、讲座等校构筑育人氛围，形成良好的校园文化

高校通过细致的学生工作，以爱心、耐心和真心对待学生，构筑温暖的校园大家庭。学校积极引导学生参与营造丰富多彩的校园文化氛围、浓厚的学习氛围、温馨的家园氛围的活动中来，培养和发掘多层次多方位的大学生榜样，发挥榜样示范作用。通过社团活动、讲座等丰富校园文化，并形成对外辐射品牌，如"清明义工"志愿者活动、"政管大讲堂"等，进而发挥校园环境对学生思想政治道德素质隐性影响的作用，增强大学校园文化潜移默化的育人作用。

（二）要建立大学生思想政治教育课堂教学与社会化教育融合协调的长效机制

建立大学生思想政治教育课堂教学与社会化教育融合协调的长效机制，需要经过以下几个层面的努力。

1. 从国家层面来看，需要采取有力措施进一步推进各高校全面落实有关大学生思想政治教育的文件精神，尤其是反映强烈的师生比、经费、教学单位独立建制等方面，使得各方有条件进行精耕细作的思想政治教育：以宣传系统和高教系统为核心，构建学术界、新闻传播界、文艺界、教育界、政工系统等多层次多方面的思想政治教育队伍，并促进相互间的交流，形成合力；满足大学生对大众传播媒体的需要，提高大学生媒介素养，采取必要措施，净化大众传播媒体环境。

2. 从高校层面来看，要打破校内在思想政治教育方面的条块分割现状，建立一个融合多方的委员会或联席会议制度，形成教育合力。通过这平台沟通和指导，协调教学、学工、宣传、组织等部门，形成合力；同时注意充分利用和引导各种学生社团、非正式群体、NGO 等、校园文化活动人际关系、大众传播媒介等构成大学生思想政治教育校园环境的因素，使之发挥着隐性教育的功能。

同时增强校内代际和同辈的交流与沟通，发挥其社会化教育功能。大学生骨干和榜样在与人交往中形成若干不同层级的中心，他们发挥着舆论领袖、观念传播和情绪感染等方面的作用。这需要根据大学生受众对榜样的需求，

更多地选择体现时代特点、来自大学生生活世界的各种典型，从典型的先进层次、先进内容等方面合理发掘、分类开发，激发大学生对典型的学习热情；发挥教工的引领作用，如名师教授讲述个人成长经历、广大教职员工以言传身教等，影响青年大学生思想政治素质。

3.学院要设计具体制度落实进行，在课程设计和安排、大学生思想政治教育经费开支方向、教师业绩考评等方面加强落实，创造有利于二者融合协调的有利局面。加强思想政治核心课程建设的同时，"德育课程（思想政治理论课）实施主辅制，按主辅制的原则在学校的人文选修课中开设一些选修课程作为思想政治理论课的辅助课程"，"人文素质教育课程内容融入德育内容"，进一步提高大学生思想政治素质和人文素质，培养一批青年马克思主义者；完善社会实践制度，落实人员和经费保障；建设大学生自主互动学习马克思主义的网站，加大学生参与研究等经费支持力度；逐步完善教师考评制度，鼓励教师参与社会化教育活动。

第九章 网络环境下大学生思想政治教育的现状研究

随着互联网的普及，互联网时代已经悄然到来，其中大学生是互联网用户的主要群体，互联网的应用逐渐渗透到大学生的日常生活中，无形中影响着大学生的思维思考方式，给高校的思想政治教育工作带来了一定挑战。十九大以来，党和国家对网络以及网络环境下大学生的思想政治教育工作的重视程度日益提高，各教育机构也都积极的研究探索思想政治教育工作的新途径。

第一节 网络环境下大学生思想政治教育的现状

一、网络环境下思想政治教育方法的相对不适性

当前思想政治教育的方法为教育的发展做出了巨大的贡献，是长期积累的宝贵实践教学经验。随着网络时代的到来，有关教学方面的网络平台基础设施不断提高完善，网络与教育的融合不断深入，网络思维运用更加广泛。但思想政治教育方法在这样的环境下也出现了一些不适应性，方法发展创新尚未与时代接轨。

（一）思想政治教育方法与网络资源缺乏深度融合

"互联网与教育的融合并非一个完全新兴的互联网产业。"早期融合发展模式其核心在于便捷的教育形式和线上资源共享的理念，通过对线下教学资源的提炼与整合，将它们共享于线上网络，为学生更好地学习提供了条件。但是这一融合发展在网络时代来临前一直处于摸索阶段，并没有形成较为成熟的应用体系，更多地作为线下教育的一个有益补充。

进入网络时代，万物通过网络的基础平台与之深度融合，网络与思想政

治教育方法的融合也在进行之中，但出现的更多情况却是将网络作为教学的一种工具，并没有完全将其视为一种教学方法的具体应用。而它的作用在一些情况下体现为课程视频在网络载体上的机械回放和供学生使用网络题库进行反复练习的工具。网络回放听课的一个弊端就是缺少了师生间的互动内容，在部分难点的分析上只能依靠学生自己的认知去理解，这样在知识的精准把握上就缺少了保障；网络题库的使用更注重对做题量和便捷性的追求，缺少对答题思路的梳理和对重点知识的讲解，这样对错题的理解缺少了指导，而且更突出题库的工具作用。由此可以看出无论是网络课程的回播还是题库的做题练习，这些教学形式和方法仍是对课堂教学模式的一种补充，网络的工具性作用依然突出。这样的方式是浅层的融合，只是将两者的简单结合，网络环境下需要深度融合获得的是以网络为基础的形式更加灵活，交流更加便捷，教学更加有效的教学方法。因此需要加强当前思想政治教育方法与网络进一步的深度融合，以解决当前的不适应性。

（二）大学生思想政治教育方法缺乏网络思维

"思维作为一种动态性的结构方式，是在科学实践基础上形成和发展起来的，带有鲜明的时代特征。"当思想政治教育进入网络时代后，为了能够适应时代的发展就需要及时转变思维，用具有新时代特征的思维方式来思考问题。网络的思维是这个时代所独具的一种思考方式，同时也是我们在新的历史时期需要学习和掌握的一种重要的思维方式。

网络思维更加注重主动运用网络平台进行工作、学习、交流和创新的一种主观意识，并非将网络机械的当成一种工具来使用。当前思想政治教学所运用的方法倾向于原有的教学方法，例如课堂授课、课后布置作业、定期考核等方法。课堂教学是长久以来处于主流地位的教学方法，这样不仅可以使教师将教学的主观能动性和创造性充分体现于教学过程中，而且还可以及时有效地掌握学生的学习动态，在互动中提升教学的效率和质量。课后布置作业可以有效地使学生对课堂所学知识内容进行回顾和再学习，在有针对性的课业中能够发现对知识掌握的不足方面，从而加强对知识的学习和理解。定期进行学业内容的考核是对一段时间内知识掌握检测的有效方法，在综合的检测中能够客观地分析出知识掌握的漏洞，从而引起学生对这部分知识内容的重视以及加强对此部分知识的再学习。这些教学方法可以很好地将知识原理传授于学生，并使学生得到理解和掌握。但是在网络环境下，这样的教学方法显然缺乏与网络的联系，也缺乏主动的将网络平台积极地融入教学，从而形成新的教学形式和方法的网络的思维。

二、网络环境下思想政治教育方法需要不断发展

当前导致我国思想政治教育方法出现的这一系列不适性，其原因是复杂的、涉及到的内容是多方面的，因而出现这种困境绝不仅仅是某一方面的问题所导致的。改变现状需要思想政治教育方法的不断发展来适应网络环境的发展，因此我们要通过对思想政治教育方法与网络融合不够、缺乏网络思维等问题的深入分析和研究，找到不断促进思想政治教育方法向前发展的推动力。

（一）网络平台技术、资源的开发和使用不够

当前我国所搭建的网络平台具有涵盖信息资源丰富、资源内容形式多样、获取便捷迅速、极少受时间和地点因素限制等诸多优点和优势。虽然在高校思想政治教育教学范围内已经逐渐引入和融合了网络平台和技术，但是在网络环境下思想政治教育在方法的运用上仍然表现出了一些不适性，究其原因在于针对思想政治教育的网络平台和技术的创新不足，思想政治教育过程中对网络平台的使用不够。因而导致了思想政治教育方法和网络环境相互融合程度的欠缺，我们需要不断加强网络平台技术的开发创新以及在教学过程中的使用，只有这样才会增加教学方法的灵活性，增强学生的学习热情并将在很大程度上提升思想政治教育的教学效果，极大地增强了学科魅力和对学生的吸引力。

过去关于教育的网络平台建设比较简单，功能也较为机械单一，通常只具备资源共享的平台作用。这样的功能特点所带来的局限性使其无法被真正地融入进思想政治教育的过程当中。因此需要我们加强对教育领域的网络基础平台的智能性、互动性等方面的建设工作。人工智能性会带来网络平台的智慧化，系统功能更加贴近现实教学的对便捷性、人性化的需要，增强了教师在教学过程使用网络平台的主动性。互动功能的增添使得网络平台真正地具有了活力，师生可以在平台上进行互动和交流，丰富和创新了第二课堂的教育方法。网络平台的创新和建设不足以完全实现两者深度融合，这个过程还要依赖于教师对网络平台的应用，通过网络平台技术的创新从而提升该平台在教学过程的使用频率，加强了思想政治教育方法与网络环境的深度融合。

（二）加强大学生思想政治教育方法的网络思维

目前我国高校思想政治教育在教学方法的思维上与网络环境下的现实教学需要、教学效果及学生的需求之间存在着一定程度的距离，问题的解决在于我们需要在教学方法上加强网络思维的具体运用。教师在教学过程中不能

将网络平台简单地等同于一种教学工具，而是将使用网络平台进行互动、教学当作一种思维习惯，从而有利于这种思维方式在思想政治教育方法上的体现，从而增强教学效果和学科魅力。因此这种思维与原有的思维形式相比更具时代性，也更能符合时代的要求。

新的思维从形成到自觉使用不是一蹴而就的，而是需要经历一个较为复杂的过程，因为教师要在实践教学中对现有教育方法的效果进行正确的认知，从教学反馈到学生认同等多个方面认识到它的不足以及不适性，在主观上自觉打破原有的思维方式，接纳新的思维方式。后续需要教师在实践教学的过程中有意识地将网络平台与教学进行有机结合，并随着教学实践摸索的不断深入将两者逐渐深度融合，通过第一课堂和第二课堂学习效果的真实反馈，真正体会到这样教学方法的思维在新环境下的有效性。在这之后需要教师在教学过程中不断强化和使用这种教学方法的思维意识，在教学环节利用网络平台充分发挥主观能动性和创造性来提升教学的有效性，将深奥的知识内容更加生动形象地讲授出来，使学生获得较之以往更好的学习体验和效果，在经过了一个个成功教学案例的积累，逐渐强化了思想政治教育方法的网络思维意识。只有经历这样的环节和过程，使网络思维在教学方法中不断得到体现和运用，才能真正实现思想政治教育方法在网络环境下的向前发展。

三、网络环境下大学生思想政治教育方法创新的挑战

伴随着网络进程的不断深入发展，互联网＋大学生思想政治教育已成为互联网与教育相结合过程之中不可缺少的重要组成部分。由于现阶段网络对社会和高校来说仍然是一个较为新鲜的内容和事物，所以当我们看到这两者相互结合过程中充满了创新的活力和发展的动力的同时，仍要认识到新事物的发展所面临的困难和挑战，把握机遇促进发展并且也要做好充分的准备以应对挑战。

（一）网络环境对当前思想政治教育方法带来冲击

我国在当前时期大学生思想政治教育的相关教育方法之上仍然是沿袭着以往的教育方法和系列模式，其具体的表现形式在于：在相关理论知识的获取等多个方面基本依赖于高校统一指定的相关教学用书，由于被指定的教学教材在选材的范围和使用的数量上来看都具有一定的有限性，而且在其知识的内容之上具有很强的权威性和导向性，所以教师对于相关知识的掌握和深入解读也只停留在这些具体的教学用书所包含的知识内容上便可满足在教学

方面的硬性要求。而相比较针对大学生来说，他们真正感兴趣的知识内容和希望涉猎讲授的课本教材绝不仅局限于高校所统一选定的范围之内，然而在课堂上所无法满足的求知需要，在网络这个资源丰富的平台上是可以完全实现的，这对统一、机械的教学方式和方法带来较强烈的冲击。同时由于大学生所涉猎的知识内容不断的广泛和深入，他们对知识的疑问和探索也更有深度，这就要求教师不能将知识的掌握和解读仅仅局限在教学要求的任务之中。

　　而在实际的教学工作方面其具体的授课地点可以说完全是采用课堂、黑板这样的固定地点和场所、固定的方式和方法进行教学任务。在一定程度上来说，这本身就存在着一定的教学方法上的局限性，如：固定的教学场所使得很多的教学情景无法得以很好的展现，学生无法获得最直观的感受和理解。当借助网络的环境和资源平台就可以任意展示所需的教学情景和教学环境，通过互联网的这个窗口在课堂之中打开一个无限广阔的教学场地和教学视角。而这种较为前沿的教学方法却带给教师尤其是从教经验丰富，但年龄偏大的教师在教学及教学方法上的困难和冲击，针对这样的现实情况就亟需他们改变以往在教学方法上的惯性思维，在教学方法、手段及观念上都要与时俱进，在最短的时间内尽快地转变观念，克服对新鲜事物的抵触与排斥心理，通过短期的集中学习和培训实现较为熟练地掌握相关的操作技术，以期在融入新的教学方法和手段的同时能够及时地胜任这种教学模式。

　　（二）网络环境的复杂性增加了思想政治教育方法创新难度

　　网络将我国各行各业直接或者间接地连接在了一起，为各个行业在当今的国际经济条件下得以继续向前发展提供了强大的动力，尤其当高校思想政治教育与其相结合之后势必将迸发出更强的生命力、展现出更加旺盛的学科活力。但正是由于网络环境与万物互联互通的特征，使得其本身即具有包容性和综合性的特点，也因此其环境具有了复杂性。随着时间的推移及自身的不断向前发展，其环境的复杂性也与之成正相关地增加，这就给以网络环境为新的载体从而发展的思想政治教育带来了一定的困难，也给其方法的创新带来了较大程度上的挑战。

　　在当前时期之中的思想政治教育方法创新需要借助网络这一平台，通过开放的信息共享渠道，便捷的信息交流方式等可以极大地推进教育方法创新的进程。但是在这个进程当中网络环境所表现出来的复杂性和复杂程度却在不断地增加。其中包含了共享和可以检索到的信息资源的良莠不齐，如：国内网络使用者对相关知识及背景历史的曲解误读、发表的偏激言论、国外敌对势力恶意散播的谣言等。这些错误信息对具有较强的政治立场和辨别是非能力的成年人来说并不会造成非常大的思想影响，但是大学生群体却正处于三观的塑造时期和青春期的波动阶段，极易受到这些偏激和错误的言论的煽动和误导，这对于他们的成长和成才的过程所造成的身心及思想上的不良影响是极为严重的，如果不能及时发现并进行有效的纠正，那么产生的后果很可能是不可挽回的，这对教育方法的创新带来了非常大的影响和困难。因此在借助此平台进行方法创新的过程当中要有非常谨慎的态度，要对其环境的复杂性有着充分的了解和认识，对可能出现的问题要进行及时的预防，当问题出现的时候也应该有完备的应对方案和手段，将问题迅速处理得当并将影响降至最小。所以其平台环境的复杂性已经成为教育方法创新过程中所不可忽视的一个重大问题，只有这个问题能够得到有效的解决，思想政治教育方法的创新才能有一个良好的环境及好的发展未来。

（三）网络环境对思想政治教育工作者提出更高要求

我国各级政府高度重视高校思想政治教育的教师队伍的组建和培养，在不断投入大量的精力和支持的情况下，教师队伍的建设获得了非常大的进步、其教学和科研工作取得了令人可喜的成绩。高校思想政治教育工作者以其学科所特有的理论知识体系为思想指导，在党和政府的领导下密切关注社会发展和大学生成长过程中所遇到的诸多问题，根据问题而有针对性地全方面开展各种科研和实践研究活动，得出了许多有价值的解决对策，尤其是总结出了许多有关于教学上的宝贵经验和有效方法。这推进了教学水准的大幅提高，提升了大学生的学习效果。

在我们正确认识我国高校思想政治教育工作者在工作上所取得的突出成绩的基础上，我们仍然要冷静的认识到在当前这一新的历史时期，我国高校的思想政治教育教师队伍的工作与时代的要求确实存在着一定的差距，在有些方面甚至存在着较为明显不足。体现在当前大部分教师已经具有了以往教学上的惯性思维，对于网络意识和思维认识不强，甚至年龄较大的教师一时间无法适应，会不可避免的出现一定程度上的抵触心理和情绪。这就在思想和心理上对教师提出了更高的要求。也体现在伴随着网络的普及和发展，高校也在教学的硬件上做了升级提升，每间教室配备一组计算机教学媒体已经不再是遥不可及的奢望。而在教学的过程当中使用这些计算机教学媒体的一般情况下是教师，但是存在着部分教师不会使用设备的情况，即便能够进行简单的操作也不能够实现充分利用计算机媒体进行教学的预期目标，这就要求教师需要熟练掌握计算机媒体的使用及相关教学资源的下载、相关教学课件的制作，对教师在掌握计算机网络使用的技能上提出了更高的要求。与此同时大学生可以轻松便捷地借助互联网络的强大力量获取到最新且最鲜的知识信息，而教师所讲授的知识内容对大学生而言不一定是新鲜的，并且在互联网络中可以获取到最为权威的专家和教授的详细而又深入的解读，这对教师在对相关知识的日常储备更新及对相关问题和知识的深入理解上提出了更高的要求。

四、网络环境下大学生思想政治教育方法创新的机遇

通过对挑战方面的初步论述，网络环境虽然对方法创新这一过程提出了很多的困难和挑战，但是我们仍然能够清楚地认识到在这一过程之中其所发挥的积极作用和意义远胜于它所带来的问题和困难。它为实现方法创新带来了发展平台、丰富了创新的方式并增添了新的内容。所以我们更应该看到的是这一难得的发展机遇，更应该去努力地把握好这一机遇，为此做好充分的准备工作并在足够量变的积累上促成事物的质变而获得新的发展。

（一）网络环境为思想政治教育方法创新创造良好条件

网络相比较于以往的媒介功能和特征，它的开放性更高、系统化结构更加完善。在开放性方面不止体现在内容上的时时更新、包罗万象，更体现在它的交流和互动性方面，每一个网络主体都可以在这里面进行平等的交流，发表自己的想法并看到他人的相关见解。在系统化方面具体表现为将不同类别的话题和问题进行集中和细化，即便在内容上每时每刻会有新的资源和消息以爆炸式的增长速度被添加进来，但是在资源搜索时不会出现由于数量的庞大、内容的烦杂而导致的搜索低效的情况，因为相关系统功能会自动将这些数据内容依据一定的规则进行分类归纳，甚至在有需要时，可以在一个较小的范围内进行更为细致的分类。

这一系列的特点和特征都可以成为思想政治教育方法创新过程中的有利条件，为创新提供良好的氛围。创新是与时代联系最为密切、最能反映时代的声音的一种活动，由于缺少大量的经验进行借鉴，因此这是极具难度和挑战的实践活动，所以创新不仅需要具有较强的能力，更需要一个充满积极能量、鼓励创新的文化条件和氛围。同样在高校思想政治教育方法的创新进程中也会面对各样困难，也需要一个适合于创新的条件和氛围，此时就需要借助网络环境的开放性和系统性等特征为其创造积极的条件、打造良好的环境氛围。开放性的作用体现在借鉴和交流互动方面。因为创新不是凭空想象，更不是简单的思维创造，是需要经过长期的经验摸索和总结，需要前人的铺

垫和积累。所以需要在网络上搜寻这一大类方面的内容和资料，需要与相关方面的主体和个体进行交流和探讨，在交流中能够为对方所遇到的问题提供相应的解决方法和宝贵经验，困境时相互鼓励、相互帮助，获取有效的资源内容。在不断遇到困难和解决困难的道路中砥砺前行，直到取得成功。系统化的作用体现为资料内容的归纳和整合提取方面。面对繁多庞杂的资料信息，如若采用逐条搜检的办法，不仅会在资料搜集的环节上损失大量的时间，还会漏失掉很多重要信息，这就给工作带来了困难和麻烦。但是系统化的作用正是能够实现自动分类归纳功能，便于对某一问题及其相关问题资料的搜集，尤其在创新过程能够获取到的有效资料相对较少，通过自动归纳整合将相近的信息网罗一起，大为缩短了对资料搜集的宝贵时间，为方法创新提供了有利的信息环境氛围。通过这两方面的探析，我们可以清楚的了解到网络环境对于方法创新氛围营造的重要性，因此需要我们对这一方面展开进一步地发展。

（二）网络环境为思想政治教育方法创新提供有效平台

习近平在全国高校思想政治工作会议上指出："要运用新媒体新技术使工作活起来，推动思想政治工作传统优势同信息技术高度融合，增强时代感和吸引力。"这为高校思想政治工作的发展指明方向，要加强网络平台的建设并将思想政治工作积极与网络深度融合，激发新的生命力和活力。在这样的平台上增强了师生间的交流，缩短了彼此间的距离，拉近了彼此间的情感。这样不仅能够以教师的身份进行学术上的传授解惑，也可以朋友的身份对学生的成长给予帮助，这对大学生的全面发展有着重要的帮助。

运用网络环境与思想政治教学高度融合并取得理想效果的教学案例越来越多。当前国内高校普遍以官方微博、微信主页这样的平台加强与校内外的联系沟通，思想政治课方法创新也从中得以借鉴，通过对班级网络交流平台的搭建实现了传统教学与自主实践学习等多维一体网络授课模式的创新。部分高校投入精力研发和使用系列 APP 项目，方便大学生随时掌握最新学习资源及相关学习任务。交流功能使师生突破时空上的距离，通过手机随时针对某一问题或话题进行灵活沟通，教师也可及时掌握学生学习动态并对疑问进行解答，既节省时间又提高效率，在交流中实现大学生对知识的学习和兴趣的提高。通过对类似平台进行深入的挖掘和使用，更加新颖且有效的教学途径和方法将应运而生，为高校思想政治教学方法创新将提供更加广阔和有效的平台。当前高校思想政治教育方法基本展现为课堂授课、定期考核等原有形式。随着信息技术的快速发展，网络已悄然出现在人们眼前，并在以前所未有的速度影响和改变着人们的生活。当与高校思想政治教育结合后，过去的教学方法显然不能继续满足学生的需求，已经表现出一定的不适应性和待发展趋势。针对这样的问题需要不断找出问题症结，积极寻找解决办法，最终将问题得以解决并实现自身发展。

通过实践积极地将二者紧密有机结合，以网络广阔平台为基础实现方法的创新，部分高校已经开始进行形式较为丰富的方法创新实践。以华南师范大学为例：该校借助网络大数据对学生思想状况、学习需求等方面进行科学地调查分析，通过对庞大的数据进行科学解析来掌握学生动态。以此有针对性地构建优质交流互动平台、着力打造思想政治教育云平台等，为思想政治教育方法创新提供有效平台，这种碎片化、网络化的教学方法深受学生欢迎。该大学还通过网络围绕思想政治教学信息资源进行传播，将大量优质教学课程、信息资源进行整合并以视频及动漫形式展现在网络上供学生学习。这些形式新颖、内容生动的教学实践和方法在很大程度上突破原有教学方法的局限性，使用不再枯燥乏味的教学方法调动起大学生学习知识的积极性和热情。通过这个实例可以看出，当思想政治教育能够充分利用好网络环境和平台就完全可以实现其在方法上的丰富和创新，从而适应时代并实现自身的发展。

（三）网络环境为思想政治教育工作者能力发展带来机遇

不断地学习和能力的提升是贯穿于思想政治教育工作者工作的一条主线，网络环境不仅对教师个人的能力提升提出了更高的要求，也为个人能力的发展带来了机遇。作为教师就要把握时代机遇，打破以往的思维定势，积极主动地学习并掌握网络技术，利用网络平台提供的便利条件充实自身的知识储备。

当前大部分教师习惯于以往的教育思维模式，但是在网络环境下这样的思维模式需要进行发展，尤其年龄较大的教师不仅要消除抵触心理，而且还要积极主动地接触网络的思维模式。在日常的教育过程中体验网络平台所带来的便利，并将网络技术运用于教学活动之中，这样将会对教师网络思维的形成提供有益的帮助，提升教师的思维能力。对于年龄较大的教师来说，他们所遇到的另一个较大的工作能力的挑战在于对网络技术的运用，这并不是他们所擅长的工作内容。网络环境使得网络与万事万物进行连接并深度融合，网络技术的创新成果逐渐融入人们的日常生活之中，网络技术的使用也逐渐被人们所熟悉和掌握。这就为掌握网络技术较难的教师群体减轻了难度，简单便捷的操作软件和客户端系统逐渐被教师所接受和使用，简化了他们的教学步骤、提升了教学效率、增强了教学效果、提高了教师的教学能力。网络环境的便利使学生在知识的获取渠道上有了更为广泛的选择，在某些方面的知识获取量甚至高于教师，但是他们所获取的知识更多是碎片化和浅层理解，在知识的传授上仍然不能脱离教师的教学。这就要求教师在具备专业知识能力的同时提升自己知识的储备量，在网络环境下获取知识的便利性同样适用于教师，通过多种操作便捷的软件、知识专题性的网站获得大量丰富的知识内容。在对浅层阅读和碎片化阅读内容进行提炼和总结的同时与学科专业知识进行融合扩展，不仅有助于增加教师的知识储备量，而且可以更好的引导学生进行网络阅读学习。

第二节 网络环境下大学生思想政治教育的创新

一、网络环境下思想政治教育方法创新原则

对于方法原则的把握对思想政治教育主客体来说是一个非常重要的内容，如果在整体施教的过程中缺乏对于方法原则的正确理解和有效的运用，那么思想政治教育所要传授的理论概念、知识内涵及最终实现的目标效果就会被大打折扣，甚至无法实现。尤其在网络环境背景下各种信息良莠不齐，科学的教育方法创新原则可以将施教与受教者更有效地紧密结合起来，在最大程度上确保思想政治教育效果的有效性以及方向的正确性。

（一）坚持方向原则

方向原则即："全部思想政治教育活动要始终与社会发展的要求相一致，坚持正确的方向不动摇。"这一原则在其他相关原则当中是居于主导性和根本性地位的。思想政治教育方法创新的方向即为社会主义和共产主义方向，这就要求同党的各项方针政策保持高度一致，也要求与党的纲领和宗旨保持一致，由此思想政治教育培养出的人才是要为社会主义和共产主义远大目标所不懈奋斗的。但在网络环境中同样存在一些负面信息，一些敌对势力试图借助网络的自由开放性来动摇国民对党的领导及社会性质的认同，因此在方法创新过程中，要以方向性为根本原则，实现大学生学习党的相关理论政策的同时，获得更有效的教育效果引导大学生在学习的过程中树立远大的共产主义理想信念并为之奋斗，将自身的前途同国家和社会的发展紧密地联系在一起，从而更好地实现自身的长远发展。

我们要坚定不移地坚持方向原则的原因在于：在工作当中只有明确了整体的发展方向作为奋斗的支撑和保障，才可确保在网络环境下教育方法的创

新过程之中不会因为缺乏指向性而迷失了前进方向，从而能够保证自身的特色和阶级属性，并在此基础之上找寻到符合本阶级特性的创新方法。邓小平曾说："我们干的是社会主义事业，最终目的是实现共产主义，这一点，我希望宣传方面任何时候都不要忽略。"邓小平所强调的这一点在高校思想政治教育的过程中显得尤为重要，网络环境所存在的复杂性需要教师确保在授教过程中，在教育方法创新过程中认清自身使命，心中牢记方向，培养出一批批专业素质过硬、心怀共产主义远大理想并为之奋斗的社会主义人才。有了明确的方向教师就能够在方法创新工作的系统过程中明确认识、统一思想，在共同的目标中团结奋斗，充分调动积极创造性、发挥主观能动性，以自身的所学和经历为基础，在网络环境教学活动中不断地尝试新的教学模式和方法。通过不同方式方法在实践当中的具体应用，总结学生在不同方法教学中的真实体验并进行效果反馈，这样教师可以对不同方法呈现出来的优缺点进行科学地总结，保留优秀实践成果，避免不佳实践方式的重复出现。在教师间教学活动的经验分享和借鉴的交流中探寻到更为有效的教育方法。据此可以看出坚持方向原则也是协调各方力量、汇集各方才能，为实现方法创新目标而不断奋斗的一项重要保证。

（二）与时俱进原则

人类社会的历史总是不断向前发展的，从最初的原始社会到现代社会再到未来的共产主义社会，这不同阶段的更替是事物向前发展的必然结果。作为高校思想政治教育应当具备网络的思维及与时俱进的意识，在变化中发展、在发展中进步，积极主动地参遇到时代的变化中来。准确把脉未来思想政治教育的走向和趋势，对教育的观念、方法等多个方面做出调整和改变以适应时代的发展。不论现在或是未来，优质的思想政治教育都来源于与时俱进的意识和辛勤的努力。

"时"具体来说就是时代的变化，新的发展趋势，与时俱进即要顺应时代的未来发展变化，用发展的眼光去看待问题并进行积极的探索和发展。在教育领域内更是如此，不同的时代或同一时代的不同阶段，思想政治教育都呈现着不同的表现方式，也都有着不同的发展趋势。而如今的网络时代是一个不同于以往任何时代的历史阶段，它的独特性是以往任何一个历史时期都不曾具有的，我们没有任何的历史经验可以借鉴，面对着比以往任何一个时代所具有的更多机遇，我们需要拥有与时俱进的思维认识，把握时代的正确走向，做出积极的变化和改变。但思想政治教育同样也面对着巨大的挑战，其挑战和困难更多的集中在教育方法方面，受到网络开放性、互联性及信息共享等特征的影响，虽然给大学生们的学习带来了便利、丰富了自主学习的手段，增加了知识获取的内容和渠道，提升了思想政治课程学习的乐趣及魅力。但是网络信息的良莠不齐也给学生的思维和价值观造成了误导，容易对其性格、认知等多方面造成恶劣的影响；同样以往的学习方法相比于网络学习的便捷和高效的特点，它也不再完全适应当前的发展形式。大学生对新鲜事物充满着好奇和探索精神，思想政治教育应该依据时代特点并顺应其发展变化的趋势，以学生为主体、以立德树人为目标，在坚持与时俱进原则的基础上，对思想政治在教育方法层面展开一番有效创新，这样便能在符合学生发展特性的条件下，培育出更多优秀的大学生，也能实现在新的时代思想政治学科的向前发展。

（三）以人为本原则

在思想政治教育教学活动的一系列工作当中，"以人为本"究其根本就是"以学生为本"，要以学生的需求和需要为工作的出发点及落脚点，细致地关注学生的思想行为动态，根据不同学生的特点和特性，有针对性地对他们在思想上进行指导、在实践活动上进行引导，最大程度上帮助他们成长成才。在当今的时代和社会背景之下，竞争的日益激烈已经成为常态，而这种竞争不仅体现为硬实力上的竞争，更体现为对高素质人才的竞争，在网络环境下如何能够培养出符合时代和社会要求的高素质人才，这是高校所需要面对的重要课题和议题，在这样的环境里培养高素质人才的工作中，高校思想政治教育日益发挥着重要作用。然而进行教育活动时大部分高校仍然机械地重视理论知识的传授，轻视学生的现实需求，学生和教师之间缺乏交流与沟通，教学效果自然大打折扣，这并不利于大学生的成长成才。从这一角度看，在思想政治教学过程中坚持以人为本的原则对思想政治教育及教育方法创新有着积极的作用和意义。

以人为本的原则是促进大学生成长成才、全面发展的重要原则保障。在这个原则的指导下，教育教学不仅要关注学习本身，还要关注学生个体在学习过程中所遇到的问题、困难和其他需求，做到因材施教的同时尽可能地为广大学生的学习和成长提供优质的环境和氛围，使学生不仅在学习效果上得到显著提升，在个体的发展方面也得到相应地收获。所以在网络环境下的日常教学活动要以学生为主体、尊重学生主体需求，以他们合理的学习要求和建议作为教学工作关注的焦点和重点，利用网络积极探索、不断尝试不同的教学方法，从而调动学生学习的积极性及主观能动性，将学生的参与融入教学过程。当学生真正的能够参与并融入其中，他们的行为就会更加贴近教育所要求的目标，增强自我学习、自我提升的意识和观念，提高对知识学习的热情及创造力，实现从依靠教师进行学习到利用网络运用多种学习方法的转变，这就在不同方面和角度对大学生的整体能力和素质有了极大地提升。

（四）同向同行原则

"要用好课堂教学这个主渠道，思想政治理论课要坚持在改进中加强，提升思想政治教育亲和力和针对性，满足学生成长发展需求和期待，其他各门课都要守好一段渠、种好责任田，使各类课程与思想政治理论课同向同行，形成协同效应。"习近平总书记在全国高校思想政治工作会议上的重要论述既指出了思想政治理论课发展的重点内容，同时也指明了大学各类课程和思想政治理论课同向同行的根本方向。同向同行，同向即指导方向和目标方向一致。在指导思想上，坚持马克思主义的指导地位。同行则是德智并举和德业融合同进，教育出符合新时代需要的优秀青年。

十八大报告指出："把立德树人作为教育的根本任务，培养德智体美全面发展的社会主义建设者和接班人。""立德树人是大学立身之本，是对人才培养的根本要求。'立德'就是确立培养崇高的思想品德，'树人'即培养高素质的人才。"我国高校课程体系从思想教育角度讲，思想政治课是对大学生进行思想政治教育的主阵地，而其他课程也蕴含一定的思想政治教育因素，这对帮助大学生坚定正确政治方向，正确认识和分析复杂社会现象，提高思想道德修养具有重要作用。因而要抓住网络环境这个机遇，将各类课程与思想政治理论课同向同行，全面落实立德树人的根本任务。习近平强调："要坚持把立德树人作为中心环节，把思想政治工作贯穿教育教学全过程，实现全程育人、全方位育人，努力开创我国高等教育事业发展新局面。"这就将思想政治教育放到了高等教育全局的高度进行考量，在这样的要求下，网络环境将成为思想政治教育发展所需借助的重要内容之一，将同向同行原则与网络环境深度融合，在网络与教学的结合中发挥同向同行的作用，确保各类课程与思想政治理论课的同向同行。

二、网络环境下加强教师队伍创新能力提升

教师队伍是思想政治教育方法创新这一实践过程的主导者，加强教师队伍的建设，提高教师队伍理解并运用网络思维的能力，因此积极主动运用当代日新月异的互联网技术，事关教育方法创新的质量和效果。本节主要通过

提高教师运用网络思维的能力、加强教师网络技能运用素养等环节着力加强教师队伍的创新能力。

（一）加强教师运用网络思维的能力

经济全球化和一体化的整体进程将世界逐渐连接成为一个有机整体，在这个大趋势中各国间的文化也逐渐产生相互的影响。架起各国文化交流桥梁的正是网络这一载体，通过网络传播，将各种信息传达到世界每个角落。随着互联网的普及，网络思维的应用，给大学生思想政治教育带来了新的生机。教师作为传道授业解惑的主体，在思想政治教育中承担着重要作用，必须准确分析当下的发展环境与趋势，做好思想政治教育的相关工作。网络的普及给思想政治教育方法创新带来了新的契机，这就充分要求教师要运用好网络这一最新的教学平台，做到与时俱进，因地制宜地不断加强自身运用网络思维的能力。

顾名思义，加强教师运用网络思维就是希望教师在现有的工作思维和模式的基础上，融入网络的因素，借助最新的发展成果与创新思维，打破原有思维定式，为教育行业的发展提供动力。网络环境下，无论是教师还是学生，都逐渐将网络视为生活中必不可少之物，而这也促进了教师与学生的多向沟通。在网络平台下，教师与学生的交流早就不仅仅停留在面对面交流这一最原始的交流方式上，网络的应用给教师提供了更多的机会去接触、了解学生和读懂学生。采用线上交流的新方法，是近几年许多年轻教师所喜爱的沟通方式，这样不仅省时省力，更在一定程度上节约了教育资源，并且达到了更好的交流效果，使教师可以在任意时间与学生进行交流，提高了教师的工作效率，增进师生感情。

但就目前教育领域应用网络的效果和趋势来看，虽然大部分学校以及教师教学的过程都逐渐开始使用网络，将网络载体融入到课堂和师生的交流中，但仍有一部分教师由于年龄或者喜好关系，对互联网在课堂上的应用予以排斥。我们不能说不使用网络一定就是不好的，但融入网络思维定会给教师教学带来益处和方法创新，增强学生对本门学科的兴趣与学习动力。在使用网络教学的教师中，虽然应用了网络载体，但并没有形成网络的思维运用，甚至有少部分教师认为简单的使用电脑就是运用了网络，对网络的理解有所偏差。所以，加强大学生思想政治教育方法创新，就必须提高教师网络思维的运用能力，使教师在网络平台的基础上，通过信息技术的使用，寻找更多运用网络与教育方法相结合的途径，从实践中加强教师运用网络思维的能力。

（二）加强教师网络技能运用素养

教师网络技能运用在教师队伍建设中处于非常关键的地位，因为队伍的整体建设的目的归根到底就是要提升教师教书育人的能力和效果，只有当教师的职业技能，例如网络技能运用的水平和素养得到了提升，教书育人的实际效果势必会得到提高。所以高校要想方设法地通过各种途径和方式来提高教师的网络技能运用素养。

在网络还未应用在教学领域的时代，教师所掌握的职业技能和专业水平足以很好地应对传统的教学模式，高校和大学生对教师职业技能的提升并不像今天这样迫切。随着网络的兴起和应用于教学活动，许多课程的开展都需要辅之于互联网的强大功能，特别是在思想政治教育课当中其基本原理、相关的历史影响资料等多个部分都需要借助网络进行再现和形象直观的展现，这样才能达到更好的教学效果，因此，网络教学方式也在教学中逐渐崭露头角。但是一些年龄较大的教师虽然其教学经验丰富，理论功底深厚，但是一谈到网络就讳莫如深，这在很大程度上影响了教学效果。因此高校教师要顺应时代和社会发展的要求，对新事物尤其是那些教学需要的新事物定期进行专业性的学习，如有必要对计算机的操作方法进行学习和练习，熟练掌握其基本的教学实操软件，能够运用网络搜集教学所需要的资料及视频影音或其他内容。当出现了新的理论内容，要及时主动地进行研究学习，遇到难以理解或难以把握的内容，就需要通过网络等多种渠道和途径搜搜资料，进行深入学习从而提高自身的专业理论水平。同时高校也需要为教师提升网络技能素养提供必要的平台，针对不同年龄段、不同知识理论水平的教师定期开展不同内容的系统培训。如面对年纪偏大的教师需要加强对新鲜事物接受的心理疏导，在减少抵触心理的同时对其展开新技能的培训，特别是在对网络的使用和应用方面的培训。而对于年轻教师来讲他们对于网络并不陌生，可以非常熟练的掌握其功能并运用到工作实际。但是在教学理论水平的掌握上还不够充分，在教学经验方面尚显欠缺，亟需这些方面的培训和补充。在经过有目的性和针对性的学习和系统培训之后，教师的网络技能运用素养和创新能力将会得到很大的提升。

（三）加强各类教师同向同行、协同创新能力

高校所开设的各门类课程都有着育德的作用和功能，各学科这种共同的内在属性便成为同向同行最为基础前的提条件之一。不同学科教师虽然在授课的领域所发挥的教育作用体现的不尽相同，但都应肩负起对学生进行思想

政治教育的相关责任，增强在网络环境下各自间协同创新的能力。

同向即要确保正确政治方向，不同门类的课程在授课过程中要保证是在马克思主义的立场下进行的；同行即一起行动，杜绝各门类学科各自行动，使各门学科协同行动形成育人的强大合力。这样同向同行即可理解为："朝着相同的方向一起行动。"由此也需要明确同向同行的整体性。网络环境下教师是这一过程的主导力量，协同创新也是需要教师间的配合来实现的，这就要求其他学科的教师要主动进入思想政治的课堂，将其教育的思想内涵与自身教学内容相融合，在专业知识传授的过程中体现出思想政治教育的思想内核，进而发挥出育人作用。同时思想政治教师也需要步入其他学科的课堂，通过不断地学习而将这些专业领域的知识融入思想政治的教学内容中，从而增加了课堂的趣味性和知识融合的深度。网络环境也为两者在教学上的协同创新提供了条件，通过各类学科及教师同向同行的配合式教育，在教育形式和方法上都有所突破和创新，这样真正实现了教师在协同创新方面能力的有效提升。

三、丰富教学形式，实现方法创新

方法创新的现实需求促进了创新途径的有效拓展，而如何实现方法创新途径的有效拓展就需要着重从学生的实际需求出发，将网络元素引入课堂教学、实现网络载体的全面建设、从教学方法入手进行创新转变、在实践中强化教学育人的效果、在教育中加强榜样的典型引领，最终实现思想政治教育方法的创新。

（一）贴近学生网络学习需求，明确创新方向

高校思想政治教育一直以来都在坚持"以人为本"的育人理念和宗旨，党的十八大更是提出将"立德树人"作为教育的根本任务。这些理念和信号都在说明我国的教育要以学生的需求为工作的出发点和落脚点，要把学生的需求当作工作的中心点。我们现在所处的历史阶段及环境同以往相比已经有了非常大的差异，在教学过程中教师不再是唯一主体，学生的主体地位更加明显也更加突出，学生的需求对教学效果会产生重要的影响。在一定程度上来说，教学能否与学生的实际需求相契合，将是影响教学效果的直接因素。因此在方法创新的过程中，需要关注教学方法能否满足广大学生对于学习的实际需要。

网络时代以来，原有的思想政治教育教学方法、教学模式在教学过程中表现出一定的不适应性。其中一部分原因在于课堂能够提供的知识信息有限

且往往时效性不强，网络可以为学生提供大量的即时信息，使得学生学习的自主性增强，可以在没有教师指导的情况下，通过网络便可自学相关知识内容，但是学习始终不能缺少教师的教授，否则是很难达到良好的学习效果。同时网络中充斥着的不良信息也会侵蚀着学生的思想，对他们的身心造成恶劣的影响。但是贴近学生使用网络进行学习的这一需求，也给思想政治教育工作的创新明确了方向，在网络环境里学生的学习需求已经不仅局限于课堂，还需要在学习中增添网络的元素，这样我们就在网络时代初步了解到了学生的需求。但是如何做到将贴近学生的需求常态化，这就意味着要拉近与学生间的距离，加强教师与学生之间的联系与信任，与学生形成亦师亦友的师生关系和教学模式。这种和谐的师生氛围可以获取学生在教学方法改进上的更多想法和建议，学生提出的才是教学最为需要的，也才是教师最应该关注的重点，也是最有可能实现创新的地方，如便于自主性学习的互网络元素加入教学计划，引入"线上线下"等新的教学模式。同时良好的师生关系也为贴近学生需求的方法创新的尝试提供了相对宽容的环境，减轻了效果不佳所带来的负面影响和压力。通过这一系列的工作，教师可以直接了解到学生在学习方面的所思所想，听取他们的想法和意见，客观地反思教学上所存在的缺点和不足，进而更加有针对性地对教学方法进行调整和创新。在整个创新的过程中要始终以学生为主体，以其实际的学习需要为导向，在师生相互沟通及新方法的教学尝试下探索前行，不断地总结有益的经验、吸取深刻的教训，网络环境下的教学方法不断贴近学生的现实需要，最终实现教育方法的有效创新。

（二）引入网络元素，促进方法创新

高校思想政治教育及其方法的运用在较长一段时间内基本维持原状而缺少变化，虽然在过去很长的时间内能够很好地完成教学任务，但是长久以往在网络的环境里将会出现与时代脱轨，与学生需求脱节的问题，这不但会影响思想政治学科本身的发展，也会对教学效果的提升造成影响。随着网络信息化不断地向前发展，当前思想政治教育和方法的不足及滞后性逐渐地暴露出来，问题若不能及时得到解决，负面影响将会持续扩大。随着网络时代的发展，越来越多的高校已经初步形成了校园网络环境应用的基本雏形，广大师生的工作和学习越来越依赖于网络作用的发挥，这就意味着网络元素的加入将为思想政治教育的发展及方法的创新提供有利条件，尤其在网络被引入教学形式的创新会给方法创新带来更多的机遇和选择。

回顾过往教学所使用的地点，大多数是固定在教室这唯一的地点和场所，这样的做法虽然能够有效地将学生进行集中管理，确保每一位学生可以参与到正常的教学活动中来，也能够便于教师的授课和监管，但这在无形之中局限了教学的灵活性和机动性，同时也限制了方法创新的多样性。伴随校园网络环境的快速发展，在思想政治教学上逐渐看到了网络元素的身影。为了实现教学的灵活机动，教育方法的创新应用，具有网络元素的教学形式率先进行了开展，如：Moodle 平台、易班等一批最新网络教育形式应运而生。这些新鲜的教学形式与课堂教室相比具有非常强大的功能和创新之处，其具体表现为：灵活机动性非常强大，只要有网络的地方便可以通过平台的交流功能进行师生间的时时交流，如果有必要甚至可以进入到即时的授课环节，时间与距离都不会成为影响教学活动的因素，这就极大的增加了授课和学习的灵活性，拓展了教学的新方法。也表现为：凭借它们本身所具备的较为先进和全面的功能，教师可以使用平台的学习模块功能在授课前布置相关的学习任务，减轻课堂授课的难度和负担，课后也能够在平台上布置相应的作业内容，学生通过网络进行作答并提交，系统再交由教师进行批改和反馈。还表现为：师生间每一次互动都会被系统进行详细地记录，生成详细的数据样本，这为教师掌握学生动态、了解学生学习进度提供了有效的手段，减轻了教师的工作负担。这一系列的环节实现了网络教学的一体化，提高了教学效率和学习效率、拉近了师生间的距离。由于每一位学生都是教学过程的参与者，所以也在很大程度上调动起学生学习的热情和积极性。教学形式添加了网络元素，丰富了教师的教学途径，提高了教学的效率，促进了教育方法的有效创新。

（三）加强网络载体建设，为方法创新提供条件

网络时代是网络高速发展并且能够深刻影响人民生活方式和思维方式的一个时代。人们通过各种各样的软件和网络平台载体进行着多样的活动，可以说一个功能强大的网络载体能将网络的潜能和优势发挥到非常理想的程度，正如一些专家所说："科学的使用载体往往能够使思想政治教育因及时消除受教育者的'意义障碍'而取得事半功倍的效果。"同其他事物一样，高校思想政治教育随着时间的推移，也正融合进网络的影响范围之内，但在自身得到新发展的同时也遇到了一些困难。值得关注的方面体现在方法创新的过程之中所表现出来的举步维艰的困境。若想在新的历史情况下获得改变和发展，其关键的内容是需要相应地进行改变和创新，而教育方法是教育获得发展所必需进行改变和创新的一个关键环节。在网络成为主导的时代里，要打破方法创新的举步维艰的局面，那么创造一个适宜的网络载体和平台是非常重要的措施。

高校因为不同于其他社会组织和团体，在网络载体的建设中的侧重点也不同于其他社会主体，在建设上不仅要方便于日常的工作需求，更要满足广大学生群体的趣味。在搭建的过程中要适应时代特点，今天的网络载体的发展不同于以往，人们运用网络进行工作和生活的载体已由最早单一化的因特网转变为分类细致的多种网络载体，其中最具典型代表的有：Moodle、易班等。学校也可通过邀请校内外专家在讲堂和载体中实现时时直播，这样不仅可以惠及更多的学生，也是对网络载体功能的一次是否优化升级的检验。同时增加关于优秀资源的即时下载功能，方便他们在线下的自主学习和相互间的传播。在此基础上还需开通方便师生沟通的在线交流和反馈功能，在线交流可以实现每一位教师和学生的平等交流，在极大地缩短了学师生之间距离的同时增加了平台的亲和力及活力，反馈功能的开发能够及时收到来自师生在使用过程中所遇到的问题，以便及时做出调整和升级。所以加强网络载体建设是当前时期我国高校促进思想政治教育发展和辅助方法创新的一个重要手段。

（四）丰富校园文化、以文化育人

我国高校的校园文化所展现出来的功能和作用与思想政治教育的基本要求有着异曲同工之效，这两者都在以各自的方式及内容影响和教育着学生。校园文化对学生产生的影响范围极为宽广，可以大到校徽校训这样最为直观的教育影响，也可以细微到校园生活的方方面面。通过这样的文化熏陶和洗礼来实现对学生更深层次的教育。尤其网络环境已经普遍融入进校园生活后，应当如何借助这样的平台和条件进一步丰富校园生活，通过文化育人来实现思想政治教育的目标，这是当前发展环境下需要认真思考和探索实践的重要内容。

在过去校园文化生活的建设往往依托学校及各级学院的团委进行展开，各级团委牵头计划和组织各类文娱活动并号召广大学生积极参与其中，虽然活动内容较为多样，学生热情高涨且反馈效果令人满意。但也有着一些无法避免的困难，存在着文娱活动的开展较难使所有学生全部知晓，传递的文化内容也无法使全部学生体会和理解，这需要教师对学生进行解读。这些问题都会在不同程度上影响校园文化内容的丰富和发展以及育人效果的实现。因此我们需要在网络环境里充分利用网络技术、网络思维来克服阻碍和发展校园文化，从而达到文化育人、创新思想政治教育方法的目的。兰州理工大学通过官方微信公众平台以幽默诙谐的文字表达向学生传递着党的理论精神、学校自身的文化理念，各项文化活动的开展都可以通过公众平台尽可能多地使每一位同学知晓并积极参与，活动结束后也会推送专业的文化解读使每一位学生深刻体会理解，这极大丰富和提升校园文化对学生进行教育的质量和效果。河西学院则是通过对新时代精神的把握，开展各类优秀传统文化的主题活动对学生进行传统文化的学习和浸润，形成"每日诵读 10 分钟、每周诵读一经典、每个学期一实践、每个年度一展评"的"六个一工程"教育工作模式，同时开展例如舞剧"《大梦敦煌》"、"敦煌壁画艺术展"等多样的校园文化活动，借助网络平台、突破原有教学方式，通过校园文化的丰富不仅创新了教学内容也创新了思想政治教学方法，促进了思想政治学科的自身发展。

（五）开展教育实践育人

高校思想政治在过往的教学过程当中不仅取得过辉煌的成绩，也存在着类似教学刻板、内容单调的教学问题，并且还存在忽略实践教学等方面的问题，这样的问题虽然较为普遍但却是一个非常严重的问题。因为实践是教学过程中一个重要的内容，实践教学对提高学生整体素质、创新教学方法等方面起着不可替代的重要作用。自从国家将素质教育明确作为培养学生的要求之后，虽然不同教育阶段的教育管理者都将素质实践教育纳入了日常的教学计划，但是在功利心理、升学压力以及各方面硬件和软件资源都有所限制的条件下，实践教育并没有受到应有的重视，因此在很多情况下并没有起到其应有的作用，未达到预期的效果，甚至此类课程的安排在一些学校里形同虚设。

网络环境下高校所进行的思想政治实践教学活动是根据时代的特征和大学生的特点，有针对性地展开的一场实践活动。《关于进一步加强和改进高等学校思想政治理论课的意见》指出，高校开展思想政治教育需要将理论课程和实践环节相结合。这从思想政治课程这门学科的角度来说是其自身发展的需要，从教学角度来说更是其方法创新的需要。因为在现代的教学过程之中，尤其是在高等教育范围内的理论知识的传授只是整体教学的一个组成部分，更多的内容和内涵内化在具体的实践过程之中。具体的实践过程能够很好地检验和把握学生对理论知识的认识程度，对理解有偏差甚至是错误的方面，教师以实践所独有的教学方法进行纠正和理解。如在网络上学生可以进行爱党爱国主题学习活动，他们能够自主选择进入不同的教育网站进行学习，在这样的实践中能够使学生以课本知识为背景，走出了课堂但却又走进了另一个"课堂"，在实践中以看、听、参与实践方法使学生对知识有一个更加全面的理解。通过此类的实践过程，在丰富具体教学方法的同时也提升了教学效果和效率，这在一定程度上增添了思想政治教育的独特魅力。但现实情况却是长期以来部分高校存在着对实践教学不关注和不重视的情况，即使一些高校开展了这一类的实践教学，那么大多数也仅是依靠社团或学生自发的组织去展开模式化的活动，这样的做法会令教育效果大打折扣。因此高校应在对实践教学的态度上实现由忽视到重视的转变，进而将投入精力来丰富和发展实践教学的途径和内容，根据不同的活动内容，借助网络选择合适的教学途径，这有利于教师根据不同的实践情景自主选用不同的方法，也有利于开展较新的实践情景时，对教学方法的使用有创造性的发挥和突破，从而深化教育方法的内容和创新。

（六）树立优秀典型榜样

虽然之前已经从贴近学生的实际、教学课堂的创新、网络载体的建设、教学方法的转变、实践育人的加强等几个方面进行了较为具体的论述，为方法创新提供了一定的建议和借鉴，但大学生无论是心理上还是生理上，都还处于一个发展的阶段，在学习和生活等多个方面仍然会表现出一定的不稳定性，这种不成熟的表现会给方法创新的实际效果、他们的学习成效带来一定的负面影响，所以在网络环境里的思想政治教育方法创新中需要关注大学生的动态，树立典型对他们展开榜样引导工作。

关于思想政治教育方法创新中加强引导的教育方面，《习近平治国理政》一书中有着较为细致的阐述，也据此提出了很多具有实效性和创新性的方法。其中特别强调要善于树立优秀的典型形象，一个优秀的典型能够给人们来带无穷的精神力量，也具有强大的说服力，尤其是对于青年学生来说，他们的各方面条件还不够完全成熟，需要在成长的道路上有正面典型的力量加以引导。习近平强调："既发挥先进典型示范引领作用，又发挥反面典型警示震慑作用。"对大学生进行引导的过程当中，要以正面宣传引导作为主要的工作内容，以负面典型的教育作为辅助性的工作内容。网络时代学生是方法创新实践教学活动的对象和参与者，绝大多数学生积极配合教师在教学上新方法的尝试，部分学生会根据自身的感受主动提出相关的改进办法和意见，甚至参与到方法创新和实践的整个过程中来，为其有效创新的实现贡献自己的力量。对于这样优秀学生的先进典型，应该将先进事迹进行大力的宣传和充分地肯定，以真实事迹传播感染着其他大学生的身心，引导着他们的思想和行为。负面典型也是思想引导的一个方面的内容，由于负面内容会对思想不坚定的学生产生错误的引导、对正面的内容产生抵消的影响，严重时会产生不可挽回的破坏作用。所以要对其进行细致的观察，出现情况要及时处理，防止其进行快速且广泛的蔓延，对相关学生进行批评教育，纠正其错误的思想观念和行为举止。在对其进行必要保护的情况下，以此作为反面典型在广大的学生中进行教育，与优秀典型的比对中让更多的学生明白是非曲直，分清正确与错误并引导他们走向正确的道路。这为网络环境方法创新的顺利进行和实现奠定了学生群体的思想基础，减少了工作上的阻力和难度，成为思想政治教育方法创新中不可缺少的一项重要工作。

第十章 大学生思想政治教育背景下的
社会责任感培养

大学生是民族和国家的未来，担负着中国梦实现的重任。思想道德在其成才因素中居于核心位置，社会责任感又是大学生思想道德的重要内容，因此，社会责任感培育的成效关系到大学生健康成长和全面发展，关系到融洽家庭关系，关系到社会主义核心价值观的培育，关系到社会发展和建设目标的实现，意义重大且任务艰巨。

第一节 大学生社会责任感形成机理

一、大学生社会责任感的研究意义

（一）理论意义

首先大学生群体是我国先进文化知识的代表，是中国未来社会的主要领导者以及建设者，负责未来民族的振兴以及进步。提升大学生群体的社会责任感是国家，党以及人民对于教育部门所提出的一项基本要求。关于深化大学生社会道德感的工作也是新时期以来，社会各界所提出需要关注的主要问题，通过研究大学生社会道德感的形成机理并进行科学评价，能够为日后高校的理论建设工作提供基本的数据支持，丰富大学校园的思想政治教育体系。

（二）现实意义

在当前的大学校园中，大学生往往需要面临各种各样的诱惑以及挑战，社会道德感一般都是积极向上、阳光饱满的形象，但是因为存在诸多方面因素的干扰导致很多学生的心理建设无法满足健康的标准，并且陆续表现出重物质轻精神的想法，个别的群体更加倾向于索取而不是奉献个人的价值。因为心理的这种趋势导致他们在平常的生活和学习过程中不愿意去考虑集体的利益，对于社会缺乏基本的承担意识，同时又会向社会抱怨自身的委屈，导致在未来工作和学术作业中挫折不断。为了能够真切了解造成这种现象的主要原因，接下来需要进一步对于这种心理的产生原因进行研究，同时也能够推动高校心理建设发展提供相应的帮助，完成人才管理体系的建立。

（三）大学生社会责任感的研究方法

研究大学生社会责任感的形成原理往往需要结合多种方法共同进行，常用的方法包括文献法，描述性研究法以及学科交叉法等。在本次调查方案中一共应用了三种调查方法，分别为德尔菲法，问卷调查以及数据统计分析法。首先第一种方法又被称为专家小组讨论法，这也是很多科学试验研究的重要起步方法，即由不同的社会人员共同组成一个研究的小组，最终通过讨论和研究得出一致的结果；本次研究中，通过问卷调查法抽查了江苏省南京市江宁大学城周围几个学校大四学生的问卷调查报告，并且将抽查的内容分为背景性问题以及研究型问题两个不同的板块，通过对于问卷中信息的搜集以及整理最终得到了有效的数据。为了能够对于搜集的信息数据进行深度整合分析，利用电脑计算机软件进行描述性分析，项目研究以及可信度研究等，提高研究结果的精确度。

二、中国大学生社会责任感建立的理论基础

（一）马克思哲学理论

首先社会中的每一个人都和集体之间存在着必然的联系，并且相互不可分割形成统一的整体。社会由个人组合而成，社会生产力的发展以及进步也是个人得以生存的基本保证。同时个人离不开社会的包容和养育，所有的个人活动需要建立在一定的社会基础以及规则之上。马克思认为如果一个人脱离了必要的生活关系以及物质世界，则必然不会具有任何的其他生命意义以及使命。因此当前研究大学生的社会责任感首先需要研究个人的行为特质，只有将个人放置到社会的现实中进行分析和研究才能够赋予研究内容以全新的意义。

同时个人和社会在一定程度上也会保持相对的独立，因为社会由不同的个体组成，正是因为形形色色的个体导致社会出现不同的价值需求以及利益导向。这对于宏观社会的进步发展往往具有相当程度的推动作用。社会的利

益实质上也是人类利益的综合体现。只有不断提高个体的社会道德感才能够处理好集体和个人利益之间的关系，谋求更好的发展。最后社会和个人在相互影响和作用的情况下共同发展进步，个体在享受群体社会带来的优厚福利同时，必须要承担自身的责任义务。

（二）思想政治学理论

现代思想政治教育工作中要求能够将理论的知识进行系统的内化处理，并且能够详细展示出思想对于个体行为模式所产生的一系列影响。所谓的内化就是教育工作者能够将一定的精神品质，例如社会道德，精神品质等传授给接收的对象，受教育者在各种社会资源的作用下，通过自己的认知搭建相应的理论结构然后具体实施到外部的环境中，最终形成自己的方法论以及世界观。在接触社会的过程中，学习者需要将自己的理论知识对外输出，将道德品质诉诸于实践的行为表现中。大学生的思想政治教育工作正是内化和外化的综合表现。一般学者认为社会道德意识的形成就是一种心理活动的责任意识，包括认知、同情和最终行动三个步骤。

（三）社会心理学理论

个体对于群体活动行为的认同是社会活动能够延续和发展的基础条件，并且社会认同感对于个人的行为具有很大的限制作用。简单而言，在一个社会系统中，如果多个成员具有基本一致的价值系统以及取向，则将会以强烈的意识形态以及归属感去履行一个共同的行为动作。研究大学生的社会责任意识也就是研究该认同感的最终来源。在社会责任教育中，榜样的力量被认为是社会认同的外在体现。

大学生社会责任感属于心理的一种责任活动，并且社会性质丰富。在研究的工作中，需要借助较多的社会心理学知识从行动内涵，心理发展方向等多个方面的角度去处理好个体和社会之间的关系。个体只有和整体建立稳定的关系，才能够在大环境中谋求更好的发展，实现个人的最终价值。

（四）中华传统文化需求

当前在中国而言，并不是单纯的大学生具有一定的社会公德以及思想意识，整个社会的群体血液中都存在这样的隐形基因。中国文化源远流长，博大精深，在数千年的文明积淀过程中，形成了属于自身一套独特的审美哲学以及处世之道，在很多的传统文化习俗中渗透着个体对于国家民族文化的尊敬以及崇拜。从宋代开始到清代结束，虽然中国经历了多次的历史性革命，但是历朝历代从来不缺乏爱国的诗人以及哲学家，他们以自己的经验以及做法激励着后世的学者以及学生践行民族理论思想。

三、大学生社会责任感的基本内涵

（一）大学生社会责任感的基本定义

在当前的时代背景下，学术界对于社会责任感的界定往往分为不同的方面；站在社会学的角度来看，社会责任感被认为是中国公民对于这种责任意识具有强烈的自我践行意识以及尊崇感情，并且能够利用自己的行动去积极履行。从社会伦理学的角度考虑，社会责任感被认为是一个群体中在一定历史氛围条件下所形成的人格素质以及自律意识，并且通过相应的形式表现出来。从心理学的角度分析，社会责任感则是对于社会责任所表现出来的一种心理倾向或者动机。但是任何一种界定方式往往对于界定大学生社会责任感强弱的标准进行了深度的统一，即他们全部以是否能够进行责任行动来判断责任感的强弱。最终我们可以发现当代大学生的社会责任感不仅是一种内在的精神品质以及道德素养，同时更加是一种外在的实践活动，是在一定心理驱动情况下完成的社会活动。所以本次研究工作需要将之前被抽象的社会责任感具体化，这样才能够找到切实可行的培养对策。

（二）大学生社会责任感的形成机理

大学生责任感往往是周围生活中家长、教师、长辈、同学以及社会各要素共同影响和参与建设的。在内外部共同因素的影响下，形成了社会道德意识。

1. 主要形成机理

大学生社会责任感主要分为心理认知、认同和行动三个主要的部分，这三个之间关系比较微妙，即存在一定的联系同时也是各自独立存在，共同在一个主体的系统中共同发展、相会渗透。三者在一个系统中相互有着共同的联系，例如责任的认知能够深化认同意识并且将其转换为最后的行动，同时认同能够巩固之前的认知意识，为最后的落实工作打下稳定的基础条件。虽然行动是最后的工作，但却是前面二者的主要外在表现，一定程度上代表着两者之间的交流深度。所以从上面的论述中可以发现三者之间相互促进着相互的行动，并且以一种较为稳定，积极的方式推动者彼此的进步发展。

但是三个因素之间还存在着相互独立的部分。研究学者将没有关联的部分称为子系统，因为当前很多大学生的社会道德意识并不是由这三个环节进行逐渐实现的，很多的道德意识形成过程往往由两个环节直接决定，有关调查报告显示部分学生在从事道德活动的过程中没有产生较为深刻的责任意识，可能只是受到社会行为的影响以及熏陶，但是并没有从心理受到启发和净化，甚至部分的活动和自身的价值观产生违背，但是迫于社会的外部压力往往跟风行动。所以这种现象也就表明责任行动具有很大的不稳定性，和前面二者保持相对的对立性。

因此可以认为大学生社会道德意识形成，主要由内部因素和外部因素共同决定，其中其决定因素的为外部环境因素，同时内部因素中的学生自我认知能力以及情感特征对于事物未来的发展同样也会起到很大的影响作用。但是外部的法律规范以及社会道德舆论等约束条件往往起到很大的作用。因此为了能够提高广大大学生的基本社会道德意识，接下来大学管理部门需要能够从这两个方面入手，在注重外部环境建设的同时需要关注学生的心理健康发展，协调好内外部两个因素之间的关系，才能够培育健全的人格形象。

2. 参与方

大学生社会责任感的形成以及培养离不开社会中家长、教师以及同学个体的帮助。首先学生作为行动的主要负责人，行动会受到自身思想的控制，并且自身对于社会道德感的意识水平，将会直接反映到现实的生产活动当中。其次在大学校园中，教师不仅扮演中知识传播者的角色，同时对于大学生提高自身社会责任意识的工作也起到了很大的引导作用。当前大学生绝大部分都是刚刚步入成年阶段的孩子，他们还没有完全建立自己的世界观以及价值观，思维习惯停留在较为幼稚的阶段。教师在平常的生活学习中应该积极给与相应的引导，帮助他们克服一些错误的价值观。

在家庭以及外部社会中，其他客体的行为心理对于个体具有很大的暗示作用。无论是周围的朋友还是最为亲近的亲人，大学生每一天都会具有充分的时间进行社交，并且受到周围人的影响和干扰，同时自身思想的改变也会随着接触频率的增加而增加。心理学试验表明个体在融入集体之后总会出现趋同的效应，即个体为了能够迎合整体的利益，为改变自身的行为形态以及思想意识，群体对于个体的行为影响存在很多方面，有积极影响也存在消极的影响，所以大学生在选择朋友之前应该则其善者而从之。当前的大学生基本上全部都是在校住宿脱离了家庭氛围，家长给与的影响比较小，但是他们毕竟作为孩子的第一任教师，在某些行为习惯以及思想仪式上往往还会影响一生。大学生责任感在家中往往是最为真实的存在，家长应该积极配合社会各界力量对于自己的孩子进行引导和约束，帮助形成正确的社会道德意识。

上文论述了大学生个体的主要特征，下面将从群体的角度论述大学生社会道德意识的建设方。首先四年的生活中，学生全部都是在学校校园中度过，校园中具有较好的社会风气，良好的学习氛围以及较为正确的价值观导向，这些有利的因素都在积极促使学生形成正确的价值观。进一步划分，每一个学生所在的班级集体又是他们日常学习的主要阵地，是接收思想道德素质教育的主要场所。此外在大学比较活跃的氛围中，还存在一个比较重要的群体组织社团，社团内部的成员一般都具有一致的兴趣爱好以及价值观，并且在共同兴趣促使下能够形成有效的内部向心力。

大学校园作为思想意识，科学技术等发展较为迅速的地方，同样内部每天也会更新海量的数据，例如资本主义的过度侵蚀，享乐主义、拜金主义等对于社会道德的干扰影响，在信息流通没有限制，言论较为宽松自由的大学校园内部，学生凭借个人的认知往往无法弄清楚这些信息背后的问题本制，因此个人的行为思想受到极大程度的影响。正是在多种内外因素的共同影响下，大学生的社会责任意识才会逐渐形成。

3. 大学生社会责任意识的基本特征

大学生社会责任意识是一种实践活动，分别具有利他性、示范性、自觉性等多个方面的特点。就实践性而言，首先社会责任感是一种道德范畴，并且在认知事物的过程中进行综合实践。任何人的道德意识都是需要经过后天的不断训练和培养而来，并不是能够直接凭空产生，而是建立在一定的社会物质之上。责任感源于物质最终应该通过实践活动来服务意识，大学生对于社会责任感的实践性更加表现在对于外部世界的观察和分析，最终得出一个科学公正的评价。对于心理建设尚停留在发展阶段的大学生而言，责任实践活动需要按照一定的方案理论进行引导，结合生活的案例进行分析。

和一般的社会活动不同，社会责任意识具有强烈的利他性，其个体的行为活动产生点基本都是从别人利益的角度出发，大大学生社会则仍感的形成在绝大部分情况下都是有利于社会进步发展和稳定运行的。这种外部体现可以适用于多个方面，例如在家庭中表现出尊敬父母，尊老爱幼的行为习惯，通过牺牲适当个人的利益，谋求家庭其他成员的更好发展。在班级集体或者社团的活动中，表现出团结友爱，积极向上的性格特征等。

因为年轻个人的思想价值意识没有完全形成，所以这个阶段大学生思想道德意识具有较大的可塑性，完全还会可能被改变和培养。社会责任意识需要外部社会不断引导和培养，中国广大高校也正在加紧这个方面的培养工作。对于刚刚步入大学校园的学生而言，长时间受到应试教育的影响，很难对于一个陌生的社会以及环境给出自己的认识和评价，此时外部的环境对于个体身心发展会形成很大的影响。这也就要求当前广大的素质工作教育专家应该重视社会责任意识的培养工作，有效分配大学课程中理论学习和实践学习两个部分的课程任务。

（三）大学生社会责任感的分类

只有对大学生的社会责任感类型进行有效划分，才能够在日后有效正确对结果进行分析，当前大学生的社会责任意识按照内部的逻辑结构，分别被划分为公民社会责任意识、青年责任感、大学生政治责任感等，按照责任的内容形式还可以被分为公民公德意识、学生责任感、民族意识、经济责任感、他人责任感等多个方面。

本次研究根据责任形成的约束力为标准，将大学生的社会责任意识分为任务型和关系型两个方面。首先任务型责任感就是以外部的法律规范和社会舆论为基础，对于个体的行为进行约束和影响；关系型社会责任感则要求探讨人原本内心的价值观以及信念意识。前者主要遵循一种外部的规则方法，后者更加希望能够通过公民的自律来实现。他律是社会行为的基础建设部分，而自律则是建立在一定社会道德基础上对于自己提出的较高要求。

大学生在完成任务型责任感的同时往往是带有强制性质的，受到外部因素的影响干扰较大，并且还会伴随着外部舆论的压力，如果个体在群体社会中拒绝承担这种基本的责任义务，将会受到道德和舆论的双重影响。在关系型的社会责任中，这往往更是一种提倡性的活动，受到内部主体自我心理影响因素较大，体现出社会中人与人之间的交往关系。

四、从道德视角论述提高大学生社会责任意识的策略

（一）做好课堂教化工作

首先在社会责任意识教育方面，大学课堂应该坚持以社会核心主义价值观为导向，坚持将党和人民的根本利益放在首位，并且立足长远，将社会主义核心价值观和高校大学生的思政教育课程进行高度的有机统一。在诸多的教学内容中，思想教育是核心内容，爱国主义是根本内容，道德规范是外部的基础条件，实现大学生的健康全面发展是大学课堂展开思想政治教育的根本目的。在未来的政治理论教育课程中，教师需要自身具备较为强烈的阵地意识，即能够自己主动将当前的主流形态意识主动引领到阵地之上，学会利用马克思理论去帮助学生解决生活中存在的种种问题，帮助他们树立坚定的

马克思意识理念，形成自己的价值观。其次做好历史宣传工作，我国本身是一个历史丰富同时文化灿烂的国家，在近代的百年中，中国经历了多次的历史变革，其中有光辉的事迹也有不堪回首的回忆，因此需要能够帮助学生清醒地意识到当前国家的基本情况，将个人的理想信念和国家的前途命运仅仅连接，为实现共同的伟大理想而一起奋斗。坚持以爱国主义为核心精神，在课堂上面将中国近代史中发生的一些重大历史事件编写成故事的形式融入政治教育课堂中。

关于教师和学生在课堂中的关系一直以来都是需要严肃讨论的话题，尤其在大学校园中。在思想政治教育课堂上，应该遵循两个主要的基本原则，分别为教师的主导原则以及学生的本位主体原则。有效的社会认知以及责任意识需要师生共同维护和践行，为了能够帮助广大的学生了解自身的工作任务以及社会责任。教师首先需要改变以往传统应试教育课堂中的教学内容和方法，根据当地青年学生的身心发展特点，制定合乎他们发展和成长的教育模式，按照类别、层次、计划等多个方面的内容对于高等知识分子进行自我认知教育。其次充分借助当前互联网上的一切资源条件，帮助他们开拓自身的思维意识，并且强化他们对于自身的社会认同感。最后强化学院和学院之间，院校和院校之间的合作交流关系，在同一个集体中只有个体不断进行交流和学习才能够推动集体的不断发展和进步。

（二）做好实践理论结合工作

社会责任意识虽然是一种主观的意识范畴，但是也属于实践活动范围之内。高校教育体系应该将这个部分的教育内容列为重点关注的工作环节，不仅需要提高社会实践活动强化学生内部的思维意识以及社会道德感，同时还需要源源不断地给与他们提供充分的内核发展动力，最终形成一种勇于担当，敢于发展，无私奉献的精神力量以及社会模范。当前在很多的高校教育体制下仍然存在过于形式化，单一化以及松散化的体制弊病。高校培养和发展大学生社会责任意识的根本任务也就是需要具有针对性地落实一些社会责任实践活动，提高他们对于周围社会地基本认同感。

落实理论和实践相结合的方针需要能够从如下几个方面做起，首先积极探索出适合自己学校发展的实践活动教学方案。大学生实践教学的主要目的在于帮助学生将外部的社会责任内化为自身的情感理解以及精神内核，作为一项目的性较强、内容较多的实践活动，广大高校思政课堂需要强化关于这个方面的考核，巩固课堂理论教学成果。首先教育管理者应该规范化课堂的教学内容，传统的教学内容较为枯燥乏味并且缺乏一定的引导性，当前的教材应该贴近大学生的生活实际，能够和他们的工作学习进行有机联系，因此在未来的教育工作中，教师可以将思想政治理论课程分为不同的阶段，每一个阶段划分不同的学时以及学分，通过课内外的实践活动进行学分置换，这样也就能够强化理论和实践工作的有机结合。其次教育工作也是一个系统化要求较强的工程，任何一门学科的教学工作需要在充分研究分析之后，保证基础和基础的部分能够有机衔接，例如就思想政治教育课程而言，为了保证特色板块的衔接，分别可以设置调查实践活动报告、日常行为养成报告和课外活动三个不同的实践教学板块。在平常的实践环节，教师需要在了解学生的基本能力之后，结合他们的思维方式安排接下来的工作内容，并且有效处理好各个板块之间的衔接工作。最后因为学生数量较多，并且能力不同，需要灵活设计各种教学内容，采取形式多样的实践教学组织形式，常见的形式例如课堂讨论活动、主题班会、专家座谈等。同时结合学校本身的特色建立社会关系协会，组织学生深入到周围的社区去了解社会观察社会。因为实践活动的种类丰富，并且灵活多样，因此在进行考核的时候需要认真评价，最终记录到综合评价体系中。

社会责任主题实践活动的举办，能够帮助大学生群体更加深入和全面认识到目前情况下自身的社会责任，这也是大学生参与社会事物获得社会认同的主要方法途径。实践教学工作和社会实践活动之间存在的不同在于后者对于大学生社会责任教学的目的性很强，能够充分体现出学生在整个活动中的自我能动价值以及教育功能。针对这样的实践活动，接下来首先需要强化校园文明建设工作，充分利用校园内部的良好风气以及学习环境净化学生的心灵，利用学校广播、电视，多媒体设备等进行社会责任意识的宣传，在一些重大节日、重大事件中需要鼓励学生发表自己的思想，鼓励他们参加爱国纪念活动。将社会文化物质活动和社会责任教育进行有机结合，能够实现物质和文化的双重丰收。其次需要积极建设大学生参与社会活动的基地以及媒介，例如可以在周边的社区中建立青年志愿者协会或者社会活动，举办一些具有公益性的社会组织，帮助农村的居民了解当前的政治变化以及社会思想风气。大学生在和社会人民群众进行交流的过程中能够越发感受到自身价值的重要性。

（三）积极树立行业榜样力量

榜样的力量往往能够显示出巨大的社会效益，而模仿榜样不仅是社会教育所遵循的基本方法同时，还是大学校园中的主要教育手段，彰显着大学生引领时代风范的主要行为动机。当前存在的主要问题在于一些大学校园中教师团队的工作激励制度没有完善，无法充分发挥内部的一些积极因素。

强化榜样力量首先需要加强思想政治理论体制中教师的专业化程度。因为大学教师是党理论的主要传播者，学习者以及发展者，思政教育者更是中国马克思理论思想在未来的主要集成者，另一方面大学教师在学校中肩负着学生启蒙者的角色，不仅需要具备扎实的专业基础，同时更加需要具备一定文化底蕴以及道德素养，能够站在学生的角度进行个性化的教学。例如当前高校政治教育课程中存在的主要问题就是基础学生人数太多，结构较为简单，很多的课堂中教师人数不足，教授课程压力过大，因此为了能够有效解决这样的情况，在接下来的工作中严格把关有关教师的师德，加强业务能力的考核工作，调整各个学科中教师和学生的基础人员比例。其次引进业务能力强以及素质较高的年轻教师，这一类的教师需要具备良好的思想品德意识以及敬业精神，学校在最后的考核工作中需要强化对于这些方面的考察。随着我国经济实力的不断增加，教育条件逐渐提升，但是一些学校的教师待遇迟迟比较落后，因此接下来应该注重提高有关思政教师的福利待遇，表彰奖励。

大学辅导员是和学生最为亲密，联系最为广泛的角色，在一些大学中辅导员甚至成为不少学生中的偶像。为了能够给学生正确的引导和帮助，辅导员应该以身作则，坚持以自己的行动去感召学生，以国家和社会的集体利益为出发点引导他们形成敢于风险，勇于担当的思维品质。在未来为了能够规划辅导员的种种工作，需要建立健全导员考核晋升机制，保持领导团队的质量以及稳定性。同时辅导员在平常的生活中具有足够的充足时间，因此需要勤于钻研自己本身的业务，一些有条件的大学还会定期委派辅导员到一些红色基地进行参观考察，然后围绕当代大学生的思想意识发表一些学术性的论文。

最后在学生群体中需要努力培养和发掘具有发展潜力的先进组织。例如学生会，团工委，党委，团队组织等。这些团队中的领导人员往往都是学生的同龄人，并且因为生活学习中的行为比较规范因此被推选为干部。学校应该积极善于利用这样的优质社会资源，各个社团的组织领导人员具有足够的能力去引导自己的社团走向健康的道路方向。所以接下来需要学校能够大力培养这样的模范力量，高校应该有计划，有组织地优先筛选出思想素质较高的学生党员，然后积极展开各种干部培训活动，从而锻炼他们的实际工作能力。最后需要定期在学校内部展开一些表彰活动，对于学习优秀，思想道德意识突出的工作者适当的奖励，宣传他们的优秀事迹，这样广大的学生能够树立起需要学习的对象。

第二节 大学生社会责任感的培养对策

关于社会责任感的问题，对于新时代大学生来说，解决的根本途径就是快速的探索出一条具体到方法的实现策略和实现路径，而对于具体实现路径的提出，我们要与时俱进，因人而异，全方位、多维度的去思考。

一、营造大学生社会责任感培养的社会环境

马克思认为人的思想、观念的形成是外部客观环境影响的结果，因此，社会存在的外部客观环境决定着思想政治教育对象的思想和观念，客观环境的变化影响着思想政治教育对象的思想和观念的变化。

（一）优化制度政策，净化社会精神环境

1. 优化政治经济政策

发挥制度政策在社会发展、道德行为方面的引领和导向作用，积极完善和建立政治、经济制度，用制度来规范竞争和社会秩序，实现社会环境的清正，正如邓小平指出："制度好可以使坏人无法任意横行，制度不好可以使好人无法充分做好事，甚至会走向反面。"为培育社会责任感和行为履行营造社会精神环境。首先，发挥政府在法律制定方面的职能，推进法律建设，根据政治、社会、经济、文化等方面实际情况，迅速反应，完成相关的法律、政策的确立和执行，确立权利与义务、自由与责任相统一的机制，弥补不公平、有漏洞的环境缺陷，保证人们平等参与社会事务的机会和权利。其次，政治方面要深入贯彻落实马克思主义和党中央的思想，增强政府工作人员廉洁从政、为民服务的意识，打造清廉、公正和服务型政府，惩治贪污腐败，减少政府公职人员的腐败及失职失范行为，用公正清廉、担当负责的政府形象对社会环境发挥引领作用，带动整个社会风气不断向着更加良性和健康的方面发展。同时，发挥党员及干部的先进模范带头作用，通过不间断的党内教育、学习等活动方式，要求广大党员及干部严格履行党员义务，遵守国家法纪，养成健康高雅情志，塑造高尚精神世界，树立光辉正能量的形象，用主动承担社会责任的实际行动和表现成为人民信任的榜样，鼓励社会大众积极参与社会事务，带动人民投身到中华民族伟大复兴中国梦实现的宏伟事业中，

增强人民社会主义事业建设的社会责任感和历史使命感，推动国家和社会不断向前发展。再次，经济层面上不断深化市场经济改革的同时，要注意协调社会经济矛盾，加强市场监管，促进公平合理的市场环境构建，着力完善社会分配制度，缩短贫富差距，减缓社会大众的不平衡感，在人人都享有经济发展带来的成果情况下，会激发大多数人参与市场分工，自愿承担应尽责任和义务，加强市场中道德环境的调控，在公众树立符合社会主义核心价值观要求的道德观念，为构建和谐稳定的经济环境承担社会责任。社会政治经济制度的完善，能够调动社会大众参与到社会事务中，既能增强大学生承担社会责任的自信心，为创造良好的社会责任感培育环境提供坚实的基础保障。

2. 培育和践行社会主义核心价值观

改革开放取得了举世瞩目的成绩，人们的视野开阔，价值多元，一些市场经济和西方文化中的负面因素对国人思想和道德观念不断进行着冲击，大学生身上体现出越来越明显的个人主义和拜金主义倾向，社会主流价值观受到了前所未有的挑战，党中共审时度势在十八大报告中提出了"三个倡导"，即"倡导富强、民主、文明、和谐，倡导自由、平等、公正、法治，倡导爱国、敬业、诚信、友善"的社会主义核心价值观，培育和践行社会主义核心价值观成为社会主义精神文明建设的核，抓好其培育和践行工作可以极大地提升人民精神境界，促进社会责任感的培育，可以从以下三个方面努力：首先，建立培育和践行社会主义核心价值观国民教育体系。道德教育不是一蹴而就的，因而培育和践行社会主义核心价值观是一项长期工程，不是短时间内能完成的，需要从国民教育的宏观、整体规划来谋划，贯穿幼儿园、小学、初中、高中、大学等各类学校，融入到教育教学和管理等各个环节，覆盖所有教育形式和载体，推动社会主义核心价值观进教材、进头脑、进课堂。其次，多方协同合力。培育和践行社会主义核心价值观需要社会、学校、家庭共同组成教育网络，学校从教育主体、社会从氛围营造、家庭从辅助推动等不同角度相互配合，协力完成培育任务，以良好的家庭氛围和社会风气巩固学校教育成果。再次，推进精神文明创建。社会主义核心价值观的依靠社会整体大的精神文明环境，开展文明家庭、文明村镇、文明城市等精神文明创建活动，提升社会精神文明程度。通过开展全民健身、全民阅读、最美个人等宣传和评选，提升公民个人的精神文明程度。通过举行重大节日纪念、重大活动仪式等开展爱国主义和民族精神教育，熏陶人们的精神世界。国家和各级政府部门要积极利用社会主义核心价值观在思想政治教育中的资源和作用，培育大学生认同和践行，承担时代赋予的社会责任。

3. 发挥优秀传统文化塑德养志作用

中华优秀传统文化蕴含着中华民族最深沉的精神追求和最根本的精神基因，滋养着中华儿女独特的精神标识屹立于世界。教育人民群众宣传主导价值观，应"以科学的理论武装人，以正确的舆论引导人，以高尚的精神塑造人，以优秀的作品鼓舞人。"中华优秀传统文化中蕴含着高尚的精神、优秀的作品，能发挥正确的舆论，这就要求高校社会责任感培育要把握优秀传统文化的命脉，发现和挖掘传统文化中关于社会责任感精神及培育的内容和元素，明确传承道路，发挥中华优秀传统文化的教化育人、塑德养志的作用。

（二）构建新型平台，营造社会舆论环境

社会舆论具有广泛性和外在约束性的基本特点，它承载社会道德价值，对有利于社会进步，符合基本道德原则的行为进行赞赏，对违背社会基本道德规范和损害集体利益的行为进行谴责，精准地对舆论进行引导对于价值观引导有着重要的作用，对公民的思想和行为会产生强大的力量。发挥社会舆论的约束和监督作用，营造积极健康的社会舆论，强化大学生已有的社会责任行为，同时，严厉打击批评那些违背社会道德和损害社会规范的不负责行为。良好的社会舆论能够发挥示范作用，引导大学生走向思想正确行为端正，努力承担社会责任的价值选择道路。加强舆论的正面引导，明确正确的思想导向，帮助学生认清自身在社会中应该承担的社会责任，将积极的心理暗示转化为实践行动，促进大学生社会责任感行为习惯有效养成。同时，社会舆论要对大学生社会行为具有一定的包容性，对待错误不能舆论一边倒的批评指责，将这些缺点失误过分夸大化，打击大学生承担社会责任的积极性。要营造指正教育的舆论环境，让学生产生失责行为后有明确的改正方向，做到舆论引导教育的循序渐进，下面主要从榜样和媒体作用在发挥舆论的正确引导作用进行探讨。

1. 发挥媒体引导作用

发挥媒体的积极作用，利用网络、报纸、电视节目扩大积极舆论的影响范围，"给行为主体造成强大的心理压力、荣誉感或羞恶感，迫使行为主体做出符合社会公众舆论要求的道德行为。"媒体不仅是社会意识形态的主要传播载体，也是社会大众接受价值熏陶的重要平台，对大学生社会责任感培育有着巨大的影响。媒体是一把利弊并存的双刃剑，很大程度上影响着大学生社会责任感的选择，因此在利用大众媒体引导大学生责任意识时，要注意发挥大众媒体的优势作用，传播正确的舆论，弘扬时代的主旋律，在网络媒体营造的健康氛围中增强社会责任感。

2. 发挥榜样示范作用

榜样示范是解决大学生社会责任感培育中过于强调道德理论知识教育和缺乏模仿对象问题的重要手段。榜样是人们模仿的对象，榜样教育的效果是通过向榜样学习而实现的，这种学习主要是靠大学生个人对榜样行为的模仿，从而转化为自觉、自愿、自发的自我行为。社会为大学生社会责任感培育中提供正能量的榜样，通过效仿模范行为，增强了大学生社会责任感培育的实践。

（三）建立责任机制，健全社会监督环境

1. 建立奖惩分明的社会责任机制

营造良好的社会责任感培育环境，离不开相关机制的建立健全。对于社会环境而言，不但要弘扬先进人物的先进事迹，宣传具有社会责任感的人，而且也要严格惩戒破坏社会和谐稳定，失责失范的行为，这就要求社会建立奖罚分明的责任制度，严格执行，对于负责的行为加大宣传力度，发挥榜样示范的作用，对于先进行为可以进行表彰和奖励，带动更多的人履行自己的社会责任；对于失范行为要进行严厉的批评和谴责，必要时对当事人进行处分和经济罚款，以达到教育惩戒的目的，从而营造良好的社会责任感培育氛围，弘扬道德力量。

2. 强化社会责任评价监督机制

除了奖惩制度外，还应该形成相应的社会责任评价监督机制。一方面要建立一套科学、操作性强的社会评价机制，对学生的在校表现和责任承担的相关情况形成系统记录，并将这套评价体系放入学生个人档案中，在学生步入社会后相关单位继续完成责任行为评价，形成连续的评价监督机制。另一方面，在监督过程中也要形成相应的责任追究，形成一种监督机制和舆论力量相互配合，加大对背弃社会责任行为的有效约束，真正做到有力的责任监督。

3. 完善社会责任行为的保障体制

大学生社会责任感培育需要完善社会责任行为的保障体制，有利于大学生积极主动的参与到社会责任活动中，因此，政府应当健全相关的法律制度或机制，营造社会公平的氛围。首先，法制不健全影响大学生社会责任感的承担，执法过程中也会产生一定的偏差，个人合法权益得不到及时有效保护，这些事件再经过媒体的传播与发酵，也一定程度上挫伤了大学生履行社会责任的积极性，我们应当把健全社会法制作为完善责任行为保障体制的重要任务。其次，面对一些社会事件中承担社会责任、乐于助人的群体得不到公平公正的对待，面对老人摔倒"扶不扶"的问题，人们只敢在有证人或者有摄

像头的地方才敢表现出社会责任感，这也极大地影响了大学生履行社会责任时的态度和行动，社会应该为履行社会责任的经费、法律等保障，保证每个人在履行社会责任时没有后顾之忧，营造利于社会责任承担的氛围。

二、创新大学生社会责任感培育的高校教育

高校是大学生社会责任感培育的主要场域，肩负着重要的责任和使命，应从教师队伍、管理理念、思想政治理论课、校园文化环境和实践等五个方面着力建设，推动大学生社会责任感的培育和形成。

（一）增强教师队伍社会责任感

教师在教学中一直占据主导地位，对大学生言行方面产生重要的影响。邓小平同志曾指出："一个学校能不能为社会主义建设培养合格的人才，培养德智体全面发展、有社会主义觉悟的有文化的劳动者，关键在教师"。社会责任感培育成果最终外显为行为，大学生社会责任感培育能取得怎样的效果，关键看大学生的行为表现，行为示范比言语指导更具教育力量，教师是与学生最为亲近的人，因此，教师在大学生社会责任感培育的过程中有着重要的地位和作用，教师师德高尚，专业过硬，充满社会责任感和使命感，爱岗敬业，关爱学生，成为学生言行榜样，对大学生社会责任感培育有着重要的作用。

1. 教师必须具备高度的社会责任感

要想给学生一碗水，教师需要拥有一桶水。教师需要有高度社会责任感的精神境界和道德水准，通过具有高度社会责任感的精神影响学生，让学生感受到教师精神、道德的力量和引领。德国著名教育家第斯多惠说："教师本人是学校里最重要的、最直观的有效的模范，是学生最活生生的榜样。"教师高度的社会责任感需要外化为实际行动，这样的行动比语言更具感染力和示范性。教师关心自己，志趣高尚，言谈儒雅，身心健康，热爱家庭，和谐美满，人际关系和谐，生活习惯健康，给学生正确的指引。教师关心学生、为学生着想，用爱心和责任去教育学生，帮助学生增长才干。教师备课认真，精于科研，怀着高度的社会责任感对待工作，在授课、答疑、讨论、评卷等环节一丝不苟，出色地完成工作。教师思想端正，热爱社会，拥护党的领导，模范遵守社会法纪，遵守社会公德，爱护公共设施，传递爱心，热心公益，积极帮助他人，有正义感，同社会丑恶现象作斗争。教师的这些言行都会潜移默化的影响学生，是对学生最好的社会责任感培育。因此，高校教师要注重师德方面的建设，从入口关加强审核，把思想端正、道德优良的教师选拔

进来，工作中定期开展向优秀教师学习、观摩优秀教师授课、爱岗敬业教育等活动，使高校教师能保持较高的思想境界和较好精神世界，成为学生社会责任感的思想引领者。

2. 教师必须成为学生的行为榜样

教师言行对受教育者有着潜移默化的重要影响，提高教师的道德修养，建设良好的教师教学风气是大学生社会责任感培育的先前保障。教师在教学和生活中的言行给学生很多的示范，很多学生们都是模仿教师的写字、说话，甚至走路成长起来的，教师的言谈举止、教学风格及教学方式对学生的影响很重要，因此教师必须使自己成为学生的榜样，特别是成为社会责任感践行的榜样。首先，高校教师要有榜样意识。高校教师要意识到自身言行、道德对大学生的影响，要有一种榜样意识，就是把自己培养和要求为学生的榜样，教师要思想积极，志趣高尚，有高度的社会责任感；关心时事，热爱祖国；爱岗敬业，投身教学，不断创新；生活和谐，节俭朴素等等，了解大学生思想状况、价值取向、生活方式、思维方式等，创造新的教学方法，要时刻保持榜样的意识，防止精神松懈对学生的不良影响。其次，高校教师要严于律己。孔子曰："其身正，不令而行；其身不正，虽令不从。"要想使学生有较强的社会责任感，教师的示范作用是极其重要的，因此教师要严格约束自身言行，特别是面对社会各种方面的诱惑，能严于律己，坚守底线，恪守教师职业道德，保证个人的言行经得起社会、学生等各方面的检验和监督。再次，学校要有加强教师言行的监督。除依靠教师个人自律外，还应该依靠管理部门来实现对教师言行的监督，建立教师师德建设监督制度，定期进行监督巡视，组织教育活动，保证教师言行的先进性，使教师具备高度的社会责任感，引导教育学生具有高度的社会责任感，成为社会有用的人才。

3. 教师必须不断提高专业素养

大学生有了较强的社会责任感对社会能承担责任，承担责任不能只靠思想认识和精神觉悟，要有承担社会责任的知识、技能和能力。作为大学生的教师要培养出有社会责任感学生，其本人必须具有较强的教学技能和学术造诣，传授学生承担责任的知识和技能。

（1）强化教师的教学业务能力

随着时代的发展对教师的教学能力要求越来越高，教师需要有精深的专业知识，广博的相关学科知识背景，足够的知识储备，给学生厚重的知识指引。教师需要扎根教学一线，紧紧围绕课堂，下足功夫了解学生思维和想法，明确学生的需要，把握好教学的重点和方向，活跃课堂氛围，激发学生的学习兴趣。教师需要不断钻研教材，立足所在学科，锻炼精湛的教学能力，探索新的教学方法，广泛应用新的教学手段，成为一名教育理论者。教师需要是坚定的马克思主义者，从唯物主义和马克思主义哲学的角度出发，传授学生思想，引领学生"三观"发展，坚持正确的社会主义道路和方向。

（2）提高教师的学术研究造诣

大学生是知识的殿堂，也是创新的场所。高校教师具备了较强的教学能力，还需具备深厚的学术造诣才能得到学生高度认可和尊重，因此，高校教师需要注重科研，增强学术视野，积极投身学科研究，不断推进和接触学科前沿，发表高质量的学术论文和著作，而且矢志创新，在学科专业研究上不断探索，将探索的结果与所教学生分享，提升学生学术视野，增强学生学术研究的能力，用孜孜不倦、迎难而上、不断创新的精神给予学生社会责任感方面的实际教育和引导。

（3）完善教师的教育管理理念

随着时代的发展，只会教书和科研已不能满足现代大学发展的需要了，大学被赋予了更多、更大的职能，大学生成为人才培养、科研创新、专业人员等社会主义合格建设者和可靠接班人的培养基地，因此，大学教师要具备现代的教育管理理念，从时代的视角，不断更新教育理念，以人本、科学等思想推进学校管理的现代化，为学生提供世界顶尖的教育理念，有着中国情怀、世界眼光的利于学生成才优质环境。

4.优化高校教师队伍结构分工

"大学生思想政治教育工作队伍主体是学校党政干部和共青团干部，思想政治理论课和哲学社会科学课教师，辅导员和班主任。"即大学生社会责任感培育教师队伍由思想政治理论课教师、专业课教师、辅导员和党政管理四部分教师组成，他们工作岗位不同，采用不同方式，对学生进行教育，但需要合理定位，整合资源，形成合力，实现学生社会责任感培育目标。

（1）发挥思想政治理论课教师的主渠道作用

思想政治理论课教师是大学生社会责任感相关理论知识课堂主体教育负责者，思想政治理论课是其理论知识教育的主渠道。因此，思想政治理论课教师要将教学职责落到实处，培养过硬的教学技能，学习运用贯彻最新的马列主义理论成果，开展思想道德、政治理论和人文素养等方面教育。通过思想政治理论课的讲授，使大学生掌握马克思主义理论视角下的社会责任感相关道德原理、内涵和意义，教育和引导大学生学会运用马克思主义的视角分析和判断社会的现象和问题，为他们树立正确的世界观、人生观、价值观和培养良好社会责任感打下坚实的基础。

（2）发挥高校党政干部和共青团干部的引导作用

高校党政干部和共青团是大学生思想政治教育工作的重要组织者、协调者和实施者，承担着管理育人和活动育人的重任。他们要坚决地将中央和上级党委对大学生思想政治教育工作的要求贯彻落实到具体的管理服务和教育活动中，特别是结合大学生社会责任感培育的困难和实际，设定培养目标，规划实施方案，积极开展教育活动，做好总结表彰，推进教育工作的监督和落实，落实思想教育内容，特别发挥党团组织优势，开展寓教于乐的教育活动，助力学生自我、集体等社会责任感的形成。

（3）发挥高校辅导员的实践引领核心作用

《普通高等学校辅导员队伍建设规定》中指出："辅导员是开展大学生思想政治教育的骨干力量，是高校学生日常思想政治教育和管理工作的组织者、实施者和倡导者"，也是开展大学生社会责任感培育实践教育的核心力量。首先，高校要重视辅导员的队伍建设，确保教育部对辅导员队伍建设的规定落实到位，做好人员选拔、奖惩提升、职称待遇等方面配套和管理，增强队伍的稳定性。其次，加强高校辅导员的业务能力培训，逐步改变辅导员重管理轻研究的倾向，实现业务性向专家化转变，注重辅导员的职业能力培训，通过讲座、比赛、培训等方式促进辅导员业务能力提升。再次，提高辅导员队伍的学历水平。鼓励辅导员考取硕士、博士，进行深造，为辅导员深造和提高学历提供政策支持、经济保障。最后，增强辅导员培育学生社会责任感的意识。把社会责任感培育作为辅导员对学生培养的核心任务，要在管理、服务、奖惩、活动等各个方面中体现社会责任感培育方面的主题、内容和目标，贯穿社会责任感培育于大学生成长学习始终，积极创新培养形式，开展主题讨论、实践调研、文体比赛、诗歌朗诵、社会实践等方式学生社会责任感培育活动，促进学生理论与实践的结合，推动学生养成优良的社会责任行为习惯。

（4）发挥专业教师的辅助作用

专业教师负责学生专业课程的讲授和教学，是与学生接触时间最长的一个群体，但是，由于教学机制的原因，高校专业课教师与学生的交流只局限在课堂上，课堂上还以传授知识为主，缺乏单独的交流，课下老师完成教学任务，与学生交流很少，习惯上我们称大学教师上课来，下课走。按照规定专业教师也承担着大学生思想政治教育的内容和任务，但多数人完成的不好，因此，在大学生思想政治教育这项工作中要给专业教师提出要求，强化社会责任感培育内容，融教育培育内容于教学内容中，在教学内容中设置思想政治教育教学观测点，让专业课成为思想政治教育另一个的重要阵地，辅助思想政治理论课教师和高校辅导员等做好社会责任感培育工作。

（二）更新教育者教育管理观念

教育者的教育管理观念决定着教育的水平和高度，高校教育者对大学生社会责任感培育问题认识的深度不一，重视程度也不相同，需要从教育理念、教学方法、沟通机制等方面切实想办法。

1. 树立"以人为本"的教育理念

（1）树立"以人为本"的思想政治教育理念

随着经济全球化的深入和信息时代的发展，大学生越来越强调个性，注重个人价值，突出主体地位，传统教学中"以教师为中心"、"学生被动参与"的思想政治教育理念需要向"以人为本"的教育理念转变才能适应学生群体注重个体的情况变化，因此，在现在的思想政治教育中，特别是社会责任感培育中坚持"以人为本"的教育理念要以大学生的实际需求为本，尊重学生个性，把学生放在社会责任感培育的核心地位，注重发挥受教育者的主观能动性。"学生作为受教育者，与教育者同是德育过程中的主体，应该尊重学生的主体地位，使学生在没有束缚、没有压力的状态下，即在心理自由的状态下接受道德教育，形成道德认知和道德实践的认知能力。"高校教育者通过多种方式与学生进行积极的交流互动，根据学生的实际情况和兴趣，开展适合学生特点的教育活动，关注学生人格健全培养，培育较强社会责任感，促进学生主体积极性的发挥，引导学生进行自我教育。

（2）注重大学生个性发展的教育理念

我国的教育理念中，注重学生的思想教育和行为养成，容易像工厂一样，标准化的生产出统一的产品，抹杀和缺乏个性，因此，为了促进大学生成为有社会责任感的优秀人才，需要关注学生个性发展，发挥学生个性优势，因材施教，使得各个性格和优势的学生都能得到发展。首先，为大学生个性发展提供自由的氛围，不压抑学生个性，促进学生创新能力提升。其次，尊重学生价值选择，做好价值选择的引导，教导学生正确面对各种文化、思潮和价值观，做出正确的判断和抉择，保证社会主义方向。再次，注重集体主义教育。以人为本和注重个性发展不是放弃集体教育，而是要加强集体主义，多开展集体活动，培养学生的合作精神，进一步培养学生的集体责任感。

（3）帮助大学生全面认识自己的教育理念

大学生正处于青少年向成年人转变时期，处于人生的重要阶段，其存在思维不成熟、性格不稳定、视野不开阔、鉴别能力差等问题，这些问题的存在对其优良社会责任感的培育及身心成长势必造成阻碍，因此，高校教育者要引导学生全面认识自己，结合他们的特点设计教育活动，以一种宽容的态度看待他们的缺点和不足。同时，帮助大学生准确定位个人角色，明晰身上的责任和使命，让他们知晓自己作为社会主义合格建设者和可靠接班人、祖国未来的角色，在教育活动中突出这一角色的社会责任，增强他们社会责任感，形成学习、成长动力。

2. 优化教学和管理方法

（1）探索课堂教学新模式

第一，丰富教学内容。当前，高校社会责任感的课堂内容比较单一，且存在政治性强、理想化、脱离学生生活实际的情况，使得学生接受教育存在被动，主动学习和接受的意愿较低，因此，高校思想政治理论课要与学生实际需求、社会实际情况紧密结合，增加文学历史、文体艺术、时事热点等方面有关社会责任感培育方面的内容，紧跟时代步伐，通过丰富的学生感兴趣的知识传授，使学生形成学习兴趣。

第二，探索教学方式。尝试改变教师讲授、学生听的灌输式教学方式，引进讨论式、主题式、访谈式、调研式、讲座式、观摩式、团体辅导式等新课堂教学方式，增强课堂的活跃度，以学生为主体，让学生参与到课堂的讲授和学习中，也可引进翻转课堂、慕课等较为流行的课堂教学模式，增强学生参与性，保证教学的实效性。

第三，采用丰富载体。教学内容要通过更多的载体呈现，合理的利用网络、电视、手机等现代教育手段，通过视频、图片、PPT、微信、微博、网站、网络资源等展开教学，特别是利用网络的传播信息的特点，适当探索通过微信、QQ、网站等进行教学，用学生喜欢的载体承载教育内容。

（2）注重强化课堂社会责任感实践

社会责任感是一个知行统一的过程，理论教育使学生思想上明晰了要求，还要在实践上进行尝试，所以，要增强教育的实践意识，可以在课堂上划定实践课时，由思想政治理论教师组织课上实践；可以建立课下实践活动与课上配合制度，教师布置作业，学生课下实践，再进行课上验收；可以建立辅导员对学生进行团体辅导实践，制定长期计划，设定社会责任感主题，辅导员组织演讲、文艺、体育、辩论等比赛推进教育内容的展开；可以创设贴近学生生活的、自然的教育情境，通过课上和课下联动、校内与校外联动的方式，扩大大学生社会责任感培育的空间，大学生深刻的了解社会，在体验、观察社会生活中来培育社会责任感，提升自己社会责任感行为能力。

（3）建立课外社会责任感培育机制

第一，建立校内教学、管理和服务社会责任感培育机制。大学生的社会责任感培育不只是教学或者辅导员单方面的任务，应该建立学校内教学、管理和服务一体化的社会责任感培育机制，教学人员通过课堂教学和身正示范给学生做好社会责任感理论宣讲和知识传授，管理人员通过组织文艺体育、知识文化、讲座讨论等活动渗透社会责任感培育内容，其余人员通过教学、行政、实验、后勤等方面的服务形成社会责任感践行的良好氛围，最终，打造高校内良好的社会责任感培育环境。

第二，建立学校、家庭和社会联动社会责任感培育机制。大学生是高校内的一员，也是其家庭的一份子，更是社会的组成成员，身上有三重身份，在学校、家庭和社会方面都受到教育，要想实现社会责任感的培育成功，就需要建立学校、家庭和社会联动配合的机制，各有分工，形成全时间、全空间、无死角的培育环境。

第三，建立与社会责任感相连的评价制度。为了推动学生社会责任感良好行为的养成，高校可以把大学生社会责任感培育作为一门课来建设，安排教师，规范内容，对社会责任感的理论及实践进行教育考核。高校可以尝试把社会责任感培养与学生日常行为表现结合起来，建立合理的大学生社会责任感评价制度，约束学生的言行，通过奖惩来调节学生的表现，通过将结果列入学生综合素质测评内容和建立大学生社会责任感档案对学生进行正确的引导教育，"使校园中一切不负责任的行为都因不可避免的'责任追究'而受到有效遏制，……这种外在的行为强化作用，其本质就是人的责任行为习惯的养成过程。"

（4）发挥校园文化隐性教育作用

高校是精神文明和学术研究的重要阵地，应发挥高校自身精神文明建设在社会责任感培育方面的优势，加强校园文化建设，组织丰富多彩、活泼向上的校园活动，引领学生的精神；提供较好的硬件设施，干净整洁的校园环境，增强大学生的归属；挖掘宣传学校的光荣历史、学术名师等，使学生产生对学校的热爱；通过学生会、社团、舍委会等组织开展相应的活动，增强学生的主人翁精神，形成自我管理和教育的能力，整体上形成隐性教育的良好环境和载体，让学生置身其中就可以受到社会责任感的培育。

3. 健全多方培育沟通机制

大学生社会责任感需要学校、社会和家庭合力完成，需要建立三方沟通合作进行培育的机制。

（1）建立学校与社会沟通渠道

高校及教育主管部门要与政府、社会团体、新闻出版等机构建立沟通联系机制，定期沟通，相互配合，营造培育大学生社会责任感的良好氛围。广电部门、新闻媒体、网络平台要积极、广泛、正面的宣传具有社会责任感正能量的影视作品、广告等，塑造风清气正的媒体环境，净化和引导大学生思想。网络公司及管理部门加强网上信息的监督和监管，做好网站的管理，积极推动和宣扬社会责任感的正面新闻、典型及作品，力保网上环境清洁干净。政府机关要重视大学生的培养，为学校提供资金政策支持，合理规划和治理学校周边环境，加强对校内外治安、文化娱乐场所的管理，保证学校周边稳定和学生安全。社会团体要关注大学生社会责任感培育，给学生提供更多的实习、见习和社会实践的机会，帮助学生提高社会责任感。

（2）建立学校与家庭合作机制

高校要主动与家庭建立合作，通过家长会、开学、毕业、家访等方式与家庭建立联系，教育家长关心学生的成长，了解学校管理和培养目标，并与学校紧密配合完成学生的教育和培养。家长发挥榜样作用，以身作则，成为学生社会责任感培育的模仿榜样。家长注意学生独立意识的培养，放手让学生去承担家庭、社会责任，家长要有孩子成人意识，把孩子当作成年人来看待，教育孩子真正担负起成年人的社会责任感。家长要学会了解学生的特点，理解学生的情况，不断规范子女的行为习惯，引导学生参加社会公益活动，在家庭和社会活动锻炼行为能力。

（三）发挥高校思想政治理论课的主渠道作用

高校思想政治理论课在《关于进一步加强和改进大学生思想政治教育的意见》中被定位为主渠道，是对大学生进行世界观、人生观和价值观教育的重要途径，更是确立社会责任感的主渠道，对大学生正确认识个人与社会关系、处理社会责任与个人利益关系、实现个人价值有着重要的作用，切实凸显以《马克思主义基本原理》、《思想道德修养与法律基础》、《中国近现代史纲要》、《毛泽东思想和中国特色社会主义理论体系概论》和《形势与政策》等五门课程对大学生进行思想政治教育的重要作用，坚定的传播马克思主义思想，结合我党的奋斗历程，紧贴国家改革发展实际，利用学生身边的事例和自身成长诉求，实现对大学生的以理想信念教育为核心，以爱国主义和公民道德教育为重点，以全面发展为目标的素质教育。作为社会责任感培育的主渠道，思想政治理论课要结合当前大学生中存在的社会责任感缺失现象，增加社会责任感培育的内容，在教学过程中注重社会责任感理论和行为方式的教育、灌输，用马克思主义思想引导学生，用中国革命和建设的恢宏历史教育学生，用爱国主义情怀砥砺学生，通过民族精神的培育，全面提升学生的道德，要做到紧贴学生实际和社会现实，充分注意国情、党情和时代特点，促进学生社会责任感的提升，认识社会发展的规律和方向，认知国家的前途命运和自身的责任，把个人理想和社会理想做到有机的结合。

（四）创建良好的大学社会责任感培育文化环境

1. 加强物质文化建设

校园物质文化是一所高校精神风貌的物质依托，是校园里看得见、摸得着的硬件设施。完善的校园硬件设施，优美的校园环境，各具特色的景致，功能齐全的场馆，配套齐全的环境服务，都是校园物质文化环境的组成部分，要充分挖掘校园物质文化中一草一木、一碑一石、一景一物、一楼一馆的育人功能，使受教育者保持舒畅、乐观的情绪体验，形成积极向上的文化氛围，陶冶学生高尚的道德情操。同时，校园物质文化中的整齐设施、优美的环境、井然的秩序对学生的不良行为起到榜样作用，可以引导和纠正学生行为，促进学生承担社会责任，养成良好的行为习惯。

2. 加强精神文化建设

精神文化是校园文化的灵魂，也是看不见、摸不着的校园文化，高校必须努力建设体现社会主义特点、时代特征和学校特色的校园文化。它体现在学校优良传统、校训校风、教风学风班风、人文精神和科学精神等方面，潜移默化的影响着人的心理、行为，对学生的成长能产生潜在而强烈、持久而深远的影响。

加强精神文化建设，就要构建以学校精神为核心的，反映学校本质要求的一系列价值观念。积极创建优美的校园环境，开展健康向上、丰富多彩的文体活动、学术探讨、知识讲座、社团活动等。发挥校园媒体的宣传教育作用，充分利用橱窗、板报、报刊、广播、网络等载体，用积极、正面的能量影响学生，并按照学生乐于接受的微信、微博等网络方式进行宣传，渗透社会责任感培育内容以感染学生。发挥优秀社会责任感典型的引领作用，树立校园内师生榜样，大力宣传，展现典型的事迹，引起学生的效仿和共鸣。建设和优化良好的校园学术风气，对学生形成严谨治学、诚信考风、勇于创新、矢志钻研的学习和学术研究风气有重要的作用，高校加强学术规范和学术道德价值观教育，批判个人主义的学术功利思想，学术要为解决实际问题，为社会、生活和他人造福为目的，可以通过发挥学术模范影响，建立学术诚信制度、建立学术评价制度等形成良好的学术氛围，引导学生承担学术中的社会责任感。大学教师是校园精神文化的重要组成部分，教师需要丰富自己的精神世界，实现道德高尚，为人师表，用自己的思想和行为影响学生，做到以身立教，使学生从师者身上看到做人的责任榜样。大学生长期生活在积极向上、充满内涵的校园文化环境中，校园文化中的精神必然在学生性格上打下烙印，校园文化可以鼓励、指引学生行为，也给学生提供了展现自己的平台，开拓学生事业，建立学生的信心，激发学生的进取精神，为迎接未来竞争提供了准备。

3. 加强制度文化建设

校园制度是校园文化主体进行文化活动时所形成的各种固化行为规范，主要涵盖学校各项规章制度和行为规范等，校园制度文化"管理育人"的作用对校园文化建设及大学生社会责任感培育意义重大。

第一，高校制定完善的教育管理制度。小到学生生活习惯、大到教学制度，从学生学习、生活、成长，学校教学、科研、管理等各个方面都需要有一系列完善、严格、适用的规章制度。规章制度明确指出学校允许什么，倡议什么；禁止什么，反对什么，同时，高校需要把社会责任感履行与学生管理制度紧密结合，形成学习到生活、从教育到管理等全方位的社会责任感培育制度，对规范大学生行为、养成社会责任感有着重要的保证作用。

第二，高校要健全社会责任感评价。学生在大学求学期间，面对着诸如学习、生活、集体、他人等与社会责任承担有关的问题，需要学校健全社会责任感的评价监督体系，把社会责任感承担情况作为道德评价的重要内容，明确奖惩制度和方法，对积极承担社会责任的要给予正面的肯定和表彰，对不能承担社会责任的要给予批评和处罚，通过这样制度的执行，让学生树立正确的社会责任感评价观，进而调整个人行为向着正确的方向前进。

三、加强大学生社会责任感培养中的大学生自我教育

自我教育是指在思想政治教育者的引导下，受教育者通过自我学习、自我修养、自我反思等方式，主动接受符合社会要求的思想观念、价值观点、道德规范，以提高自身思想道德素质的方法。它是大学生健康成长的保证，是思想政治教育效果实现的长效动力，是增强大学生社会责任感的保障，因此自我教育是大学生社会责任感培育的关键因素，只有养成自我教育意识和能力的大学生才能有长期的、稳定的社会责任感，"真正的教育，应当是自我教育，而自我教育的过程，也是责任感的形成过程。"

（一）提升自我教育能力的宏观途径

著名教育家苏霍姆林斯基指出："促进自我教育的教育才是真正的教育。"

自我教育是学校思想政治教育的重要方法，教育者根据受教育者的身心发展特点和教育目标进行适当指导，发挥受教育者的积极性和自觉性，把教育者的要求内化为自己的努力目标，宏观上需要受教育者从自我认知、自我激励、自我体验和自我调控等四个方面能力提升作为实现自我教育的途径。

1. 自我认知能力的提高

客观、正确的自我认知是自我教育开展的基础，认知是行动的内因和根源。人的发展动力是个人能客观、全面、正确的认识到自我和理想自我之间的距离，准确分析产生原因，才能在现实中不断努力，缩短差距，因此，只有正确的认识自我，才能对自己提出合理要求，实现现实自我向理想自我的转化和提升。大学生自我认识能力的培养，要从正确的认识和评价自己入手，了解自己的位置、定位和责任，从著名职业生涯规划大师舒伯提出终身职业生涯发展理论中提及的生涯彩虹图，形象的展现了生涯发展的时空关系，大学生在大学学习期间扮演着子女、学生、休闲者和公民等多重社会角色的叠加，作为子女，大学生应该注重慰藉父母精神，孝顺父母，感恩抚养，履行赡养的义务；作为学生，大学生应锤炼品德，学习知识，锻炼技能、不断提升综合素质；作为公民，大学生应该遵守国家法律，遵守社会道德规范，感恩回馈社会，积极参加民主活动，热爱祖国，自觉维护国家安全；作为休闲者，大学生应关注自己身心健康发展，掌握身心健康的方法，平衡好学习、工作与休闲之间的关系，为其他角色提供身心健康的保证，提高自我认知能力有很多方法可以借鉴。

（1）借用科学的方法认识自己

要想精准的了解现实的自己，大学生可以借鉴职业生涯规划、心理学、教育学和管理学方面科学理论和知识，对自己的言行和表现进行测量，从量表的测量结果客观的分析出自己的现实情况，发现自己的优缺点，并找到未来努力的方向。

（2）借用经历回顾认识自己

人对自己的了解是比较困难的，个人有些问题是自己无法发现，甚至在人的最深处，大学生可以通过回顾个人亲身经历的一些事件，总结个人成功与失败的方面，进而形成对个人优缺点的认识，不断检省和修正自己。

（3）借用他人的评价认识自己

大学生可以通过征询、调研和了解他人对自己的客观评价来全面认识自己，在职业生涯规划中周哈里窗、360度评价法等认知自己理论和方法中，通过大学生周围的老师、学生、朋友、家长和社会人员对大学生的评价，了解关于自我认知、行为举止和他人对自己认知之间在有意识和无意识的前提下形成差异，真正掌握总结出他人眼中的公开我、背脊我、潜在我和秘密我，不断调整自我，找到个人努力方向。

2. 自我激励能力的提高

学生不断自我教育来源于自我激励能力，其为自我教育提供巨大的动力支持，从而保障个体的不断完善和社会责任感的提升。大学生自我激励的强弱程度与个人理想远大与否紧密联系，大学生如果拥有理想，且理想远大，他就有了不断前行努力动力；理想实际可行，他们就有信心去努力实现；理想较为消极，他们就没有自我教育和完善的动力及行动。培养大学生自我激励的能力，可以通过多种方式来进行。例如定期开展表彰肯定大学生的言行，通过表彰把大学生中学习好、思想端、成绩优的学生挖掘出来，奖励其表现，增强其个人努力和承担责任的信心，也能对他人起到很好的示范引领作用。再如组织开展以大学生为主的，把理想目标和现实目标结合起来的座谈、报告、实践等方面活动，通过参与活动让学生树立现实而高远的理想，增大自我激励的强度，转化为努力的实际行动。

3. 自我体验能力的提高

自我体验是个人对自己的一种情感和情绪体验，即主观我对客观我的一种态度，这种情感体验与自我评价和对社会道德规范的认知等有关。自我体验能力是当客观我满足主观我的标准和要求时，主观我产生肯定、积极的情感体验，表现为自我满足和自我愉悦；当客观我没有满足主观我的标准和要求时，主观我产生否定、消极的情感体验，主要表现为自我否定和自我谴责。自我情感体验能力对于社会责任感培育有着重要的作用，它是一种力量，也像一架天平，对个人行为是否满足社会责任要求进行评判，对行为进行不断调节和修正，保证个人行为的按照社会责任感要求的方向发展。比如家长给孩子创造了一个温暖有爱的家庭环境，学生就会产生依赖家庭和承担家庭责任的体验；教师关心爱护学生，爱岗敬业的传授学生知识，学生就会有热爱职业、关怀他人的体验；学校和班级充满人文关怀，师生间合作融洽，关爱有加，学生会体验到集体的温暖，愿意为集体工作贡献，产生对集体的责任感。大学生的情感、情绪体验是自我认知提升的推动剂，在自我认知和自觉行动中起到动力作用，良好的情感情绪体验可以让学生形成行动意志，推动个体产生行为，并发现和修正认知、行为上错误，保证个体任务的顺利完成。

4. 自我调控能力的提高

面临着市场经济的激烈竞争和社会变革发展，当代大学生的身心不断的受到挑战，特别是大学生的心理处于从青春稚嫩到成人成熟的重要阶段，面对着日益纷繁的情况，大学生会显得无所适从，加之学业、就业、成长等方面的压力，大学生的身心负担很重，因此，做好自我情绪调节，缓解身心压力，遏制心理问题成为大学生需要解决的一个重要问题。自我调控是指人主动地、定向的调控自己心理特征、品质及行为的心理过程，也就是用理智控制情感和约束言行，自我调控的能力培养实质是自我批评、自我控制和自我意志等的修炼，最终达到"慎独"的高层境界。"慎独"是一种中国古代对人的最高要求，意思是指在一个人进行独自活动时，在无人监管并存在不良诱惑的情况下，该人能按照道德规范和原则去做人做事，它是一种强调主体内心信念、保持独立人格的修养，是一种严格要求自己的道德自律精神。大学生在学习、生活中，往往会遇到顺利和不顺利两种情况。在顺利情况下，按照个人想法努力实施的过程中，需要大学生调节自己的思想、言行，不放松思想和行动，发挥创造力，较好较快的完成任务；在不顺利情况下，大学生要及时调整计划，克服心理冲突，建立应对困难的决心，不断修正自己，强化前行意志，使任务活动圆满的解决。

（二）提升自我教育能力的微观途径

宏观上的途径对大学生提升自我教育能力有很大的指导，在注重宏观途径的基础上，大学生也需要从自省自律、注重实践、学习榜样和网络修养等四个微观途径着重努力。

1. 自省自律

（1）自省

自我反省是以个人主动为基础，对道德、行为中存在的不良倾向和错误进行自我省察，提出合理改正办法的一种教育方式，是一个人不断认识自己、不断进步的重要途径。自省也是儒家传统的教育方法，是一种简单易行、不受年龄和时间、地点限制的行之有效的方法。通过进行经常性的自我反省使大学生找到自身优劣势，比照个人行为与社会现实要求的差距，发现他人良好的道德品质，并从中对比出自己的问题缺点，主动寻求榜样，不断总结学习，进行自我教育，实现个人的不断进步。教育者要不断反思，创设教育环境，协助受教育者进行自省自查，使受教育者建立一个取之不尽的动力源泉。

（2）自律

自律是指在没有法律约束和无人监督的情况下，能够遵照法律、道德要求进行自我约束和调控，是提升大学生自我教育的重要途径。大学学习期间是大学生培养自律精神的重要时期，大学生没有升学压力，没有严格的教师监管，没有父母陪伴要求，是培养学生独立精神、独立人格和自律精神的重要时期，但宽松的环境、没有压力的生活也给大学生约束、控制自己言行带来了极大地挑战。因此，大学生要依靠自律控制自己择善而行，大学教育者需要严格学生管理、引导学生自我约束，帮助学生养成反省自律观念，开展自我批评，养成学生慎独自律行为，最终成为有用的合格人才。

2. 注重实践

认识来源于实践，并且要靠实践来检验，实践是促进大学生自我教育能力的提升，也能检验大学生的思想和言行。大学生通过参与校内外实践活动，才能洞悉事务内部，看清规律，增强对社会的认识，明白社会的要求，增强对个人思想的认识，才能把理论和实践结合。实践给大学生提供了走出校园、见习承担社会责任的途径，作为社会的一份子必须到社会的大熔炉中去锻炼，才能换得认可和尊重，也只有到社会中才能真正体味责任的意义，这些都需要实践作为途径，因此大学生要以一种积极主动的态度和认识来参加社会实践。除参加校内竞赛、实验等实践活动外，还应该主动积极参加到学校以外的支教助学、公益实践、志愿服务等社会实践活动中去，在校内外实践活动中强化自我教育，从而增强自身社会责任感。

3. 学习榜样

榜样的力量是无穷的，在自我教育过程中，学习榜样更直接、更形象、更生动。榜样人物的优良品质和示范作用具有极大的感召力和感染力，大学生学习和模仿榜样典型、模范人物的思想、事迹和行为时，使自己的情感和行为得到巨大的提升。我国悠久的历史和文化，给大学生学习提供了无数的榜样和典范，特别近代中国共产党人在打败侵略者、争取民族独立、建立新中国、进行社会主义建设、发展国家经济等方面涌现出无数的英烈和模范典型，他们的先进事迹、高贵品质，对集体、社会和国家的高度责任感对大学生进行自我教育有着极大的引领和帮助作用，大学生在这方面要进行学习和模仿，学习先进事迹提升个人思想认识，模仿榜样行为，产生行为践行，使内外同步，做到知行合一。

4. 网络修养

信息时代科技和网络技术迅猛发展，大学生成为掌握信息和使用网络的主力军，网络为大学生搭建了学习和获取知识的平台，但由于匿名性、虚拟化、信息海量性、无国界性等特点，网络上的信息也良莠不齐，存在着暴力犯罪、黄色视频、虚假信息等信息及道德的失范现象，加之网络上的知识、理论、文章、观点等代表着不同的立场和观点，各种文化、价值观时刻进行着激烈的交锋，这种情况对于身在网络的大学生来说是极具挑战的，一些大学生因此在网络上游荡，个人的价值观和社会责任感也受到了很大的影响，面对这种情况，大学生自我教育的重要关键点就是强化个人网络修养，模范遵守网络上的道德规范，维护网络责任环境，增强网络责任感，坚守网络道德，不做违背道德的网络行为；认真辨别网上信息真伪，做到不传谣不信谣；提防网络犯罪，不参与和利用互联网从事非法活动，能抵住网络上的各种诱惑；肩负社会责任感，尽维护网络安全和社会健康的义务。

参考文献

[1] 杨威，刘宇 . 习近平总书记关于中华优秀传统文化科学论断的理论视阈与思想维度 [J]. 学术论坛，2016（9）：5-6.

[2] 赵波 . 习近平文化强国战略思想指导下对青年进行社会主义核心价值观教育方略 [J]. 思想理论教育导刊，2016（9）：90-91.

[3] 黄蓉生，石海君 . 党的十八大以来习近平青年论述浅析 [J]. 思想教育研究，2016（8）：112-113.

[4] 柳礼泉，陈方芳 . 党的十八大以来习近平青年教育思想论析 [J]. 学习论坛，2016（7）：7-10.

[5] 黄蓉生，白云华 . 新时期青年思想政治教育工作的行动指南——学习习近平总书记关于青年教育的论述 [J]. 思想理论教育导刊，2016（6）：163-165.

[6] 顾保国 . 论青年人的担当与社会认知 [J]. 中国青年社会科学，2016（3）：60-61.

[7] 韩喜平，周颖 . 习近平关于青年成长思想研究 [J]. 思想教育研究，2016（3）：192-193.

[8] 方年根 . 论习近平青年修德观的科学内涵 [J]. 思想教育研究，2016（3）：9-11.

[9] 顾友仁 . 当代中国青年成才观——基于习近平总书记关于当代中国青年成才系列重要论述的维度 [J]. 社会科学家，2015（4）：107-108.

[10] 邵鹏 . 论习近平的青年观 [J]. 广西青年干部学院学报，2016（5）：5-8.

[11] 史为磊 . 论习近平人才思想的历史逻辑与实践智慧 [J]. 毛泽东思想研究，2017（5）：40-42.

[12] 关锋 ."新时代中国特色社会主义思想"的多维解读 [J]. 华南师范大学学报（社会科学版），2017（06）：141-142.

[13] 王伟光 . 当代中国马克思主义的最新理论成果——习近平新时代中国特色社会主义思想学习体会 [J]. 中国社会科学，2017（12）：51-52.

[14] 章忠民 . 加强习近平新时代中国特色社会主义思想的整体性研究 [J]. 马克思主义研究，2017（11）：20-21.

[15] 陈金龙 . 关于习近平新时代中国特色社会主义思想的若干思考 [J]. 思想理论教育，2017（12）：14-15.

[16] 顾海良 . 历史视界时代意蕴理论菁华——习近平新时代中国特色社会主义思想研究 [J]. 当代世界与社会主义，2017（06）：7-9.

[17] 邸乘光 . 论习近平新时代中国特色社会主义思想 [J]. 新疆师范大学学报（哲学社会科学版），2018（02）：102-103.

[18] 徐艳玲，许娟 . 习近平新时代中国特色社会主义思想开拓对规律认知的新境界 [J]. 理论探讨，2018（01）：98-99.

[19] 韩振峰 . 习近平新时代中国特色社会主义思想的几个重大问题初探 [J]. 北京交通大学学报（社会科学版），2018（01）：77-78.

[20] 张瑞才 . 习近平新时代中国特色社会主义思想的理论渊源、时代背景、科学内涵 [J]. 学术探索，2017（12）：3-4.

[21] 崔桂田 . 21 世纪世界社会主义格局中的新时代中国特色社会主义 [J]. 当代世界社会主义问题，2017（04）：19-21.

[22] 王寿林 . 习近平新时代中国特色社会主义思想的理论思考 [J]. 中国特色社会主义研究，2017（06）：31-32.

[23] 肖贵清 . 习近平新时代中国特色社会主义思想的重大意义 [J]. 中共中央党校学报，2017（06）：5-8.

[24] 张传平 . 论准确把握习近平新时代中国特色社会主义思想的方法论原则 [J]. 南京社会科学，2017（12）：215-217.

[25] 张凤霞 . 多元文化视域下新加坡学校德育的现状及其启示 [J]. 德州学院学报 .2011，（07）：25-26.

[26] 彭定光 . 论大学生社会责任感的培养 [J]. 现代大学教育，2003，（03）：201-202.

[27] 伍洪杏 . 浅析中国传统儒道的责任伦理资源 [J]. 理论与改革，2014，（01）：162-163.

[28] 习近平 . 在欧美同学会成立 100 周年庆祝大会上的讲话 [N]. 人民日报，2013-10-22.

[29] 郭青晓 . 情商教育亟待强化 [J]. 人民论坛，2014，（24）：58-59.

[30] 习近平 . 做党和人民满意的好老师——同北京师范大学师生代表座谈时的讲话 [J]. 中国高等教育，2014，（18）：336-337.

[31] 周芳，金贵兴 . 由勤工助学所引发的思考：试论当代大学生社会责任感的

培养 [J]. 黑龙江高教研究，2003，（05）：8-10.

[32] 张金顺. 国外德育理论研究的新进展 [J]. 广西民族大学学报（哲学社会科学版），2006，（06）：115-116.

[33] 张宗海. 西方主要国家的高校学生责任教育与启示 [J]. 高教探索，2002，（03）：68-69.

[34] 蒋国勇，应小丽. 大学生社会责任感培养原则与实践 [J]. 中国高教研究，2004，（03）：225-226.

[35] 王丹玲，孙丽丽. 道德情感与大学生社会责任感 [J]. 黑龙江高教研究，2006，（12）：145-146.

[36] 张蓉，戴钢书. 胡锦涛青年教育思想探析 [J]. 学校党建与思想教育，2012，（22）：87-88.

[37] 程东旺. 论胡锦涛青年教育思想的特色 [J]. 教育探索，2010，（01）：25-26.

[38] 杨茹，丁云，阚和庆. 大学生社会责任感的内涵、理论基础及现实意义探析 [J]. 思想理论教育导刊，2012，（11）：1-5.

[39] 创新发展理念视域下的大学生思想政治教育 [J]. 陈永华. 继续教育研究，2017（02）：45-47.

[40] 民族院校共青团组织加强和改进大学生思想政治教育问题初探 [J]. 周金堂，周小龙. 青年发展论坛，2017（01）：112-115.

[41] 试析杜威实用主义教育思想对我国学校德育的借鉴 [J]. 袁媛. 中国成人教育，2016（21）：23-27.

[42] 大学生思想政治教育心理辅导机制的完善 [J]. 郭薇. 产业与科技论坛，2016（23）：87-92.

[43] 高校思想政治教育与应对突发事件能力培养研究 [J]. 彭波. 湖南城市学院学报（自然科学版），2016（06）：109-112.

[44] 实践育人理念下大学生思想政治教育创新研究 [J]. 蒙柳. 学校党建与思想教育，2016（20）：32-35.

[45] 大数据时代大学生思想政治教育创新的对策和建议 [J]. 徐维东. 辽宁省交通高等专科学校学报，2016（03）：76-80.

[46] 浅析新时代背景下大学生思想政治教育内容创新 [J]. 郑思. 科技资讯，2019（35）：40-44.

[47] 新时代大学生思想政治教育创新析论 [J]. 管永刚. 中国集体经济，2019（31）：1-2.

[48] 新时代大学生创新创业精神培育融入思想政治教育的探索 [J]. 梁军刚，董

晓娜．科教导刊（中旬刊），2019（10）：39.

[49] 新时代高校大学生思想政治教育工作创新 [J]. 刘延泽．农家参谋，2019（20）：23-26.

[50] 新时代下大学生思想政治教育研究——评《新时代背景下大学生思想政治教育创新研究》[J]. 闫丽华．中国党政干部论坛，2019（10）：231-234.

[51] 创业教育融入大学生思想政治教育对策研究 [J]. 程兴，程希羲．创新创业理论研究与实践，2019（01）：9-12.

[52] 全面育人视阈下大学生思想政治教育实践育人机制创新研究 [J]. 滕跃．现代交际，2018（11）：16-20.

[53] 试论高校思想政治教育环境的优化 [J]. 范毅夫，董国松．学校党建与思想教育，2016（10）：34-37.

[64] 论高校思想政治理论课的理论性与实践性 [J]. 曹洪军．思想理论教育，2016（05）：60-62.

[55] 高校思想政治理论课教学环境优化论析 [J]. 刘薇，边和平．学校党建与思想教育，2016（02）：119-123.

[56] 高校思想政治理论课教学的问题意识与专题化教学 [J]. 章小朝．思想理论教育导刊，2015（10）：34-37.

[57] 大学生思想政治教育整体协同机制构建探究 [J]. 卢娇娇．产业与科技论坛，2019（08）：98-102.

[58] 全面育人视阈下大学生思想政治教育实践育人机制创新研究 [J]. 滕跃．现代交际，2018（11）：4-9.

[59] 实践育人理念下大学生思想政治教育创新研究 [J]. 刘海燕．吉林省教育学院学报，2017（11）：18-20.

[60] 高校思想政治理论课实践现状调查与对策研究 [J]. 张学军．智库时代，2020（13）：3-5.

[61] 论网络舆论视域下高校思想政治教育的创新 [J]. 许吉团．新西部，2018（36）：309-310.

[62] 论网络思想政治教育方法创新 [J]. 曾令辉．学校党建与思想教育，2018（23）：28-31.

[63] 新时代网络舆论引导缺场生成的意识形态安全问题 [J]. 徐世甫．毛泽东邓小平理论研究，2018（11）：44-46.

[64] 网络舆论生态治理的认识论分析 [J]. 上官酒瑞．求实，2018（06）：3-6。

[65] 论校园社交网络的思想政治教育功能 [J]. 张瑜．思想理论教育，2018（10）：100-103.

[66] 大学生网络表达的现实偏失和匡正路径 [J]. 陈小花，徐喜春. 思想理论教育，2018（08）：70-72.

[67] "微舆论"环境下高校思想政治教育面临的挑战与应对 [J]. 覃爱平. 学校党建与思想教育，2018（14）：20-22.

[68] 网络思想政治教育与网络舆论引导能力提升研究 [J]. 张小鹏. 中国教育学刊，2018（S1）：101-104.

[69] 互联网环境下大学生认同与践行社会主义核心价值观的思考 [J]. 侯劭勋. 思想理论教育，2018（04）：5-8.

[70] 媒介融合环境下高校网络思想政治教育创新 [J]. 李厚锐，朱健. 思想理论教育，2018（02）：13-16.

[71] 大学生社会责任感淡漠表现、原因与对策 [J]. 魏进平，薛玲. 河北工业大学学报（社会科学版），2015（04）：61-64.

[72] 转型期大学生社会责任感培养的保障机制研究 [J]. 何卫平. 西华师范大学学报（哲学社会科学版），2017（04）：3-5.

[73] 社会转型期大学生社会责任感培养与实践养成探析 [J]. 胡海山，杨爱东. 国家教育行政学院学报，2017（03）：17-22.

[74] 大学生社会责任感生成机理及培育路径研究 [J]. 艾楚君，宋新. 湖南科技大学学报（社会科学版），2017（01）：81-83.

[75] 大学生社会责任感的价值、属性与培养策略 [J]. 徐烈. 思想理论教育，2016（04）：145-150.

[76] 90 后大学生社会责任感现状调查与分析——基于全国 54 所高校 5237 名大学生样本 [J]. 魏进平，刘泽亚，杨易. 武汉理工大学学报（社会科学版），2016（02）：4-6.

[77] 责任伦理是大学生责任教育的理论支撑 [J]. 程东峰. 皖西学院学报，2015（06）：123-126.